U0894741

2016年度国家社科基金一般项目“网络政治传播与青年政治认同研究”（16BXW049）

重庆师范大学校级项目“重庆高校少数民族大学生的国家认同研究”

WANGLUO ZHENGZHI CHUANBO YU
QINGNIAN ZHENGZHI RENTONG

网络政治传播与青年政治认同

吕催芳 周永红 著

中国社会科学出版社

图书在版编目（CIP）数据

网络政治传播与青年政治认同／吕催芳，周永红著．—北京：中国社会科学出版社，2023.6

ISBN 978－7－5227－1603－9

Ⅰ.①网…　Ⅱ.①吕…②周…　Ⅲ.①互联网络—应用—政治传播学—研究—中国②青年—思想政治教育—研究—中国　Ⅳ.①D60－39②D64

中国国家版本馆CIP数据核字（2023）第068118号

出 版 人　赵剑英
责任编辑　刘　艳
责任校对　陈　晨
责任印制　戴　宽

出　　版　中国社会科学出版社
社　　址　北京鼓楼西大街甲158号
邮　　编　100720
网　　址　http://www.csspw.cn
发 行 部　010－84083685
门 市 部　010－84029450
经　　销　新华书店及其他书店

印　　刷　北京明恒达印务有限公司
装　　订　廊坊市广阳区广增装订厂
版　　次　2023年6月第1版
印　　次　2023年6月第1次印刷

开　　本　710×1000　1/16
印　　张　20.25
插　　页　2
字　　数　324千字
定　　价　99.00元

序　言

青年政治认同对于社会的稳定和国家未来的发展具有举足轻重的作用，随着媒介技术的突飞猛进，网络政治传播已成为影响青年政治认同的重要场域。那么，网络政治传播是否影响青年政治认同？如何影响？学界存在两种截然不同的认识：乐观主义者认为，网络政治传播具有信息传播和参与互动平台双重优势，可以提升青年对政府的积极认知，增进个体政治认同的情感基础。怀疑主义者则强调网络政治传播中消极的政治信息可能阻碍公众对政府的积极认知，促进公众政治认同的消解；网络政治舆论出现的极端情绪化倾向，对社会和谐、党和政府的形象与权威都造成了一定的负面影响，甚至销蚀着政治系统合法性的基础。上述乐观主义和怀疑主义研究结论虽有分歧，但其研究范式和分析路径较为相似——结构主义。两者均较为单一地基于政治认同主体考察信息内容属性对认同客体的认知和情感影响，忽视了认同客体在国家政治认同建构过程中的个体自主性，难以解释“接受相同信息的个体为何会呈现政治态度上的差异”，也未能对网络政治传播影响青年政治认同的内在作用机制进行考察，基于这一考虑，吕催芳博士的专著《网络政治传播与青年政治认同》将个体既有政治心理特征纳入研究视野，对中国现实语境下网络政治传播中青年政治认同的生成机制进行了有益的探索。

基于网络政治传播信息传播和参与互动的新媒体传播特性，借助于生态发展理论和网络政治传播场域概念，将网络政治传播看成一个由各种传播关系交织而成的空间，区分不同层次的网络生态环境系统，关注青年网络政治传播空间实践和现实特征，从网络信源特征、网络参与互动、个体政治心理特征方面构建了网络政治传播与青年政治认同关系的理论分析框架，突破了宏观结构主义范式的局限性，从一个较为丰富的理论视野，聚焦和考量网络政治传播语境下青年政治认同的生成机制与过程，厘清网络政治传播场域中青年政治认同生成的主要来源，构建“网络政治传播—个体政治心理特征—政治认同”的完整因果机制，对中国语境下网络政治传播场域中青年政治认同的生成进行解释。如其所言，网络政治传播场域中青年政治认同的生成受到场域内外多种因素的影响，场域内外环境系统与青年个体本身构成了一个整体的、动态的系统，在网络政治传播与青年政治认同的关系解读中，不仅要关注网络政治传播场域中的环境因素对青年政治认同的影响，也要关注个体本身政治心理特征对青年政治认同的影响。同时，场域外部的职业身份、文化程度等结构性资源及生活满意度作为影响青年政治认同发展的重要现实基础，与场域内部的环境因素相互影响，共同勾勒影响青年政治认同发展的生态环境。本书认为，网络新媒体的出现确实改变了政治传播的方式，并成为影响青年政治认同发展的重要场域，其传播主体的多元性和异质性也决定了网络政治传播对青年政治认同影响的双重性：一方面，正面信息和参与互动有助于建构其积极认知和情感基础；另一方面，负面信息和无序参与则冲击和消解认知和情感基础。但负面信息和无序参与并不必然降低青年政治认同，威权人格和个体生活满意度是网络政治传播场域中青年政治认同发展的重要保护因素，可以有效降低网络政治传播中负面信息、无序参与对青年政治认同发展的负向影响，研究结论在一定程度上修正了当前悲观主义者的媒体抑郁论的相关认识。

难能可贵的是，本书不仅使用大量的调查数据对当前青年政治认同、网络媒介使用现状进行了大量的经验描述，并通过调查实验和现场实验对网络政治传播影响青年政治认同的具体作用机制进行理论推演和多角度的经验验证，研究使用数据翔实可靠，数据采集和分析方法科学合理，三角验证保证了研究的科学性和结论的说服力。

诚然，个体政治认同心理机制十分复杂，网络政治传播主体多元而复杂，本书理论分析所涉及的概念和分析框架的适切性均有待进一步论证、实验方法有待进一步完善、实验内容有待进一步深入等，但整体而言，其理论分析框架、研究方法和相关研究结论对于理解传播学意义上的青年政治认同生成这一“问题黑洞”进行了有意义的尝试，丰富了我们对网络政治传播与青年政治认同的认识，也为未来相关研究提供了理论参考。

中国人民大学评价研究中心主任
中国人民大学教育学院教授
周光礼
2022 年 8 月

目　录

第一章　导论

社会主义核心价值观是当代中国精神的集中体现，凝结着全体人民共同的价值追求。要以培养担当民族复兴大任的时代新人为着眼点，强化教育引导、实践养成、制度保障，发挥社会主义核心价值观对国民教育、精神文明创建、精神文化产品创作生产传播的引领作用，把社会主义核心价值观融入社会发展各方面，转化为人们的情感认同和行为习惯[①]。

政治认同是一种重要的国民意识，对于民族国家而言，民众的认同与支持是维系一国存在和发展的重要纽带，对于政体的稳定运转和有效运作至关重要。党的十九大报告明确指出，“培养担当民族复兴大任的时代新人为着眼点，强化教育引导、实践养成、制度保障，发挥社会主义核心价值观对国民教育、精神文明创建、精神文化产品创作生产传播的引领作用，把社会主义核心价值观融入社会发展各方面，转化为人们的情感认同和行为习惯”是新时代坚持和发展中国特色社会主义的基本方略，是决胜全面建成小康社会、夺取新时代中国特色社会主义伟大胜利的重要内容。“青年兴则国家兴，青年强则国家强。”青年工作事关党长期执政的青年群众基础，事关党和国家的未来[②]。在传播高度发达的现代媒介化社会，互联网已成为青年群体获取信息的主要途径，并日益深刻影响青年价值观。习近平总书记高度重视网络传播在青年价值养成中的重要作用，明确指出：“我们必须科学认识网络传播规律，提高用网治网

---

① 习近平：《习近平谈治国理政》第三卷，外文出版社 2020 年版，第 33 页。

② 王冬梅、崔保锋：《习近平总书记关于青年工作重要思想的时代特征》，《党建》2019 年第 5 期。

水平，使互联网这个最大变量变成事业发展的最大增量。”①

随着媒介技术的突飞猛进，网络政治传播已成为影响青年政治认同的重要场域，并越来越深刻影响和改变着政治环境和政治生活。区别于传统媒体时代传播过程的单向性，网络政治传播主体、内容和意图的多元化使网络政治传播与个体政治态度最终结果之间呈现复杂的发展态势。在此背景下，考察网络政治传播与中国青年政治认同关系，积极探索中国语境下网络政治传播场域中青年政治认同培育机制，对于理解新媒体语境下政治传播与青年政治认同的关系，构建有效政治传播力，提升网络政治传播对青年的引导力，探索增强青年政治认同的现实路径，无疑具有十分重要的学理和实践价值。

第一节　研究背景与问题

要厘清网络政治传播场域中青年政治认同的具体来源及其生成机制，需要较为系统的理论分析、研究方法以及经验研究，然而从有关政治认同、网络政治传播的理论和经验研究现状来看，仍存在以下不足。

第一，对政治认同的内涵界定和分类未有定论，引致有关政治认同的构成、现状和培育研究存在问题。首先，在对政治认同的内涵界定中，已有研究中多将政治认同视为个体对所属群体的一种归属感，但从政治认同对政治稳定与发展的重要意义及其本身的培育过程来看，政治认同不仅是个体对所属群体一种心理归属感，更是个体对政治共同体的一种积极情感倾向，与政治支持紧密相关。其次，政治认同的客体存在多层次的特性，在对政治认同现状的评估中，须从中国具体国情出发基于政治认同客体的多维性对政治认同构成进行有代表性的划分，并基于多维角度进行评估，方能更为准确地描述中国青年政治认同现状及特点，直接基于单一角度评价中国青年政治认同状况的做法有欠妥当。

第二，对网络政治传播过程中青年政治认同的具体来源缺乏必要的梳理，部分已有研究从个体网络使用频率、网络使用动机、网络媒体接触类型等方面对网络政治传播中的网络环境因素对个体政治认同的影响

① 习近平：《习近平谈治国理政》第三卷，外文出版社2020年版，第311页。

进行了探讨，也有部分研究确认了中国网络政治传播场域的“双重空间特性”，并对其新闻生产偏好特征进行了一定的实证分析，为审视中国网络政治传播场域与青年政治认同之间的关系提供了重要借鉴和参考，却未能对中国语境下网络政治传播场域的双重空间特性及其新闻生产偏好与青年政治认同的具体关联进行进一步的探讨，网络政治传播本身所特有的多元信源特征、参与互动机制乃至个体政治心理特征等因素对青年政治认同可能存在的影响未能进入研究者的视角，如若网络政治传播场域中网络信源特征、参与互动机制对青年政治认同可能存在影响，那么，哪些因素对青年政治认同存在影响？存在怎样的影响？对青年政治认同不同方面的影响方向和强弱又是否一致？

第三，网络政治传播过程中网络信源特征、参与互动机制等因素如何影响青年政治认同的作用机制尚不清楚。事实上个体的发展是一个以自身为主体，与周围环境系统相互作用的过程，网络政治传播过程中青年政治认同的形成是国家建构、社会塑造（制约/参与）和个体自主三方互动的结果[①]，个体在国家政治认同建构过程中并非完全被动，而是作为行为主体帮助网络信息环境与个体政治心理实现联结的重要变量，对个体政治认同的形成与发展有重要意义。已有研究对网络政治传播与青年政治认同的关系梳理中缺乏综合性的解读视角，使得网络信源特征、参与互动机制与青年政治认同之间关系解读中缺失了重要的中间变量，无法完整构建网络政治传播—个体政治心理特征—政治认同的因果机制。此外，其他结构性资源因素（性别、年龄、文化程度、职业状况等）和个体基础社会心理（生活满意度）也是影响个体政治态度和行为的重要变量，网络信源特征、参与互动机制与青年政治认同之间的关系方向和强弱是否会因为这些因素而发生变化？

事实上，网络政治传播与青年政治认同之间的关系错综复杂，两者之间并非简单的线性关系，一方面，网络政治传播场域中青年政治认同的生成过程蕴含着政治信息的传播和个体政治心理的发展的双向过程，在网络政治传播对个体政治认同的影响过程中，个体的某些内在特性和

---

① 肖滨：《公民认同国家的逻辑进路与现实图景——兼答对“匹配论”的若干质疑》，《中山大学学报》（社会科学版）2011 年第 5 期。

行为可能在其中扮演了重要的中间变量角色，从而与网络政治传播场域中的其他信源特征共同影响个体政治认同的最终发展结果；另一方面，政治认同本身不仅具有层次性，且作为一种整体态度系统，在其生成过程中，认知、情感和行为倾向各成分之间存在一定的次序逻辑[①]，在传播效果发生上也存在一定的逻辑顺序，即网络政治传播场域的信息传播/参与互动机制对政治认同不同层面的影响可能存在一定的变化性，各层面之间也可能相互作用，从而影响政治认同的最终发展结果。

因此，对中国语境下网络政治传播与青年政治认同之间关系的准确全面解读不仅需要从网络政治传播场域的“双重空间”特性考量其信源特征，也需要基于传播效果发生的逻辑顺序深入考察信息传播/参与互动对个体政治认同不同层次的具体影响，更需要将个体既有政治心理特征纳入研究视野，从而厘清网络政治传播场域中信源性质、信息内容、内容组织等网络信源特征、网络参与互动类型如何与个体既有社会态度在信息传播/参与互动过程中相互作用、共同影响青年政治认同的动态生成过程，构建“网络政治传播—个体政治心理特征—政治认同”的完整因果机制。基于已有研究中所存在的不足，本书聚焦网络政治传播中信息生产特征、网络参与互动机制与青年政治认同的关系，从受众的网络媒体使用、网络政治传播中信源特征、参与互动、个体政治心理特征、结构性资源等方面逐步梳理网络政治传播场域中青年政治认同的主要来源及其生成机制，主要关注以下问题。

1. 当代中国青年群体网络媒介使用与政治认同现状如何？是否如既往研究所揭示的那样，网络媒介使用必定会降低青年政治认同？

2. 中国网络政治传播场域中信息内容如何生产？信息传播过程中媒体框架偏好又将如何影响青年政治认同？

3. 态度的改变是接收者主动参与、积极思考的“理性”过程，中国语境下网络政治传播场域中参与互动又将怎样影响青年政治认同？

4. 网络政治传播中的网络信源特征、网络参与互动类型、个体政治心理特征如何影响青年政治认同？哪些因素更重要？网络政治传播场域中个体政治心理特征、个体结构性资源特征又将如何与网络信源特征、

① 孔德永：《政治认同的逻辑》，《山东大学学报》（哲学社会科学版）2007 年第 1 期。

网络参与互动共同影响青年政治认同的最终发展结果？

第二节　研究思路、方法与资料来源

一　研究思路与方法

本书基于网络政治传播效果发生的逻辑顺序和政治客体的层次性，将个体政治认同视为由政治认知、政治情感与政治行为倾向共同组成的整体反应系统，通过政府绩效评价、集体主义倾向、制度自信衡量中国青年对现行政府政绩、价值观和中国特色社会主义制度体系的支持、认可和满意程度。首先，通过问卷调查了解中国青年网络媒介使用、政治认同现状及其群体差异，初步确认网络媒介使用与青年政治认同的基本关联；其次，基于框架理论和精细化的社会认同模型理论，通过文本分析、调查实验、对比实验对“双重空间”网络政治传播场域中网络信源特征、参与互动方式及其对青年政治认同的可能影响进行考察，明确网络政治传播过程中信息传播/参与互动影响青年政治认同的重要变量；最后，基于问卷调查和实验研究基础，从网络信源特征、网络参与互动、个体政治心理特征方面分别梳理网络政治传播过程中青年政治认同的主要来源，比较其重要性，并在此基础上构建网络政治传播中青年政治认同生成机制综合模型，呈现中国语境下网络政治传播场域中网络信源特征、网络参与互动、个体政治心理特征、个体结构性资源和基础社会心理态度等变量如何交互影响中国青年政治认同的动态过程，为构建有效政治传播力，提升网络政治传播对中国青年的引导力，增强中国青年政治认同，坚定中国青年制度自信提供借鉴和参考。

具体研究思路如图 1 –1 所示。

1. 基线调查：通过问卷调查，了解中国青年网络媒介使用和政治认同现状，初步确认网络媒介使用与青年政治认同之间的可能关联，为其后深入考察网络政治传播对青年政治认同的具体影响奠定基础。

2. 文本分析：基于“字节跳动被迫出售 TikTok 美国业务”“贵州安顺一公交车坠入水库”“武汉建设方舱医院”三个焦点事件，通过文本分析从结构、内容、话语风格等方面确认网络政治传播场域中“双重空间”的信息生产特征。

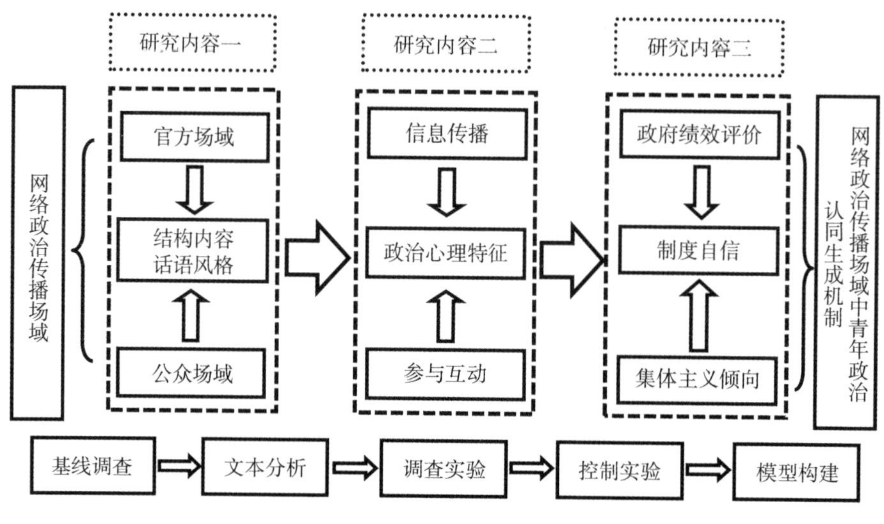

图1－1 研究总体思路

3. 调查实验：通过2020年新冠肺炎疫情期间的调查实验，考察疫情期间网络政治传播双重场域空间中的框架效应对中国青年政治认同的具体影响，探讨网络政治信息传播机制中信息生产特征如何影响中国青年政治认同。

4. 控制实验：通过对重庆、南充两所大学部分在校大学生和研究生的现场控制实验，考察现场小组讨论过程中的个体特征、参与程度等特性如何影响中国青年政治认同。

5. 模型构建：基于问卷调查数据资料，从网络信源特征、网络参与互动、个体政治心理特征三个方面，梳理网络政治传播场域中青年政治认同的主要来源，构建综合模型呈现中国语境下网络政治传播场域中网络信源特征、网络参与互动、个体政治心理特征、个体结构性资源及基础社会心理态度等变量如何交互影响中国青年政治认同的动态过程。

二 主要资料来源

本书所呈现的实证资料主要来源于基线调查数据、实验数据、网络文本资料和小组讨论资料四个部分。

1. 基线调查数据

基线调查数据具体包括：2017—2018年在南宁、长沙、衡阳、邵阳、广州等城市采用一对一的随机取样方式对 18—39 岁青年进行的线下问卷调查；2020 年 3—4 月新冠肺炎疫情期间通过问卷网进行的线上问卷调查；2020 年 11 月进行的线上和线下问卷调查，调查的抽样方案和样本详见有关章节，问卷具体内容详见报告附录。

2. 实验数据

实验数据包括调查实验和现场控制实验两部分：2020 年 3 月新冠肺炎疫情期间进行的线上调查实验以及 2020 年 9—10 月在重庆和四川南充两所高校进行的现场控制实验。实验样本情况详见有关章节，问卷具体内容详见报告附录。

3. 网络文本资料

分别选取人民网和新浪微博中的"字节跳动被迫出售 TikTok 美国业务""贵州安顺一公交车坠入水库""武汉建设方舱医院"三个焦点事件相关报道和原创微博，通过编码转换成为分析材料，具体内容详见相关章节，部分编码文本详见报告附录。

4. 小组讨论文本资料

对 2020 年 9—10 月在重庆和四川南充两所高校进行的现场控制实验中小组讨论内容逐字转录形成文本资料，并用于相关章节的内容分析。

第三节　本书结构安排

本书主体部分主要包括"中国青年网络媒体使用与政治认同现状""媒体框架与青年政治认同""参与互动与青年政治认同""网络政治传播场域中青年政治认同的来源与形成机制""网络政治传播场域中青年政治认同的生成逻辑与实践路径"五大主题八个章节，各章节主要内容如下。

第一章　导论。对相关研究背景与问题进行梳理，并介绍研究基本思路、资料来源和本书的主要结构。

第二章　文献回顾与理论框架。通过梳理与网络政治传播、青年政治认同有关的理论、方法和经验研究，厘清网络政治传播场域中青年认同的主要来源及生成机制。

第三章　网络媒介使用与青年政治认同。通过问卷调查考察青年网络媒介使用与青年政治认同现状，从性别、年龄、政治面貌等方面对青年网络媒体使用和政治认同现状进行描述和分析，宏观把握青年网络媒介使用与政治认同总体概观和群体特点，初步探讨网络媒介使用与青年政治认同的关系，为其后进一步考察网络政治传播影响青年政治认同的具体作用机制奠定基础。

第四章　媒体框架与青年政治认同。主要通过文本分析和调查实验考察网络政治传播双重场域媒体信息生产框架偏好及对青年政治认同的具体影响。首先，基于信息传播媒体框架生产通过文本分析考察网络政治传播场域“双重空间”的网络信源特征；其次，基于信息传播框架效果通过调查实验考察网络政治传播中媒体框架对青年政治认同的具体影响及作用路径。

第五章　参与互动与青年政治认同。主要通过现场实验考察参与互动对青年政治认同的具体影响。以136名在校大学生和研究生为被试，采用控制实验的方法，从议题类型和个体特征等角度考察小组讨论过程中参与互动对青年政治认同的具体影响，为其后网络参与互动与青年政治认同关系探讨提供参考。

第六章　网络政治传播场域中青年政治认同的来源与形成机制。基于生态发展模型从网络信源特征、网络参与互动、个体政治心理特征方面梳理网络政治传播场域中青年政治认同的主要来源及形成机制，呈现网络政治传播场域中青年政治认同的动态生成过程，构建“网络政治传播—个体政治心理特征—政治认同”的完整因果机制。

第七章　网络政治传播场域中青年政治认同的生成逻辑与实践路径。在网络政治传播场域中青年政治认同的形成机制综合模型基础上，对小组讨论文本资料内容进行进一步分析，通过质性分析深度挖掘网络政治传播中青年群体“因何认同”，细致勾画网络政治传播场域中网络信源特征、网络参与互动如何影响青年政治认同，阐释网络政治传播中青年政治认同的生成逻辑，明确网络政治传播促进青年政治认同生成的实践路径。

第八章　总结。首先对第三章至第七章的研究分析结果进行概括，然后对研究主要发现作进一步分析，总结研究对网络政治传播与青年政治认同关系的主要贡献，最后反思本书存在的局限及未来研究的方向。

第二章　文献回顾与理论框架

本章对国内外与政治认同、网络政治传播有关的理论、方法和经验研究进行回顾，梳理网络政治传播对青年政治认同的具体影响，借助生态发展理论和网络政治传播场域概念，将网络政治传播看成一个由各种传播关系交织而成的空间，区分不同层次的网络生态环境系统，关注青年网络政治传播空间实践和现实特征，从广阔的社会背景因素、网络政治传播环境、个体行动及其政治心理特征等维度构建网络政治传播场域中青年政治认同生成机制模型，以厘清中国现实网络政治传播情境与青年政治认同的具体关联，进一步解释网络政治传播是通过何种机制如何与其他因素共同影响青年政治认同的最终发展结果。

第一节　政治认同相关研究

一　政治认同内涵、结构及其测量

政治认同是一种重要的政治态度，体现了一种人性向背，与政治服从、政治合法性与政治稳定密切相关，是政治权威与服从关系的政治心理基础，在政治生活中发挥着十分重要的功能①，对政治体系的稳定及良性发展至关重要②。

学界对于政治认同在维系政治系统的良性运行与协调发展中不可或

---

① 彭正德：《论政治认同的内涵、结构与功能》，《湖南师范大学社会科学学报》2014 年第 5 期。

② 沈远新：《论转型期的政治认同危机与危机性认同及对策》，《理论与现代化》2000 年第 3 期。

缺的地位已达成共识，但在政治认同内涵界定上却存在一定的分歧。政治认同是一个复合词，包含“政治”和“认同”两个有机成分，这一概念的核心在于“认同”。“认同”在现代汉语中有两种含义：一是认为跟自己有共同之处而感到亲切；二是承认、认可。前者强调的是个体因共同特征、共同地位或共同处境而对某个群体产生了心理归属感；后者强调的是个体因内心认可和赞同而产生的肯定性情感倾向以及认同对象存在的正当性与合理性①。基于“认同”的上述两个义项，对于政治认同这一概念的理解，理论界存在两种基本倾向：一种为心理归属倾向，强调因相似性或共同性而产生的心理上的归属感，认同的结果通常是群体内部凝聚力的增强。如罗森堡姆（1976）将“政治认同”界定为“一个人感觉他属于什么政治单位（国家、民族、城镇、区域），地理区域和团体，要强烈效忠、尽义务或责任的单位和团体”②。受罗森堡姆的影响，国内多数学者侧重于从客体的心理归属感定义政治认同，如马振清认为，政治认同是“指人们在社会政治生活中产生的一种情感和意识上的归属感，它与人们的心理活动有着密切的联系。在政治社会化过程中，人们依据一定的政治态度、政治目标确定自己的身份，把自己看作是某一政党的成员、某一政治过程的参与者或某一政治信念的追求者等等，并自觉地以组织及过程的要求来规范自己的政治行为，与这个政治组织保持一致，支持这个组织的路线、方针、政策”③，《中国大百科全书》对政治认同的界定也是沿着罗森堡姆定义的轨迹进行界定的。另一种是情感倾向：因内心认可和赞同而产生的对政治系统的肯定性心理反应，认同的结果往往是政治权威与合法性的产生，如法国学者让－马克·夸克认为政治认同是对统治权利的赞同，“只要存在着赞同，那么对权力与权利的同一性的判断就将一直延续下去。如果这种赞同被收回，那么这将构成政治缺乏合法性的标志。因此，赞同是统治权利的必要条件，而并不

① 彭正德：《论政治认同的内涵、结构与功能》，《湖南师范大学社会科学学报》2014 年第 5 期。

② ［美］罗森堡姆：《政治文化》，陈鸿宇译，台北桂冠图书有限公司 1984 年版，第 6 页。

③ 马振清：《中国公民政治社会化问题研究》，黑龙江人民出版社 2001 年版，第 110—111 页。

是充分条件”[①]。国内学者李素华等也侧重于从情感倾向定义政治认同，“政治认同即公民对某种政治权力的承认、赞同和同意，并且自觉地以该政治权力的要求来规范自己的政治行为”[②]。近年来，国内学者倾向于从心理归属和情感倾向双重角度理解政治认同的内容，政治认同表达的不仅仅是一种心理归属，更是一种承认、认可和同意的情感倾向，政治情感构成政治认同的基础，政治认同指的是人们在政治生活中产生的认可、同意的情感倾向和亲近、接纳的心理归属[③]。事实上，政治认同涉及民众与国家双方，作为政治认同主体的公民乃是一个国家共同体的成员，政治认同的客体是国家政治系统，从认同对象来看，国家共同体是公民情感上依恋与牵挂的对象，是公民归属性国家认同的对象，但国家政权系统作为统治机器和保护公民权益的工具，它虽然是公民在政治上可以选择是否给予支持的对象，但不是公民在文化、心理上寻求归属的对象[④]。政治认同既是一种心理活动，也是一种政治态度，在本质上是社会成员对政治系统的认可、同意与支持[⑤]。

学者们一致认为政治认同应是一个多维概念[⑥]，有学者基于政治认同的心理学属性，将政治认同视为由政治认知、政治情感和政治意向高度统一的反应系统[⑦]，也有学者基于政治认同客体的政治系统的层次性，将政治认同区分为政策认同、执政党和政府认同、国家认同、制度认同和价值认同等[⑧][⑨]。

---

① 谢海军：《中国政治认同困境产生的多元路径及其分类治理》，《前沿》2011 年第 7 期。

② 李素华：《政治认同的辨析》，《当代亚太》2005 年第 12 期。

③ 彭正德：《论政治认同的内涵、结构与功能》，《湖南师范大学社会科学学报》2014 年第 5 期。

④ 肖滨：《公民认同国家的逻辑进路与现实图景——兼答对“匹配论”的若干质疑》，《中山大学学报》（社会科学版）2011 年第 5 期。

⑤ 彭正德：《论政治认同的内涵、结构与功能》，《湖南师范大学社会科学学报》2014 年第 5 期。

⑥ 邵春霞、彭勃：《经济地位、参与程度和主观能力——中国网民政治认同影响因素分析》，《经济社会体制比较》2015 年第 5 期。

⑦ 苏曦凌：《政治认同的生成机制分析——基于政治心理学的研究路径》，《学术论坛》2010 年第 2 期。

⑧ 孔德永：《政治认同的逻辑》，《山东大学学报》（哲学社会科学版）2007 年第 1 期。

⑨ 彭正德：《论政治认同的内涵、结构与功能》，《湖南师范大学社会科学学报》2014 年第 5 期。

在实际的测量过程中，学者们也多从政治认同客体的多维性来评估民众的政治认同状况。如伊斯顿认为政治认同客体包括政体、当局和政治共同体三个层次，政体常常作为最重要的对象，指政府的基本价值、规则和机构；当局通常指政府；政治共同体指的是为了一个共同的政治事业而维系在一起的人群。在此基础上，进一步将政治支持的测量区分为普遍支持（Diffuse Support）与特定支持（Specific Support），前者指向基本政权，后者指向现任当局①。参照伊斯顿关于政治支持的“三个层次”及“两种类型”的理论框架，国内学者蒋荣、戴钧将中国民众政治认同操作化为国家认同和政党认同两个维度②。邵春霞等将公民对政权系统的认同细分为两个层面：一是对政治制度—法律体系的政治认同；二是对政府治理和经济发展成就的绩效认同③。郑建君等则从政治认同基本结构的六个主要方面（身份、发展、政党、政策、体制和文化）对中国公民政治认同基本表现进行了评估，研究结果表明，中国公民当前具有较高水平的政治认同④。

二 政治认同的生成机制

个体政治认同作为一种政治心理，是由政治认知、政治情感与政治行为倾向共同组成的整体反应系统，是在利益诱导、政治规训、社会参照等多种因素作用下创造性生成的。如何培育、加强和优化个体政治认同？本书选择网络政治传播场域中青年政治认同生成问题作为总体研究对象，事实上，国内外已有理论研究中，学者们大量探讨了个体政治认同生成或起源问题，相关研究成果已较为丰富，从所依据的核心解释变量来看，既有政治认同生成研究可划分为理性主义和文化主义两条基本的解释路径。

---

① ［美］陈捷：《中国民众政治支持测量与分析》，安佳译，中山大学出版社 2011 年版，第 4 页。

② 蒋荣、戴钧：《政治认同结构的实证研究——基于结构方程建模法（SEM）的分析》，《社会主义研究》2013 年第 3 期。

③ 邵春霞、彭勃：《经济地位、参与程度和主观能力——中国网民政治认同影响因素分析》，《经济社会体制比较》2015 年第 5 期。

④ 史卫民、周庆智、郑建君、田华等：《政治认同与危机压力》，中国社会科学出版社 2014 年版，第 1—25 页。

在理性主义看来，政治认同是内生的（endogenous），主要源于公民对制度绩效的评价，因此，执政机构的治理绩效如社会经济状况的改善、公平公正、政治腐败感知等理性变量成为解释个体政治认同的基本动因并主要集中在以下两个领域：其一是经济社会治理绩效，包括经济增长、社会再分配和公共服务的供给等；其二是政治制度绩效和政府质量本身，主要包括国家整体的民主程度、社会公正、政治腐败感知等。大量国内外实证研究证实了制度的公平公正和政府的治理绩效与民众政治认同之间的积极关联。微观层面，民主制度绩效对个体的政治认同也表现出显著的正向影响，公平感对中国民众认同感有显著影响并呈优势等级排列，了解并满足不同时期民众的公平需求是认同感培育的重要任务[①]，公平公正的制度建设、经济社会运行的良好状况已成为构建民众政治认同进而强化国家认同的重要维度[②]。

文化主义路径则认为，政治认同是外生的（exogenous），是一种价值和情感倾向，无法完全用理性计算来考量，根植于特定的政治文化背景并受到个体在长期政治社会生活中习得的价值规范的影响[③]。对于生活在特定政治环境中的个体而言，公民文化是个体政治认同中情感因素的主要来源，个体可以在政治社会化过程中不断内化政治和政治实体的主流价值，从而形成自己的态度和情感[④]，不同的公民文化影响甚至塑造人们对制度绩效的不同认知方式和评价标准。因此，不存在完全“理性”的政治情感[⑤]，对个体政治认同的解释需要关注传统文化价值观、社会化经历、社会资本等变量对个体政治情感和心理的影响。后物质主义价值观认为，自我表达价值观的兴起会在一定程度上侵蚀经济程度对政治认同的影响。宏观层面数据也显示，个体政治认同更可能是长期性的文化浸润的结果。而不是当下经济、政治或社会情况的实时反映。来自微观层

① 章秀英、戴春林：《公民国家认同感发展现状及影响因素——基于10省市问卷跟踪调查（2011—2014）》，《马克思主义与现实》2017年第4期。

② 谢和均、李雅琳、李艳华：《经济福利、社会保障与国家认同——少数民族聚居地区社会保障的实证分析》，《云南师范大学学报》（哲学社会科学版）2012年第4期。

③ 王衡：《国家认同、民主观念与政治信任》，《经济社会体制比较》2015年第3期。

④ 桑玉成、梁海森：《政治认同是如何形成的》，《复旦学报》（社会科学版）2017年第4期。

⑤ 王衡：《国家认同、民主观念与政治信任》，《经济社会体制比较》2015年第3期。

面的实证研究也表明，传统文化对个体的政治认同有显著的正面影响[①]。在政治文化研究中阿尔蒙德、帕特南等高度重视个体的社会化经历、社会资本等因素的影响，他们的相关研究表明，就微观角度而言，影响政治态度的关键因素是公民的参与状况和主观能力，而制度结构则构成公民政治态度的宏观影响因素[②]，帕特南等的结果也显示社团参与的积极政治结果：社团成员在政治上更成熟，更有社会信任感，有更多的社会参与，以及“主观上有更大的公民行为能力”。事实上，公民社团对于民主社会的积极意义不仅因为它们对个人成员有“内部”效应，有助于培养成员社会信任、公共精神和公民技能，而且它们对更广大的政治体制有着“外部”效应，有助于促进有效的社会合作，从而增进公民共同体有效的民主治理[③]。邵春霞等[④]的实证研究结果也显示出政治文化对中国民众政治认同强有力的解释力：参与和主观能力可以直接影响个体的政治认同，个体经济地位需要通过参与和主观能力间接影响个体政治认同，扩展理性的公民参与，培养理性公民文化，是提升中国民众政治认同的重要路径。

第二节 网络政治传播及其对政治认同的影响

一 网络政治传播及其特征

“政治传播”（Political Communication）这一范畴自身包含着双重的学科要素——政治与传播，对于政治传播的理解也存在政治学和传播学的双重视角，从政治学的视角来看，政治传播往往将政治传播视为一种政治现象与政治行为。如丹顿和伍德（Denton & Woodward）对政治传播的界定：关于公共资源（国家财政税收）、政府权威（谁拥有司法、立法及

① 金炜玲：《亚洲青年国家认同的影响因素分析——基于2003年亚洲大学生价值观调查数据》，《中国青年研究》2018年第3期。

② ［美］加布里埃尔·A. 阿尔蒙德、［美］西德尼·维伯：《公民文化——五个国家的政治态度和民主制》，徐湘林译，东方出版社2008年版，第439—442页。

③ ［美］罗伯特·D. 帕特南：《使民主运转起来：现代意大利的公民传统》，王列、赖海榕译，中国人民大学出版社2015年版，第104—106页。

④ 邵春霞、彭勃：《经济地位、参与程度和主观能力——中国网民政治认同影响因素分析》，《经济社会体制比较》2015年第5期。

执法的权力）与政府裁决（国家所作的赏与罚）的公共讨论；从传播学角度来界定政治传播的最简练并受到普遍接受的政治传播定义来自查菲，他认为政治传播就是“传播在政治过程中所扮演的角色”[①]。布赖恩·麦克奈尔吸取了丹顿和伍德关于政治传播意图性的阐述，将政治传播解释为“关于政治的有目的的传播”，涵盖：所有政客及政治行动者为求达到目的而进行的传播活动；所有非政治行动者对政治行动者做出的传播活动，如选民及报纸评论员；所有在媒介中涉及以上政治行动者的新闻报道、评论及政治讨论[②③]。我国学者也从政治学或传播学角度对政治传播进行界定，如顾超、俞可平认为政治传播有两层基本含义：一是大众传播学意义上的政治沟通，包括政治信息的传播、民意的形成、舆论的导向、政治态度的变迁等；二是信息论和控制论意义上的政治沟通，即在国家这个政治系统里政治信息是怎么流通的[④⑤]；荆学民、施惠玲则基于政治学与传播学的“视界融合”的角度来定义政治传播，所谓“政治传播”是指特定政治共同体中政治信息扩散和被接受的过程[⑥]。传播政治信息、设置政治议题、影响公共舆论、传承政治文化、塑造政治形象、监督政治环境、促进政治民主和政治社会化是政治传播的主要功能[⑦⑧]。

以互联网为代表的新兴媒介的崛起是第三代政治传播产生的标志，网络政治传播（Online Political Communication）指政治主体在政治过程中通过互联网进行的一切传播活动。区别于以传统媒介为载体的政治传播，

① 荆学民、施惠玲：《政治与传播的视界融合：政治传播研究五个基本理论问题辨析》，《现代传播（中国传媒大学学报）》2009 年第 4 期。

② ［英］布赖恩·麦克奈尔：《政治传播学引论》，殷祺译，新华出版社 2005 年版，第 3—4 页。

③ 张晓峰、荆学民：《现代西方政治传播研究述评》，《教学与研究》2009 年第 7 期。

④ 顾超：《突发公共卫生事件中科学传播政治化的比较研究》，《新闻与传播评论》2021 年第 3 期。

⑤ 俞可平：《政治传播、政治沟通与民主治理》，《现代传播（中国传媒大学学报）》2015 年第 9 期。

⑥ 荆学民、施惠玲：《政治与传播的视界融合：政治传播研究五个基本理论问题辨析》，《现代传播（中国传媒大学学报）》2009 年第 4 期。

⑦ 顾超：《突发公共卫生事件中科学传播政治化的比较研究》，《新闻与传播评论》2021 年第 3 期。

⑧ 段鹏：《政治传播：历史、发展与外延》，中国传媒大学出版社 2011 年版，第 48—52 页。

以互联网为载体的网络政治传播主体和传播意图更为多元化，普通民众既是网络政治传播的受众，也是网络政治传播实践的主体。在网络政治传播时代，特别是由公众兴起的网络政治传播，一般具有清晰的利益诉求和政治需求倾向，网络政治传播既是一种可见的传播活动，也是一种政治行为，是政治主体介入政治生活的过程，融合了“传播”和“参与”两种具体行动①，从而使网络政治传播架构在层次、形式和类型上都出现了一些新的特点：在层次分布上，由于网络政治传播主体所拥有的“传播资本”差异，呈现了政治系统内部、政府/政治组织—媒介（网络）—公众、公众—政府/政治组织和公众间网络政治传播四种不同的传播层次；在形式上，也出现了网络政治信息和网络政治新闻之外的其他政治表达形式，如以博客、贴文、微博、微信等形式的社会化媒体的政治表达；在具体类型上，既有通过互联网进行的日常公文报道、政策发布、时政新闻，以及会议报道等常规性传播，也有“网络事件”类型的非常规性传播②。

有学者认为，网络政治传播层次、形式和类型特征源于我国网络政治传播架构中的“双重场域”：官方网络政治传播场域和公众网络政治传播场域。前者由政治权力、政治力量、政府职能所控制的一系列传播关系所构成；后者由非官方的话语力量形成的一系列传播关系所构成。不同网络政治传播场域中传播主体、渠道、内容均有所差异，也有各自的传播和话语的“惯习”，贾哲敏的研究结果显示，官方场域和公众场域在新闻事实的生产过程中存在着明显的框架偏好，对“事实认定”是官方场域最为重视的框架，而“责任归因”和“道德判断与人情味”框架则为公众场域政治传播所偏爱，且长期以来官方媒体对时政型事件的报道侧重“通报”，而公众话语对事件的建构却倾向于从细节入手，通过透彻的细节描写与情感铺陈来影响公众③；薛可等的研究结果也表明官方场域和公众场域在新闻生产内容上各有侧重，呈现出不同的话语色彩，从而

---

① 贾哲敏：《网络政治传播的界定与发展路径探析》，《西南民族大学学报》（人文社会科学版）2016 年第 3 期。

② 贾哲敏：《我国网络政治传播发展历程与基本架构》，《编辑之友》2015 年第 12 期。

③ 贾哲敏：《网络政治传播中的议题建构与互动——基于 4 个时政型事件的框架分析》，《北京理工大学学报》（社会科学版）2014 年第 6 期。

在相应的传播效果上也存在一定差异[①]。

二　网络政治传播与政治社会化

个体的政治认同并非与生俱来，需要通过政治社会化后天习得，公民政治社会化过程既是政治社会化组织和机构进行政治信息传播的过程，也是公民个体学习政治文化的过程[②]。学校、大众传媒、家庭均是个体政治社会化的重要场域。在传播高度发达的现代媒介化社会，政治态度始于政治信息并高度依赖媒体，“民众关于政府官员能力和诚意的信念不来自直接经验，而由新闻记者来告知”[③]，媒体政治传播通过提供一套权威的媒介意义解释系统和分析框架，促进解释框架内化为目标受众的媒体世界观，从而影响个体政治态度的最终结果，是中国语境下政治社会化的重要结构单元[④]。

意识形态是政治传播的中心和灵魂所在[⑤]，政治传播可以通过大量报道或直接宣传某种观念、政治态度与政治情感力图在公众头脑中塑造一种政治秩序和政治合法性，形成对现有政治系统的认同的政治心理和政治思想，通过政治传播形塑公众的积极政治态度是政治传播的基本功能，网络政治传播亦如是。按照麦奎尔的媒介社会化理论，大众传媒可通过两条路径影响青年政治态度：一方面通过象征性的奖惩在媒介中所呈现的各种类型的行为，从而引导青年规范和价值观；另一方面通过描述各个群体的有关生活的图景和行为模式，塑造社会中给定角色或地位的态度和规范性标准，来明晰社会对于特定角色与地位的期待，进而影响人们的观念[⑥][⑦]。

---

① 薛可、孟筱筱、宋锋森：《差异与互补：官方与民间社交媒体的新闻生产对比研究》，《新闻记者》2019 年第 5 期。

② 马振清：《中国公民政治社会化问题研究》，黑龙江人民出版社 2001 年版，第 6—7 页。

③ 张明新、刘伟：《互联网的政治性使用与我国公众的政治信任——一项经验性研究》，《公共管理学报》2014 年第 1 期。

④ 张涛：《在新一代大学生中传播马克思主义新闻观——基于政治社会化的视角》，《当代传播》2016 年第 6 期。

⑤ 段鹏：《政治传播：历史、发展与外延》，中国传媒大学出版社 2011 年版，第 122 页。

⑥ ［英］丹尼斯·麦奎尔：《麦奎尔大众传播理论》，徐佳、董璐译，清华大学出版社 2019 年版，第 425—426 页。

⑦ 刘元贺、肖唐镖、孟威：《媒介接触如何影响民众地方治理评价？——基于民众政府观的中介效应分析》，《新闻界》2020 年第 9 期。

网络政治传播中的信息多元传播和公共领域的建设和扩张均对青年群体政治认同的形成具有重要的影响：网络政治传播为青年获取信息提供了更大的自由和空间，网络海量的信息能极大地满足他们各方面的政治信息需求，对各种政治信息的接收无疑就是一个重要的政治社会化过程；更为重要的是，网络政治传播的发展，使其不但成为主流政治文化的重要传播渠道①，更进一步推动了公共领域的真实建构，广大青年群体可以在这个空间对公共政策、政治事件和其他共同关心的问题进行讨论和做出评判，不仅有助于参与的广大青年集体认同感的形成和建构②，而且各种新观点、新思想、新认识等在网络上的广泛传播，以及各种思想的交锋和争论，都有利于改变民众的政治认知、政治态度和政治行为，从而有利于现代政治文化倾向的形成③。

三 网络政治传播对政治认同的影响：正效应还是负效应

如前所述，网络政治传播已成为影响中国民众政治认同的重要场域。然而区别于传统媒体时代传播过程的单向性，网络政治传播中由于传播者的泛化，除明确代表党与政府意图的主流声音外，还出现了更多样的明显或隐晦的非主流的信息表达④，传播主体、内容和意图的多元化使网络政治传播与个体政治态度最终结果之间呈现复杂的发展态势：一方面网络政治传播的多元和互动可以促进政治体系与普通民众的沟通，增强国家和政府社会支持；另一方面网络传播过程中信息内容和传播意图的多元化，也会一定程度地弱化甚至消解普通民众的政治认同，造成政治认同危机。

除了上述对于网络政治传播与个体政治认同关系的宏观认知性差异，在微观层面实证研究中，尽管网络媒介使用被视为解释个体政治态度的

---

① 刘远亮：《网络政治传播对当代中国政治发展的影响——基于政府与民众关系的分析》，《天津行政学院学报》2013 年第 4 期。

② 卢家银：《社交媒体与青少年的政治社会化：以微博自荐参选事件为例》，《中国青年研究》2012 年第 8 期。

③ 刘远亮：《网络政治传播对当代中国政治发展的影响——基于政府与民众关系的分析》，《天津行政学院学报》2013 年第 4 期。

④ 张桂芳：《新媒体环境下媒体政治传播的变革——基于政治认同的视角》，《青年记者》2017 年第 26 期。

重要变量，学者们在对个体网络媒介使用行为的测量中，早期集中于“使用程度”这一维度，导致研究结论过于简单化，后期扩展到使用程度、使用动机、使用形式、内容偏好等多个维度并进行了大量的实证研究①，然而网络媒介使用对个体政治态度的具体影响却尚未达成较为一致的结论并为网络政治传播与个体政治认同之间关系的宏观观察和价值判断提供相应实证支持。

1. 网络政治传播对个体政治认同存在正向影响

政治传播是影响个体政治认知、态度和行为的重要因素，在网络政治传播与个体政治认同之间关系的解读中，乐观主义者聚焦网络政治传播的积极社会化功能，认为网络政治传播不仅是政治信息传播的重要载体，借助互联网的工具性使用扩大了政治信息传播范围，提升了民众的政治认知，为政治认同提供了必要的认知基础，也是促进民众参与公共事务、实现政治沟通的重要平台②，有助于增强民众的政治效能感，孕育政治信任，为个体政治认同奠定情感基础，具体而言主要体现在以下方面。

首先，网络政治传播有助于增加个体政治知识，提升对政府的积极认知。

在个体政治社会化过程中，政治认同始于政治信息并高度依赖媒体，使得“民众关于政府官员能力和诚意的信念不来自直接经验，而由新闻记者来告知”③。信息传播媒介深刻影响公众的观念扩散和认知塑造④。“信息接触论”认为，个体通过家庭环境、学校教育、与他人交流、媒体接触等各种途径习得政治知识，并在此过程中形成自己的政治倾向⑤。相

① 来向武、任玉琛：《中国互联网使用对社会资本影响的元分析》，《新闻与传播研究》2020 年第 6 期。

② 张明新、刘伟：《互联网的政治性使用与我国公众的政治信任——一项经验性研究》，《公共管理学报》2014 年第 1 期。

③ Cappella J. N and Jamieson K. H.，“Spiral of Cynicism：The Press and the Public Good”，转引自张明新、刘伟《互联网的政治性使用与我国公众的政治信任——一项经验性研究》，《公共管理学报》2014 年第 1 期。

④ 臧雷振、劳昕、孟天广：《互联网使用与政治行为——研究观点、分析路径及中国实证》，《政治学研究》2013 年第 2 期。

⑤ 薛可、余来辉、余明阳：《媒介接触对政府信任的影响：基于中国网民群体的检验》，《现代传播》2017 年第 4 期。

较于传统传播媒介，网络政治传播提升了政治知识传播的量与速[①]，已有研究表明，互联网有助于公众获得更多的公共信息，增加了公众的政治知识，为青年群体获取政治信息、参与政治讨论提供了便利条件[②]，且互联网政治信息获取对政治认同具有显著的正向预测力[③]，公众对于政治知识了解得越多，就越能在认知与态度上响应官方媒体的宣传，从而形成对国家政治体制和制度的认同与信心[④]。

其次，网络政治传播有助于激发个体的政治兴趣与参与热情。

网络政治传播不仅可以通过提供具有公共兴趣的话题，传播与政治和社会事务相关的信息，还可以通过作为互动表达和公共参与的重要平台，为公众提供相互讨论、表达的机会；增强公众对国家大事的关注度，唤起公众了解和参与我国政治生活、政府工作与公共事务的热情；促进国家与社会公众之间顺畅沟通，充分互动；增强民众心理认知层面对官方媒体所传递的政治立场与价值观念的响应与认同，形成彼此认可的共同体共识，从而增进对政治共同体的肯定、支持与认可[⑤]。孟天广、郑思尧[⑥]对政府新媒体功能的实证研究结果显示，网络政治传播对政治认同的正向影响，政府新媒体正日益发挥着广泛影响，并受到16%的网民关注，关注政府新媒体的网民不仅更认可网络可以为自己提供有关公共事务的及时、翔实信息，更为重要的是，政府新媒体的广泛应用有助于展示一个开放、互动和负责任的政府形象，不仅有助于公众形成对政府机构及工作认同的积极感受和理性思考，也有助于提高公众政治兴趣并影响其政治效能感。

最后，网络政治传播有助于增进个体的政治效能感。

---

① 臧雷振、劳昕、孟天广：《互联网使用与政治行为——研究观点、分析路径及中国实证》，《政治学研究》2013年第2期。

② 张凌：《公共信息接触如何影响不同类型的政治参与——政治讨论的中介效应》，《国际新闻界》2018年第10期。

③ 龙强：《互联网政治信息获取与政治认同的关系再考察》，《绍兴文理学院学报》2016年第4期。

④ 王法硕、丁海恩：《官方媒体使用如何影响制度自信？——爱国主义的中介作用与政治知识的调节作用》，《东北大学学报》（社会科学版）2020年第5期。

⑤ 荆学民：《当代中国政治传播研究巡检》，中国社会科学出版社2014年版，第78页。

⑥ 孟天广、郑思尧：《信息、传播与影响：网络治理中的政府新媒体——结合大数据与小数据分析的探索》，《公共行政评论》2017年第1期。

政治效能感（political efficacy）指个人的政治行动确实或者能够对政治过程产生影响，因而值得去承担个人的公民责任的一种感觉[①]。政治效能感可分为内部效能感和外部效能感，其中内部效能感（internal efficacy）来自对自我能力的认知，指个体对自我影响政府和政治决策的能力感知；外部效能感（external efficacy）则与政府与普通民众的反应和互动密切相关，指个体对于当权者或执政者回应普通民众的状态认知。网络政治传播的发展不仅改变了政府与民众的关系，也促进了政府和民众在文化心理、行为特征、作用方式等方面的根本转变，民众更加主动地参与政治事务的讨论，更加注重对自身权利的争取与维护，并影响政府和公共事务进程[②]。因此，网络政治传播既可以通过政治知识传播的量与速的优势增进其内部效能感，也可以通过提高政府效率和增强回应性，增强公众的参与热情与政治信任，提高公众的外部效能感[③][④]，增进个体政治认同的情感基础。

2. 网络政治传播对个体政治认同存在负向影响

区别于乐观主义者对网络政治传播积极影响的肯定，怀疑主义者认为尽管网络政治传播可以通过信息传播机制，为公众政治认同的建立提供必要的认知基础，网络政治传播过程中政府/政治组织与公众之间的互动过程在理论上对培育公众政治认同有积极意义，然而消极的政治信息也可能阻碍公众对政府的积极认知，促进公众政治认同的消解。与此同时，互联网的娱乐化倾向在一定程度上削弱网络政治传播的信息功能，网络互动与表达也不能自然“涵化”公众积极的政治态度。

首先，网络政治传播中的负面信息在一定程度上降低和消解了公众对政府的积极认知和信任。

社交媒体的崛起打破了以传统媒体为主导的垄断局面，为公众提供

① Michael E. Morrell, “Deliberation, Democratic Decision-making and Internal Political Efficacy”, *Political Behavior*, Vol. 27, No. 1, 2005.

② 刘远亮：《网络政治传播对当代中国政治发展的影响》，《天津行政学院学报》2013 年第 4 期。

③ 臧雷振、劳昕、孟天广：《互联网使用与政治行为——研究观点、分析路径及中国实证》，《政治学研究》2013 年第 2 期。

④ 王菁：《媒介使用如何影响我国大学生微博政治参与》，《新闻与传播研究》2017 年第 7 期。

了信息更加多元和舆论两极分化的公共空间，一方面有助于打破信息传播系统的封闭性，为信息的获得提供了更大的自由和空间；另一方面网络新媒体因其“开放性”和“无结构性”的特性，对信息的审查不会受到严格管控，更可能造成政治/政府负面消息的传播①，增加了公众接触与主流意识形态不同声音的可能性，从而使其产生对政治系统的负面看法，帕特森认为，正是大众媒体较过去更频繁地报道负面新闻，才会持续引发公众对政府以及政策的不满，对互联网使用时长、频率、媒体偏好类型与政治信任间关系的相关实证研究结果也一定程度地支持了网络政治传播对青年政治认同的负向影响。如研究者发现，对社交媒体关注越多的个体，其政治信任度就越低②；上网时间越长、网络使用频率越高，青年群体对政府和官员的政治信任度和对社会公平感的评价就越低③④，网络负向消息的接触也会影响青年的政治认知和情感，从而弱化了政治信任度⑤。

其次，网络使用娱乐化倾向在一定程度上削弱网络政治传播的信息功能。

在对网络媒介使用与青年政治态度关系的考察中，个体媒介使用动机始终是学者们关注的重点，研究者基于网络媒介使用动机和现实情境对网络使用行为进行了分类，有学者把上网活动分为四类：社会娱乐（聊天室、网络论坛、游戏）、产品消费、理财和信息交流（邮件、搜索信息）⑥。也有学者将之区分为信息型和娱乐型，并认为不同网络媒介使用动机影响个体的信息加工方式，具有“信息型动机”的民众通常对媒介信息的卷入度更深，会采用精细思考的思维模式，因此分析能力和评

① 金恒江、聂静虹：《媒介使用对中国女性政治信任的影响研究——以中国网民为对象的实证研究》，《武汉大学学报》（人文科学版）2017 年第 2 期。

② Ceron A.，“Internet，News，and Political Trust：The Difference Between Social Media and Online Media Outlets”，*Journal of Computer-mediated Communication*，Vol. 20，No. 5，2015.

③ 卢家银、段莉：《互联网对中国青年政治态度的影响研究》，《中国青年研究》2015 年第 3 期。

④ Im T.，Cho W.，Porumbescu G.，et al.，“Internet，Trust in Government，and Citizen Compliance”，*Journal of Public Adminstration Research and Theory*，Vol. 24，No. 3，2014.

⑤ 金恒江、聂静虹：《媒介使用对中国女性政治信任的影响研究——以中国网民为对象的实证研究》，《武汉大学学报》（人文科学版）2017 年第 2 期。

⑥ 来向武、任玉琛：《中国互联网使用对社会资本影响的元分析》，《新闻与传播研究》2020 年第 6 期。

估能力更强[①][②]。然而，有研究表明，大多数个体网络使用不是为了谈论政治，而是阅读奇闻、聊天交友、抒发个人情感和网络游戏，网络使用娱乐化倾向不仅一定程度地削弱网络政治传播的信息功能，同时也满足了人们参与和远离政治的欲望[③]。

最后，网络互动与参与并不必然增进个体政治认同。

网络政治传播以开放、平等、互动、分享的特质赋权于个体，并迅速成为青年互动参与的重要渠道。青年群体可以通过网络就社会现状、社会发展、时事发表言论和评论，对于推动舆论监督、民主与法治建设，培育积极的公民精神有着积极作用。但同时，网络政治舆论出现的极端情绪化倾向，对社会和谐、党和政府的形象与权威都造成了一定的负面影响，甚至销蚀着政治系统合法性的基础。网络政治舆论在一定程度上反映了民众的政治认同，网络政治舆论的极端情绪化，在某种程度上就是民众政治认同危机的反映[④]。目前网络政治传播中的政治参与品质总体上不高，代表性不强。无端的“谩骂”、粗暴的“人肉搜索”、骇人的“网络大字报”充斥于社交媒体空间，谣言、流言四起，口水战延绵不绝，“键盘侠”“网络愤青”俯拾皆是，“网络推手”和“网络水军”潜身其间，“网络大V”“新媒体意见领袖”呼风唤雨，不明真相的群众盲目跟从。在这种政治参与氛围中，缺乏辨识力、控制力和政治敏锐性的青少年很容易被左右。他们或满足于符号参与而漠视现实政治活动，或把虚拟空间的非理性行为迁移到现实社会中，导致社会无序，在一定程度上可能会消解其政治认同[⑤]。

诚然，作为一种新生事物，网络政治传播对政治认同的影响是积极

---

① William J. R., Shah D. V., Kwak N., “Assessing Causality in the Cognitive Mediation Model: A Panel Study of Motivations, Information Processing, and Learning During Campaign 2000”, *Communication Research*, Vol. 30, No. 4, 2003.

② 来向武、任玉琛：《中国互联网使用对社会资本影响的元分析》，《新闻与传播研究》2020年第6期。

③ 张明新、刘伟：《互联网的政治性使用与我国公众的政治信任——一项经验性研究》，《公共管理学报》2014年第1期。

④ 徐家林：《网络政治舆论的极端情绪化与民众的政治认同》，《马克思主义与现实》2011年第3期。

⑤ 杨晓强、廖俊清：《社交媒体背景下青少年政治社会化的范式转换与策略选择》，《西南民族大学学报》（人文社会科学版）2019年第4期。

的抑或消极的，一时之间尚难有定论，但网络政治传播却已成为影响政治生活的重要力量，不仅重构社会信息系统的流向与功能，而且无论是政治组织还是公民，都能够通过立体化媒介获得话语权并介入公共事务，从而在培育公民精神和政治效能方面发挥前所未有的促进作用。

第三节 网络政治传播中青年政治认同生成的因素与机制

一 网络政治传播中青年政治认同生成的因素理论

基于前述政治认同及网络政治传播的相关文献可见，网络政治传播中的信息接触内容、参与互动是影响青年政治认同生成的两大重要前提，因此，本书认为网络政治传播中影响青年政治认同生成的相关因素主要包括以下几类。

1. 网络信源特征

大众传播效果理论始终强调媒介本身的条件（信源的性质、内容的组织）对传播效果的影响，拉斯韦尔在传播的5W模式中明确提出，传播就是谁通过什么渠道向谁传递了什么内容，取得了什么效果；在传播过程中，传播者并不是将所有掌握的信息传达给受众，而必须对信息进行取舍，新闻选择的“把关人”理论告诉我们，传媒组织决定着什么样的新闻信息能够进入大众传播渠道[①]。对于政治传播而言，意识形态被置于传播内容的首要位置，正如约翰·基恩所指出的：“某些东西是不能报道的，或者只能以一种特殊的方式报道。一旦进行报道，这些节目中令人不安、有可能引起反感或者惹是生非的东西必须去掉。”[②] 对于中国语境下网络政治传播而言，不同场域中的传播主体性质不同，目的也各异，对信息采集、筛选、加工的不同作用方式对青年政治认同的影响自然也存在差异。因此，对网络政治传播与青年政治认同关系的探讨中，仅仅关注媒介接触频率、媒体偏好类型无法准确呈现网络信源特征对青年政治认同的具体影响，而应该辨析网

① 郭庆光：《传播学教程》，中国人民大学出版社1999年版，第131页。

② 段鹏：《政治传播：历史、发展与外延》，中国传媒大学出版社2011年版，第119—122页。

络政治传播过程中信息接触内容及其组织形式对青年政治认同的具体影响。

众所周知，传播内容的组织和表现方式直接影响受众的接受程度。框架理论认为，媒介使用的新闻框架不同，真实的新闻呈现也会显著不同。艾英格（Iyengar）的实验研究结果显示，在特定议题中，新闻框架影响受众对社会问题形成原因及解决问题的责任归因。当新闻报道以个人化态度来呈现贫穷议题时（事件框架），受众将贫穷的责任归咎于个人；当报道将贫穷呈现为经济环境或社会政治的结果时（主题框架），受众认为责任大部分在于社会①。框架不只是故事的主体，也往往是价值导向的体现，丹吉洛（D'Angelo）认为媒体框架的形成是新闻采集过程中所带来的和国家社会主导价值观作用的结果，政治传播中不同信源较为集中体现了媒体框架的价值观导向差异，在有关国家外交政策的新闻报道中媒体框架的价值观属性尤为重要。如伯德和拉维（Bird & Ravi）对比了美国和英国关于对巴格达“令人震惊和尴尬的”轰炸的报道，前者以赞赏的基调将这一事件描写为力量的展现，而后者则将之描绘为灾难性的、破坏性的和无法容忍的。美国在对分别由苏联和美国的军事行动所造成的类型空难事件的报道中也呈现不同的框架属性，对前者的报道采用情感性的/人文关怀的手法将之描述为一次蓄意的攻击，对后者的报道则采用中性的手法将之描绘为一个因技术导致的错误悲剧②。在2020年新冠肺炎疫情的相关报道中，美国媒介的一种重要框架设置就是指称新冠肺炎病毒起源于武汉的一个病毒实验室，是由人工制造的，有意或因事故而泄漏出来的，甚至认为新冠肺炎病毒是病毒武器，这一媒体框架信息在美国产生政治上的影响，使受到影响的人们认为病毒可能是由中国政府创造的，以致产生惩罚中国的意愿，这一结果支持了美国政府“甩锅中国”“惩罚中国”的政治主张，在美国国内起到政治社会化的作用，并对国际政治也可能产生深远影响③。由此可见，对于网络政治传播

① 肖伟：《新闻框架论——传播主体的架构与被架构》，中国人民大学出版社2016年版，第16页。

② ［英］丹尼斯·麦奎尔：《麦奎尔大众传播理论》，徐佳、董璐译，清华大学出版社2019年版，第318—319页。

③ 顾超：《突发公共卫生事件中科学传播政治化的比较研究》，《新闻与传播评论》2021年第3期。

而言，媒体框架所凸显的议题情感属性、内容风格均会不同程度地影响青年政治认同。

2. 个体政治心理特征和结构资源

图式（Schemas），也译作“基膜”，是一种认知结果。图式是人们认识世界和理解世界的一种方式，影响着人们处理大众传播信息的过程，图式会导致个体有选择性地注意、感知、理解和记忆大众传播的信息，是人们在判断能力有限、信息不完全的前提下，为了迅速作出反应而采取的一种认知策略。一方面，图式有助于形成自动推理，形成某种解释，提供预期，加快了信息处理与加工的进程；另一方面，图式所代表的旧信息，可能会导致个体有选择性地吸收与图式相一致的信息，从而有可能错误添加认知对象所不具有的特征，影响信息传播的准确性和有效性①。媒介框架理论相关研究也表明，框架效应的发生是媒介信息与个体既有知识、经验互动的结果②，个体作为信息解读的主体，媒介框架发生作用的前提在于存在先在经验和知识背景的个人是否会接受和采纳这一框架，并将其纳入认知图式之中。因此，受众的知识水平、社会地位、已有的核心价值观（威权人格）、预存的情感认知（生活满意度）等均会一定程度影响媒介框架效应，在媒介框架对青年政治认同作用的过程中，媒介框架首先影响的应是受众的认知图式（如威权人格的激发、形成和转换），继而才影响到其政治认同态度③。

精细加工可能性模型（The Elaboration Likelihood Model），是社会心理学家理查德佩蒂等（Cacioppo & Petty）提出的一个解释信息如何产生说服效果以及如何影响态度的模型④⑤。该理论认为，每个人都会有两种

---

① 刘海龙：《大众传播理论：范式与流派》，中国人民大学出版社 2016 年版，第 196—198 页。

② 聂静虹：《论政治传播中的议题设置、启动效果和框架效果》，《政治学研究》2012 年第 5 期。

③ 肖伟：《新闻框架论——传播主体的架构与被架构》，中国人民大学出版社 2016 年版，第 113—123 页。

④ Cacioppo J. T. and Petty R. E.，“The Elaboration Likelihood Model of Persuasion”，*Advances in Consumer Research*，Vol. 11，No. 1，1984.

⑤ 范晓屏、韩洪叶、孙佳琦：《网站生动性和互动性对消费者产品态度的影响——认知需求的调节效应研究》，《管理工程学报》2013 年第 3 期。

信息处理方式：一种是以详尽的方式，用严谨的思考来处理信息；另一种是以较为简单粗略的方式来处理信息。前者是沿中枢路径（central route）处理信息；后者则是沿边缘路径（peripheral route）处理信息，详尽分析发生的概率与个体的动机、能力密切相关，即只有当个体对所涉及的问题有强烈的认知需求，并且具有相应的认知能力时，才会沿中枢路径对信息进行详尽处理，否则沿边缘路径进行一般处理。在同一信息处理的过程中，“中枢路径”和“边缘路径”也许同时存在，如果对信息的某些特征、环节、某个细节个体比较关注，则会沿“中枢路径”进行详尽加工处理；对另一些特征、环节或细节没有兴趣或参与动机，则会转入“边缘路径”加以处理，一般认为，由“中枢路径”所引起的认知改变更深刻①。按照精细加工可能性模型，在网络政治传播过程中，首先，只有当个体对所涉及的政治信息感兴趣且具备相应的信息认知能力，政治传播过程中的政治信息才可能沿“中枢路径”以详尽的方式，通过严谨思考处理政治信息，政治传播过程中个体的政治兴趣、政治效能感乃至其知识水平均会影响青年对政治传播中的信息加工处理方式；其次，网络政治传播过程中个体的“中枢路径”抑或“边缘路径”信息加工处理方式对青年政治认同的最终结果的影响可能存在一定的差异。

3. 个体参与互动

参与民主理论认为，公民参与不仅具有工具性的保护功能，而且具有重要的目的性价值，公民参与不仅是一种治理的方法，而且要服务于更广泛的目的——将公民社会凝聚在一起、教育公民并使之掌握治理的艺术，从而将民主参与的适用领域尽可能地扩大，家庭、学校、工作岗位、社团及其他经济和政治活动中，到处都存在参与的可能②③。俞可平认为公民参与又称公共参与、公众参与，即公民试图影响公共政策和公民生活的一切活动，投票、竞选、公决、结社、请愿、抗议、集会、游行、示威、反抗、宣传、动员、对话、协商、辩论、听证、游说、上访

① 郭庆光：《传播学教程》，中国人民大学出版社1999年版，第70—71页。

② ［德］托马斯·海贝勒：《从群众到公民——中国的政治参与》，张文红译，中央编译出版社2009年版，第10页。

③ ［美］卡罗尔·佩特曼：《参与和民主理论》，陈尧译，上海世纪出版集团2006年版，第22页。

等均为个体公民参与的重要形式。事实上，“参与”不仅仅是一套民主制度安排中的保护性附属物，它也对参与者产生一种心理效应，能够确保在政治制度运行和在这种制度下互动的个人的心理品质和态度之间具有持续的关联性，参与主要的功能就是教育功能①。

从参与民主理论对参与的定义及中国情境下的公民参与实际来看，网络政治传播中的各种参与互动形式不仅有积极的民主意义，对于青年政治认同的形塑也可能具有积极的建构功能。首先，网络参与互动有助于青年集体主义价值观的养成。自私自利的个体无助于共同体的维系②，卢梭在《社会契约论》中指出，参与过程中，个人“被迫”根据他的正义感考虑事务，个人在此过程中接受了教育而学会区分他自己的冲动和欲望，他既学会了如何成为一个私人公民，也学会了如何成为公众人物，通过参与过程的作用不断推动个人负责任的社会行动和政治行动，从而使公民的公共精神和理性思维能力在参与过程中得以不断培育。密尔认为只有在参与背景下，一种“积极的”、具有公共精神的性格才能得到培养。在个人只关心他自己的私人事务，不参与公共事务的地方，“自我尊重”的优点遭到损害，负责任的公共行动的能力也无从得到发展。“人们从未考虑任何集体利益，考虑到与其他人共同追求某个目标，只是和他们进行竞争，某种程度上不惜损害他人的利益”，然而当个人参与公共事务时，他将“被迫”扩展他的视野而开始考虑公共利益③。其次，参与有助于建立友谊和培养感情，促进政治认同感的形成。卢梭认为参与能提升单个公民的“属于”他们自己的社会的归属感，具有重要的整合性的功能，但是某种意义上，整合性的实现有赖于一系列的前提条件。例如社会基本经济的平等意味着富人和穷人之间没有破坏性的分裂，没有人像卢梭在《爱弥尔》中所批评的那个人，当问到他的祖国是哪一个时，他回答道，“我属于富人”。更重要的是参与过程本身的经历，以及参与

① ［美］卡罗尔·佩特曼：《参与和民主理论》，陈尧译，上海世纪出版集团2006年版，第22页。

② ［美］本杰明·巴伯：《强势民主》，彭斌、吴润洲译，吉林人民出版社2011年版，第150页。

③ ［美］卡罗尔·佩特曼：《参与和民主理论》，陈尧译，上海世纪出版集团2006年版，第28页。

过程所导致的复杂结果，不管是对于个人还是整个政治体系。这种参与经历使个人与他所在的社会连接起来，使得社会成为一个真正的共同体①。密尔也特别指出了参与所具有的整合性功能，通过政治讨论，个人“有意识地成为大社会的成员”；在此基础上，佩特曼进一步指出，参与能够提高人们的政治效能感，减少人们对于权力中心的疏离感，从而培养具有公共美德的、积极的、负责任的理性公民。在巴伯的强势民主模式中，讨论是其核心，这种对话式的讨论有助于建立友谊和培养感情，从而一起编织一种有活力的共同体，公民在参与中通过对他人价值的认同和移情的过程富有想象力地将他们自己的各种价值重构为公共规范②。最后，网络互动参与有助于政治兴趣和政治效能感的提高，促进政治认同的形成。高水平的政治兴趣和政治效能感不仅是投入参与的前提条件，而且对形塑忠诚而满意的公民具有积极意义。相反，低水平的政治兴趣和政治效能感令人看到的则是政治上的冷漠和麻木，一般而言，政治效能感的程度越高，对政府和政府官员的信任就越高③。阿尔蒙德和维伯的研究也表明参与与个体政治兴趣和政治效能感之间存在着积极关系，在地方政府允许民众参与的地方，能够培育个体政治兴趣和政治效能感④。

二　网络政治传播影响青年政治认同的作用机制

在青年政治认同生成机制中，无论从理性主义还是文化主义视角，都可以在一定程度上解释网络政治传播场域中青年政治认同的具体来源及其生成。网络政治传播对个体政治认同的影响其实质是政治社会化的实现过程，这一过程既是个体通过一系列的心理行为过程，加工、转化政治信息传播过程中所获得的政治信息，最终形成具有一定阶段性的社

---

① ［美］卡罗尔·佩特曼：《参与和民主理论》，陈尧译，上海世纪出版集团 2006 年版，第 26 页。

② ［美］本杰明·巴伯：《强势民主》，彭斌、吴润洲译，吉林人民出版社 2011 年版，第 160 页。

③ ［德］托马斯·海贝勒：《从群众到公民——中国的政治参与》，张文红译，中央编译出版社 2009 年版，第 15 页。

④ ［美］加布里埃尔·A. 阿尔蒙德、［美］西德尼·维伯：《公民文化——五个国家的政治态度和民主制》，徐湘林译，东方出版社 2008 年版，第 328—333 页。

会态度的过程[①]，也是政治体系对其成员进行观念和技能的教育，培养其对政体的认同和支持的过程，这个双向过程中，蕴含着政治信息的传播和个体政治心理的发展[②]。个体政治认同作为一种重要的政治态度，是由政治认知、政治情感与政治行为倾向共同组成的整体反应系统，是在多种因素作用下创造性生成：在利益诱导、政治规训、社会参照等结构因素的共同作用下，政治成员的政治心理历经服从、同化、信仰三个阶段，经由被动的、功利的服从发展为主动的、自愿的赞同最终形成对于政治系统的坚定的政治信仰[③]。这一目标的最终实现，依赖于社会教化和个体内化两种机制的共同作用，多元化的网络政治传播场域不仅仅可以是信息技术的传递方式，更是汇聚关系与意义的空间[④]，一方面通过可感知的“社会事实”发挥教育和示范作用，塑造个体的认知和情感体验，为政治认同的生成奠定认知和情感基础；另一方面网络政治传播场域技术赋权，促进青年在参与实践中由被动的归属性认同转向主动的建构性认同。具体而言，网络政治传播通过以下两种途径影响青年政治认同的最终结果。

一是理性主义视角下通过信息传播机制为政治认同的建立提供必要的认知基础和情感体验。然而如前所述，网络政治传播过程中信息接触类型不同、媒体框架不同，对个体政治态度的影响也各异，积极的政治信息能为政治认同的建立提供必要的认知基础，同时消极的政治信息也可能促进公众政治认同的消解。此外，作为一种特殊传播活动的政治传播，既传播政治信息也传播政治话语，更多的时候在传播政治话语，政治传播中政治话语无处不在并强有力地影响着政治传播的效果[⑤]，网络政治传播场域中多元化传播话语体系中表达方式、话语方式、传播技巧的

---

① 李元书、杨海龙：《论政治社会化的一般过程》，《政治学研究》1997 年第 2 期。

② 苗红娜：《国内政治社会化研究三十年述论》，《教学与研究》2014 年第 12 期。

③ 苏曦凌：《政治认同的生成机制分析——基于政治心理学的研究路径》，《学术论坛》2010 年第 2 期。

④ 钟宇慧：《零零后的“长大”：教化与内化互构的典型媒介形象呈现》，《中国青年研究》2021 年第 3 期。

⑤ 施惠玲、杜欣：《政治传播内容中政治信息与政治话语的区分及其意义》，《南京社会科学》2016 年第 3 期。

差异，受众的认知和情感感受也各异，并得到了大量的实证研究支持[①][②]。

二是文化主义视角下通过互动参与机制孕育积极的公民精神，在赋权参与中促进主动的建构性认同。积极的政治认同产生于参与行为本身，网络政治传播的互动性使原来意义上的政治传播者与政治信息受众之间的角色定位出现了循环转换，在政府/政治组织与公众之间的互动过程中，公民主动参与公共事务、影响政治决策成为可能，不仅有助于公民利益的实现，同时网络参与过程中共同经验的见证与分享，促进了政治共同体的归属感和凝聚力的形成。周小李、刘琪的研究证实了网络参与与青年学生政治认同之间的直接正向联系[③]，大学生网络政治参与对其政治认同存在显著正向影响，大学生网络政治参与越积极，其政治认同度越高，即越参与，越认同。精细化的社会认同模型也认为个体所处的情境是在群际互动过程中不断被建构和发展的，在具体的互动过程中，群体规模的增长和互动可能导致自我赋权，如果在不同群体对所处背景的理解存在差异和不断变化的情况下，个体自我概念会发生变化，这种心理上的变化不仅会影响即时的行为表现，还将对个体的政治认同产生深远影响。Drury 和 Reicher 等的研究成果为理论假设提供了相应的经验支持[④]。

综上可见，已有研究结果对于理解网络政治传播过程中青年政治认同的生成具有重要的参考价值，然而在对网络政治传播与青年政治认同之间关系的解读中，单一的理性主义或文化主义视角解释略显单薄；政治认同本身是个体对自己所属的共同体及其政治系统的主观认知和情感反应，既有研究中在个体政治认同建构中多凸显国家、社会力量的作用，个人的自主性和选择性却未能得以较好体现，影响青年政治认同最终结果的重要个体政治心理特征变量（基础性政治兴趣、政治效能感、威权

---

① 马得勇、陆屹洲：《复杂舆论议题中的媒体框架效应——以中美贸易争端为案例的实验研究》，《国际新闻界》2020 年第 5 期。

② Nelson T. E. and Oxley C. Z. M. , “Media Framing of a Civil Liberties Conflict and Its Effect on Tolerance”, *American Political Science Review*, Vol. 91, No. 3, 1997.

③ 周小李、刘琪：《大学生网络政治参与对其政治认同影响的实证研究》，《高教探索》2018 年第 12 期。

④ Drury J. and Reicher S. , “Collective Action and Psychological Change: The Emergence of New Social Identities”, *British Journal of Social Psychology*, Vol. 39, No. 4, 2011.

人格）、结构性资源（性别、文化程度、职业等）和基础性社会态度（社会生活满意度）在网络政治传播中网络信源特征、网络参与互动与青年政治认同之间的关系中的具体作用尚不清楚，个体特征变量作用的缺失使既有研究难以解释具有相似社会文化背景的中国青年政治态度取向差异，也无法提供从外在环境到个体微观政治态度之间的完整因果作用机制，更无法透视网络政治传播场域中网络信源特征、网络参与互动与个体特征之间如何共同作用，从而影响青年政治认同发展的最终结果。

第四节　分析框架：网络政治传播场域中青年政治认同的生成机制

一　场域理论视域下的网络政治传播与青年政治认同

布迪厄的场域理论具有强有力的解释作用和高度概括的功能，可以囊括本书中影响青年政治认同的各种环境因素和个体自主行动，从而可以在网络政治传播与青年政治认同关系的解读中，使用“网络政治传播场域”这一概念，将网络政治传播环境因素和个体自主行动均置于“网络政治传播场域”中，探讨网络政治传播环境因素和个体自主行动如何共同影响中国青年政治认同的最终发展结果。

布迪厄认为，场域是“各种位置之间的客观关系的网络或构型”，每个场域都规定了各自特有的价值观与调控原则，从而界定了一个社会建构空间①。青年政治认同的形成是个体和国家相互促进的过程，政治认同不仅体现于其被统合于共同体共享的价值体系之中，也体现于对国家感知接纳过程中不断收获的存在感、价值感和幸福感，更体现于其个体实践中。因此，使用“网络政治传播场域”这一概念，将网络政治传播看成一个由国家、社会和个体等一系列传播关系交织而成的空间，关注和理解国家、社会、个体在这一空间中所处的特定位置、资源和行动，有助于深入理解网络政治传播中青年政治认同生成中的内在关系属性。

场域概念对于网络政治传播中青年政治认同的生成具有独特的解释

① ［法］皮埃尔·布迪厄、［美］华康德：《实践与反思——反思社会学导论》，李猛、李康译，中央编译出版社 2004 年版，第 134 页。

力：首先，网络政治传播场域是由一系列传播关系交织而成的社会空间，在网络政治传播公共生活中，参与互动是实现个体和国家良性互动的重要基础。其次，不仅网络政治传播场域中各种传播关系网络可以促进信息的流动，提高个人对外界更大范围的认知和行动能力，网络公共事务参与也有助于整合不同背景和价值观的个体，促进社会信任，强化身份以及认同观，“确信和认同自己是一个有价值的个体，是一个共享相似利益和资源的社会群体的成员，不仅为个人提供了情感支持，还为个人对某些资源权力的要求提供了公共承认，这些强化和认同的作用对精神健康和资源维持都是基本的”①。

二　生态发展理论视域下的网络政治传播与青年政治认同

无论是理性主义还是文化主义视野，网络政治传播环境因素均是影响政治认同发展的重要来源，且个体政治认同的生成源于国家、社会和个体的双向建构，政治认同实际上是国家、个体之间相互促进的过程②，因此对网络政治传播中青年政治认同发展的解释也是对网络政治传播场域这一生态环境与个体发展关系的解读。心理学家布朗芬布伦纳（Bronfenbrner，1979）的人类发展生态学理论对环境与个人发展的关系进行了系统、深入的阐释：个体的发展是一个以自身为主体，与周围环境系统相互作用的过程③。

在生态发展理论视域中，网络政治传播场域中个体所处环境是一个由小到大层层扩展的复杂的生态系统，包括微观系统、中间系统、外部系统和宏系统，不同层次系统之间相互包含、相互作用。其中，微观系统主要指个体直接面对面接触和参与的一些活动、角色和人际关系模式，对于网络政治传播场域中的青年而言，主要包括多样化的网络信息接触、网络参与互动活动；中间系统则指这些微观系统的相互联系，如个体政治兴趣、政治效能感、威权人格等对青年政治认同发展的影响，外部系

① 邹宇春：《中国城镇居民的社会资本与信任》，社会科学文献出版社2015年版，第30页。

② 武秀霞：《国家认同教育：意蕴与实践——基于关系视角的探讨》，《南京社会科学》2020年第1期。

③ 申继亮：《处境不利儿童的心理发展现状与教育对策研究》，经济科学出版社2009年版，第10—11页。

统则是将中间系统延伸到其他的社会组织，如各种网络媒介主体的影响；而宏系统通常被视为某种文化、亚文化或其他更广阔的社会背景，对于中国青年群体而言，性别、文化程度、职业等状态均可被视为宏系统的标签。生态系统理论认为，宏系统和外部系统属于远端环境变量，微观系统和中间系统属于近端环境变量，相较于近端环境变量，远端环境变量并不能直接描述个体与环境的适应性过程，只有通过个体—环境互动以及能够说明个体直接日常体验的微观环境，才能直接影响个体社会心理发展的最终结果。

因此，生态发展理论不仅可以帮助厘清网络政治传播场域中影响青年政治认同发展的不同层次环境，也为深层次解读网络政治传播场域中青年政治认同的生成过程提供了分析框架：对于网络政治传播场域中的青年政治认同发展而言，性别、文化程度、职业等结构性因素均可视为较为远端的外部环境，多样化的网络信息接触和网络参与互动等微观系统及其联系是更为直接的近端环境变量，相较于远端环境，近端环境变量的影响更直接。

三 修正框架：网络政治传播场域中青年政治认同生成机制综合模型

借助于生态发展理论和网络政治传播场域概念，在网络政治传播与青年政治认同因果关系的解读中，使用“网络政治传播场域”这一概念，将网络政治传播看成一个由各种传播关系交织而成的空间，区分不同层次的网络生态环境系统，关注青年网络政治传播空间实践和现实特征，并从传播关系的角度去理解个体所处的特定位置和资源，将更广阔的社会背景因素置于网络政治传播场域之中，同时引入政治兴趣、政治效能感和威权人格等个体政治心理特征变量，不仅有助于中国现实网络政治传播情境与青年政治认同的具体关联，也可进一步解释网络政治传播是通过何种机制如何与其他因素共同影响青年政治认同：（1）网络政治传播场域这一微观生态系统中，哪些环境因素和个体行动（结构性资源、网络信源特征、网络参与互动）显著影响青年政治认同，独立的直接影响抑或间接影响？（2）远端环境、近端环境、个体行动和政治心理特征如何共同形塑个体国家认同？

基于上述理论假设，构建网络政治传播场域中青年政治认同发展分析框架，具体如图 2 -1 所示，这一框架可大致呈现网络政治传播场域中青年政治认同的主要来源与形成机制，其中性别、年龄、政治面貌、文化程度、职业、收入等结构性资源和个体生活满意度等是网络政治传播场域中青年政治认同发展中的远端环境变量，网络政治传播场域中的网络媒体偏好类型、网络信息接触类型、网络参与互动类型、政治兴趣、政治效能感和威权人格等变量则是青年政治认同发展的近端环境变量和个体政治心理特征变量，远端环境变量、近端环境变量至少部分通过作用于更为近端的环境条件和体现个体生活特征的经历，影响青年政治认同发展。

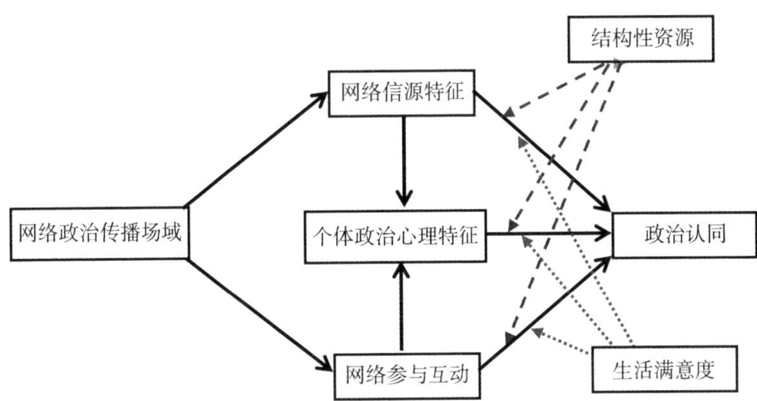

图 2 -1　网络政治传播场域中青年政治认同发展分析框架

第三章　网络媒介使用与青年政治认同

本章的主要任务是通过基线调查，了解青年网络媒介使用和青年政治认同状况，从性别、民族、地区、年龄、政治面貌、职业、家庭平均年收入、文化程度等方面对青年网络媒介使用与政治认同状况进行差异分析，宏观把握青年政治认同总体概观和群体特点，在此基础上，基于网络使用动机和媒体偏好类型，初步探讨网络媒介使用对青年政治认同的具体影响，为其后深入解读网络政治传播与青年政治认同之间的关系奠定基础。

第一节　调查基本设计

一　主要变量的测量

（一）政治认同

政治认同是本书的重要因变量，指民众对整个政治系统的认可、肯定和确认程度。政治认同具有一定的层次性，政体、当局和政治共同体均是个体政治认同的主要对象。参考已有研究[①②]，通过政府绩效评价、集体主义倾向和制度自信从现行政府、基本政体及其价值观三个维度考察中国青年政治认同水平。其中，制度自信是指中国民众对中国特色社会主义制度的认可、肯定与支持，是衡量现行政体合法性的重要标准，

---

① 史卫民、周庆智、郑建君等：《政治认同与危机压力》，中国社会科学出版社2014年版，第26页。

② ［美］陈捷：《中国民众政治支持的测量与分析》，安佳译，中山大学出版社2011年版，第4—6页。

对政治体系的稳定与良性发展有重要意义；集体身份和集体认同是构建中国特色社会主义制度的重要价值观基础，集体主义倾向反映了中国民众对中国特色社会主义基本价值观的认可与支持程度；政府绩效评价不仅可以反映中国民众对政府现行政绩的认可与支持，也可以体现中国民众对现行政府未来发展的信心。使用李克特五点计分法询问被试在多大程度上认同以下观点：（1）此次疫情处置我们的国家虽有问题但总体上还是秩序井然，欣欣向荣/当前政府的民主和运作良好，重大决策能够在全国全面执行①；（2）我对我们国家的经济发展充满信心；（3）如果政策符合大部分人利益，即使违背自己利益也应当支持；（4）当个人利益和国家利益冲突时，个人利益必须无条件服从国家利益；（5）中国改革开放以来的发展，充分体现了中国社会主义制度的优越性；（6）我很自豪生活在我国现行政治制度下；（7）我有义务支持我国现行政治制度。从“强烈反对”“反对”“中立”“同意”到“非常同意”进行1—5分计分。

政治认同测量题项超过3项，参照“2个题项取均值，3个题项可做因子分析”的一般建议标准，分别使用疫情前后数据对政治认同所涉及的7个题项进行因子分析，检验7个题项的共同构念，排除测量误差的影响。其中，疫情前后数据中7个题项KMO值分别为0.792和0.794，卡方值分别为749.463和1223.750，Bartlett’s球形检验显示变量间的相关概率均为$p<0.000$，适合进行因子分析，利用主成分法进行因子分析，均提取了三个公因子，可分别解释67.006%和61.558%的变异量，7个题项的因子载荷数值在两批数据中的分布处于0.495—0.895之间，因子载荷数值均高于0.4的一般建议标准，能有效反映“政治认同”同一构念。具体结果分别详见表3－1、表3－2，采用克伦巴赫α系数进行信度校验，分析结果显示，疫情前后数据中7个题项的α系数分别为0.742和0.704。

① 这一条目题项变化设置在疫情前后不同测量批次中使用，2020年新冠肺炎疫情发生后政府的疫情应对成为政府绩效评价最重要、最直接的内容，因此2020年新冠肺炎疫情发生后政府绩效评价测量中设置“此次疫情处置我们的国家虽有问题但总体上还是秩序井然，欣欣向荣”替代新冠肺炎疫情发生前测量中的“当前政府的民主和运作良好，重大决策能够在全国全面执行”条目。

疫情前后数据因子分析结果显示，政治认同变量三个因子结构稳定，其中“此次疫情处置我们的国家虽有问题但总体上还是秩序井然，欣欣向荣/当前政府的民主和运作良好，重大决策能够在全国全面执行”“我对我们国家的经济发展充满信心”两个条目主要涉及政府政策绩效，故命名为“政府绩效评价”因子；“如果政策符合大部分人利益，即使违背自己利益也应当支持”“当个人利益和国家利益冲突时，个人利益必须无条件服从国家利益”两个条目体现了中国特色社会主义制度的集体主义价值观，命名为“集体主义倾向”；“中国改革开放以来的发展，充分体现了中国社会主义制度的优越性”“我很自豪生活在我国现行政治制度下”“我有义务支持我国现行政治制度”三个条目体现了中国民众对中国特色社会主义制度的认可、肯定与支持，故命名为“制度自信”。

表3－1 **新冠肺炎疫情前数据政治认同因子萃取与聚合结果**

条目	因子一	因子二	因子三
中国改革开放以来的发展，充分体现了中国社会主义制度的优越性	0.822	—	—
我有义务支持我国现行政治制度	0.757	—	—
我很自豪生活在我国现行政治制度下	0.618	—	—
我对我们国家的经济发展充满信心	—	0.814	—
当前政府的民主和运作良好，重大决策能够在全国全面执行	—	0.767	—
如果政策符合大部分人利益，即使违背自己利益也应当支持	—	—	0.895
当个人利益和国家利益冲突时，个人利益必须无条件服从国家利益	—	—	0.666
方差贡献率（%）	40.045	13.612	13.349
累积方差贡献率（%）	40.045	53.658	67.006

表3－2 **新冠肺炎疫情期间数据政治认同因子萃取与聚合结果**

条目	因子一	因子二	因子三
如果政策符合大部分人利益，即使违背自己利益也应当支持	0.836	—	—

续表

条目	因子一	因子二	因子三
当个人利益和国家利益冲突时，个人利益必须无条件服从国家利益	0.797	—	—
我很自豪生活在我国现行政治制度下	—	0.691	—
我有义务支持我国现行政治制度	—	0.775	—
中国改革开放以来的发展，充分体现了中国社会主义制度的优越性	—	0.495	—
此次疫情处置我们的国家虽有问题但总体上还是秩序井然，欣欣向荣	—	—	0.549
我对我们国家的经济发展充满信心	—	—	0.498
方差贡献率（%）	36.283	13.679	11.596
累积方差贡献率（%）	36.283	49.962	61.558

（二）网络媒介使用

在已有研究中网络媒介使用是解释个体政治态度的重要变量，然而网络媒介使用对个体政治态度的具体影响却尚未达成较为一致的结论：如部分研究者认为网络媒介接触有助于政府信任水平的提升①，也有研究显示网络媒介接触增多会导致民众对政府和政治体制的不信任②。事实上，网络媒介使用频率差异并不必然导致个体政治态度的变化，网络媒介接触中的媒介使用动机、媒体偏好类型可能是导致个体政治态度的主要因素③④，本部分主要通过网络媒介使用动机和网络媒体偏好类型两个变量对中国青年网络媒介使用状况进行测量。

1. 网络媒介使用动机

通过询问“您使用网络主要是因为……”考察中国青年群体网络使

① 胡荣、庄思薇：《媒介使用对中国城乡居民政府信任的影响》，《东南学术》2017年第1期。

② 张明新、刘伟：《互联网的政治性使用与我国公众的政治信任——一项经验性研究》，《公共管理学报》2014年第1期。

③ 王法硕、丁海恩：《官方媒体使用如何影响制度自信？——爱国主义的中介作用与政治知识的调节作用》，《东北大学学报》（社会科学版）2020年第3期。

④ 叶杰：《非官方媒体使用对制度自信的影响机制——以网民为分析对象的实证研究》，《经济社会体制比较》2019年第1期。

用动机，备选项包括和朋友互动增进和朋友之间的感情、及时了解新闻热点、关注感兴趣的内容、获取生活/工作有用的知识和帮助、分享生活/工作中有用的知识、找到归属感、发表对新闻热点事件的评论、认识更多新朋友获得情感支持、其他。被试可在上述备选中任意选择，最多可选5个。参考已有研究①，将青年网络使用动机细化为社交情感需求、政治需求和认知需求，其中和朋友互动增进和朋友之间的感情、找到归属感、认识更多新朋友获得情感支持三个备选项均视为社交情感需求；及时了解新闻热点、发表对新闻热点事件的评论两个备选项视为政治需求；关注感兴趣的内容、获取对生活/工作有用的知识和帮助、分享生活/工作中有用的知识三个备选项视为认知需求，对上述选项的出现次数分值进行统计，"1 = 出现，0 = 不出现"，最后形成0—2分的政治需求得分、0—3分的社交情感需求和认知需求得分，得分越高，代表此类需求越强烈。

2. 网络媒体偏好类型

通过被试从以下途径获取政治新闻、时事评论的频率考察中国青年媒体偏好类型：中央电视台的新闻和评论节目、新华社/《人民日报》及其网站的政治新闻、新浪等网站的政治新闻、微博或网络社区政治新闻、微信发布的政治类新闻、小道消息或朋友聊天、海外媒体的政治新闻。采用李克特五点计分法，从"几乎没有""偶尔有""经常如此""几乎天天如此"到"每天超过1小时"进行1—5分计分。

同前，对媒体偏好类型所涉及的7个题项进行因子分析，检验7个题项的共同构念，排除测量误差的影响。其中此次测量有效数据中7个题项KMO值为0.773，卡方值为1609.712，Bartlett's 球形检验显示变量间的相关概率为$p < 0.000$，适合进行因子分析，利用主成分法进行因子分析，提取了两个公因子，可解释54.605%的变异量，7个题项的因子载荷数值分布处于0.519—0.845之间，因子载荷数值均高于0.4的一般建议标准，能有效反映"媒体偏好类型"同一构念。具体结果详见表3-3，采用克伦巴赫α系数进行信度校验，分析结果显示，7个题项的α系数分

① 路鹃、亢恺：《中美大学生社交网络使用动机分析——基于使用与满足理论》，《现代传播》2013年第3期。

别为0.732。

参考已有研究[①][②]，将网络媒体偏好类型划分为官方媒体关注与公众媒体关注两大类，其中“中央电视台的新闻和评论节目”“新华社/《人民日报》及其网站的政治新闻”“新浪等网站的政治新闻”3个题项所在的因子命名为“官方媒体关注”，得分越高，则反映个体对官方媒体信息关注程度越高；“微博或网络社区政治新闻”“微信发布的政治类新闻”“小道消息或朋友聊天”“海外媒体的政治新闻渠道”4个题项所在因子则命名为“公众媒体关注”，得分越高，则反映个体对公众媒体信息关注程度越高。

表3-3　**媒体偏好类型因子萃取与聚合结果**

条目	因子一	因子三
微博或网络社区政治新闻	0.736	—
微信发布的政治类新闻	0.749	—
小道消息或朋友聊天	0.635	—
海外媒体的政治新闻	0.624	—
中央电视台的新闻或评论节目	—	0.845
新华社、《人民日报》及其网站	—	0.826
新浪等新闻网站	—	0.519
方差贡献率（%）	38.468	16.137
累积方差贡献率（%）	38.468	54.605

（三）人口学变量

人口学变量反映了个体最基本的信息，也是影响个体政治认同差异的重要因素，并可能导致网络传播场域中青年政治认同的群体差异。在问卷设计中对被试的性别、年龄、政治面貌、职业、收入、文化程度和

① 张洪忠、何苑、马思源：《官方与个人社交媒体账号信任度对社会信心影响的中介效应比较研究》，《新闻大学》2018年第4期。

② 贾哲敏：《网络政治传播中的议题建构与互动——基于4个时政型事件的框架分析》，《北京理工大学学报》（社会科学版）2014年第6期。

地区等人口学变量进行调查，参考以往相关研究①②，人口学变量具体赋值如下：性别（1 = 男，0 = 女），年龄分段（1 = 18—29 岁，2 = 30—39 岁），政治面貌［1 = 中共党员（含预备党员），0 = 其他］，职业（1 = 务农人员，2 = 公司、企业、商业、服务业人员等“工商业人员”，3 = 专业技术人员，4 = 公务员，5 = 在校学生，6 = 其他职业人员），家庭平均年收入（1 = 4 万元及以下，2 = 4.1 万—10 万元，3 = 10.1 万—20 万元，4 = 20.1 万—50 万元，5 = 50 万元以上），文化程度（1 = 初中及以下，2 = 高中，3 = 专科及本科，4 = 硕士及以上），地区（1 = “都会区”包括北京、天津、上海、重庆 4 个直辖市，2 = “东部沿海地区”包括河北、山东、江苏、浙江、福建、广东、海南 7 个省份，3 = “西部地区”包括内蒙古、广西、西藏、宁夏、新疆 5 个自治区和云南、贵州、四川、陕西、甘肃、青海 6 个省份，4 = “中部地区”包括陕西、河南、湖北、湖南、江西、安徽 6 个省份，5 = “东北地区”包括辽宁、吉林、黑龙江 3 个省份）。

二　抽样与样本

采用《青年网络媒介使用与价值观调查》问卷通过线上和线下相结合的方式对青年群体网络媒介使用与政治认同状况进行调查：线下问卷调查主要由调查人员于 2017—2018 年在南宁、长沙、衡阳、邵阳、广州等城市采用一对一的随机取样方式，向被试解释填写要求，让 18—39 岁青年采取自我填写的方式收集资料，获得有效问卷 422 份，其中男性 142 人、女性 280 人；线上问卷调查则于 2020 年 3—4 月通过爱调研平台收集资料，获得有效问卷 1447 份，其中男性 656 人、女性 791 人。参与统计的有效样本共 1869 份，基本人口学资料见表 3 - 4，被试在性别、政治面貌、家庭平均年收入、文化程度、职业等方面的分布比例，大致符合青年群体的基本特征。两次测量问卷线上和线下版分别详见附录一和附录二。

① 马得勇、陆屹洲：《复杂舆论议题中的媒体框架效应——以中美贸易争端为案例的实验研究》，《国际新闻界》2020 年第 5 期。

② 史卫民、郑建君、田华等：《中国不同公民群体的政治认同与危机压力》，中国社会科学出版社 2014 年版，第 250、600 页。

表 3－4　**被试人口学基本情况**

类别		频率（人）	百分比（%）
性别	男性	798	42. 7
	女性	1071	57. 3
年龄分段	18—29 岁	1061	56. 8
	30—39 岁	808	43. 2
政治面貌	中共党员（含预备党员）	285	15. 2
	其他	1584	84. 8
职业	务农人员	126	6. 7
	工商业人员	1058	56. 6
	专业技术人员	145	7. 8
	公务员	74	4. 0
	学生	280	15. 0
	其他职业人员	186	10. 0
家庭平均年收入	4 万元及以下	439	23. 5
	4. 1 万—10 万元	877	46. 9
	10. 1 万—20 万元	430	23. 0
	20. 1 万—50 万元	101	5. 4
	50 万元以上	22	1. 2
文化程度	初中及以下	95	5. 1
	高中	386	20. 7
	专科及本科	1287	68. 9
	硕士及以上	101	5. 4
地区	都会区	309	16. 5
	东部沿海地区	557	29. 8
	西部地区	411	22. 0
	中部地区	493	26. 4
	东北地区	99	5. 3

第二节 青年群体网络媒介使用状况

一 青年群体网络使用动机表现

（一）网络使用动机总体表现

从总频次发布来看，青年群体网络使用动机主要有：了解新闻热点（18.62%）、与朋友互动增进感情（18.03%）、关注感兴趣的内容（17.91%）、获取知识与帮助（15.70%）、分享知识（10.76%）等。具体详见图3－1。

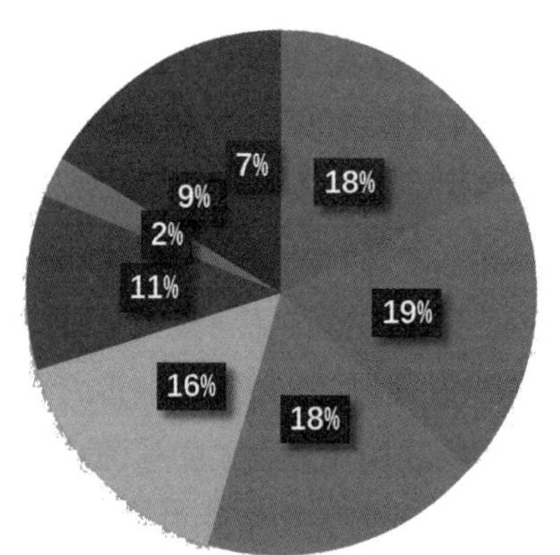

图3－1 网络使用动机总频次占比

按照前述分类，从社交情感需求、政治需求和认知需求对青年群体网络使用动机表现进行分析。

表3－5 **青年群体网络使用动机表现**

变量	平均值	标准差	最小值	最大值
社交情感需求（N＝1869）	1.196	0.684	0	3
政治需求（N＝1869）	1.182	0.652	0	2
认知需求（N＝1869）	1.895	0.811	0	3

表3－5结果显示，新媒体语境下青年群体网络使用动机较为多元，

从社交情感需求、政治需求和认知需求的平均值来看，社交情感需求得分处于中等程度，政治需求和认知需求得分均处于中等偏上程度，社交情感需求、政治需求和认知需求均是青年群体网络媒介使用的主要动机。从三者得分比较来看，认知需求得分最高，政治需求得分次之，社交情感需求得分最低，这一结果表明，关注感兴趣的内容、获取和分享生活/工作中有用的知识是青年群体网络媒介使用的首选动机，但政治需求和社交情感需求也是青年群体网络使用的主要动机，他们不仅利用网络媒介获取信息、发表新闻热点事件的评论，也利用网络媒介与朋友互动、交友满足其社交情感需求。

（二）不同青年群体网络使用动机差异分析

为更细致全面地呈现不同青年群体政治认同的变化性，从性别、年龄分段、政治面貌、职业、家庭平均年收入、文化程度和地区七个方面对青年政府绩效评价、集体主义倾向和制度自信进行差异分析，分析结果详见表3－6、表3－7和表3－8。

表3－6　**青年网络使用社交情感需求差异分析**

		平均值	标准差	t/F（LSD）	p
性别	男性（N＝798）	1. 236	0. 722	2. 147	0. 032
	女性（N＝1071）	1. 162	0. 653		
年龄分段	18—29岁（N＝1061）	1. 258	0. 686	4. 491	0. 000
	30—39岁（N＝808）	1. 116	0. 674		
政治面貌	中共党员（含预备党员）（N＝285）	1. 082	0. 669	3. 095	0. 002
	其他（N＝1584）	1. 217	0. 685		
职业	务农人员（N＝126）	0. 968	0. 692	6. 531 2＞1、3、4、6； 5＞1、4	0. 000
	工商业人员（N＝1058）	1. 259	0. 713		
	专业技术人员（N＝145）	1. 124	0. 676		
	公务员（N＝74）	1. 014	0. 630		
	学生（N＝280）	1. 197	0. 600		
	其他职业人员（N＝186）	1. 118	0. 604		

续表

		平均值	标准差	t/F（LSD）	p
家庭平均年收入	4 万元及以下（N=439）	1.272	0.635	2.790 1>3、5	0.025
	4.1 万—10 万元（N=877）	1.195	0.718		
	10.1 万—20 万元（N=430）	1.149	0.649		
	20.1 万—50 万元（N=101）	1.129	0.716		
	50 万元以上（N=22）	0.955	0.653		
文化程度	初中及以下（N=95）	0.905	0.527	16.343 2>3、4>1	0.000
	高中（N=386）	1.378	0.754		
	专科及本科（N=1287）	1.169	0.671		
	硕士及以上（N=101）	1.119	0.535		
地区	都会区（N=309）	1.207	0.718	6.588 4<1、2、3、5； 3<2	0.000
	东部沿海地区（N=557）	1.282	0.718		
	西部地区（N=411）	1.176	0.651		
	中部地区（N=493）	1.083	0.611		
	东北地区（N=99）	1.323	0.780		

表 3-7 **青年网络使用政治需求差异分析**

		平均值	标准差	t/F（LSD）	p
性别	男性（N=798）	1.254	0.669	4.069	0.000
	女性（N=1071）	1.129	0.634		
年龄分段	18—29 岁（N=1061）	1.160	0.657	1.643	0.101
	30—39 岁（N=808）	1.210	0.645		
政治面貌	中共党员（含预备党员）（N=285）	1.183	0.618	0.012	0.990
	其他（N=1584）	1.182	0.658		
职业	务农人员（N=126）	0.881	0.615	43.151 2>3、4>5； 2>1、6；4>1	0.000
	工商业人员（N=1058）	1.361	0.624		
	专业技术人员（N=145）	1.021	0.629		
	公务员（N=74）	1.108	0.610		
	学生（N=280）	0.889	0.561		
	其他职业人员（N=186）	0.962	0.661		

续表

		平均值	标准差	t/F（LSD）	p
家庭平均年收入	4 万元及以下（N = 439）	1.027	0.652	10.173 2 > 3 > 1	0.000
	4.1 万—10 万元（N = 877）	1.265	0.661		
	10.1 万—20 万元（N = 430）	1.186	0.613		
	20.1 万—50 万元（N = 101）	1.149	0.623		
	50 万元以上（N = 22）	1.046	0.653		
文化程度	初中及以下（N = 95）	0.621	0.549	30.614 1 < 2、3、4； 3、4 < 2	0.000
	高中（N = 386）	1.308	0.699		
	专科及本科（N = 1287）	1.194	0.632		
	硕士及以上（N = 101）	1.079	0.503		
地区	都会区（N = 309）	1.197	0.610	14.882 4 < 1、3 < 2、5	0.000
	东部沿海地区（N = 557）	1.307	0.669		
	西部地区（N = 411）	1.137	0.622		
	中部地区（N = 493）	1.030	0.657		
	东北地区（N = 99）	1.374	0.599		

表 3 - 8　　**青年网络使用认知需求差异分析**

		平均值	标准差	t/F（LSD）	p
性别	男性（N = 798）	1.826	0.814	3.200	0.001
	女性（N = 1071）	1.947	0.809		
年龄分段	18—29 岁（N = 1061）	1.893	0.797	0.102	0.918
	30—39 岁（N = 808）	1.897	0.830		
政治面貌	中共党员（含预备党员）（N = 285）	2.067	0.782	3.892	0.000
	其他（N = 1584）	1.864	0.813		
职业	务农人员（N = 126）	1.333	0.930	19.398 3、5 > 2 > 1；3、5 > 6；6 > 1	0.000
	工商业人员（N = 1058）	1.888	0.754		
	专业技术人员（N = 145）	2.159	0.805		
	公务员（N = 74）	2.000	0.740		
	学生（N = 280）	2.072	0.779		
	其他职业人员（N = 186）	1.807	0.921		

续表

		平均值	标准差	t/F（LSD）	p
家庭平均年收入	4 万元及以下（N = 439）	1.925	0.840	5.413 2 < 1、3、5； 3 > 4	0.000
	4.1 万—10 万元（N = 877）	1.820	0.812		
	10.1 万—20 万元（N = 430）	2.019	0.760		
	20.1 万—50 万元（N = 101）	1.832	0.825		
	50 万元以上（N = 22）	2.182	0.795		
文化程度	初中及以下（N = 95）	1.284	0.975	62.705 1 < 2 < 3 < 4	0.000
	高中（N = 386）	1.565	0.801		
	专科及本科（N = 1287）	2.005	0.749		
	硕士及以上（N = 101）	2.337	0.765		
地区	都会区（N = 309）	2.081	0.736	7.936 2、4 < 1、3	0.000
	东部沿海地区（N = 557）	1.794	0.806		
	西部地区（N = 411）	1.968	0.804		
	中部地区（N = 493）	1.832	0.861		
	东北地区（N = 99）	1.899	0.721		

1. 不同性别青年的网络使用动机差异分析

调查结果显示：男性青年网络社交情感需求平均值为 1.236，标准差为 0.722；政治需求平均值为 1.254，标准差为 0.669；认知需求平均值为 1.826，标准差为 0.814。女性青年社交情感需求平均值为 1.162，标准差为 0.653；政治需求平均值为 1.129，标准差为 0.634；认知需求平均值为 1.947，标准差为 0.809。各类型网络使用动机得分高低显示（其中政治需求得分满分为 2 分，社交情感需求和认知需求得分满分为 3 分）：男性青年政治需求得分最高，认知需求次之，社交情感需求得分最低；女性青年认知需求得分最高，政治需求次之，社交情感需求得分最低。

差异分析结果表明，不同性别青年在社交情感需求、政治需求和认知需求上的得分差异均具有统计学上的显著性。男性青年在社交情感需求和政治需求上得分显著高于女性青年（$p = 0.032$；$p = 0.000$），女性青年在认知需求上得分则显著高于男性青年（$p = 0.001$），相较而言，男性更喜欢使用网络与好友互动、结交新朋友满足社交情感需求，并且更愿意通过网络平台了解新闻热点，发表对新闻热点事件的评论；女性使用网络媒介获取、分享生活/工作中有用的知识的需求更强烈。

2. 不同年龄段的青年的网络使用动机差异分析

调查结果显示：18—29岁的青年社交情感需求平均值为1.258，标准差为0.686；政治需求平均值为1.160，标准差为0.657；认知需求平均值为1.893，标准差为0.797。30—39岁的青年社交情感需求平均值为1.116，标准差为0.674；政治需求平均值为1.210，标准差为0.645；认知需求平均值为1.897，标准差为0.830。各类型网络使用动机得分高低显示：不同年龄段青年均是认知需求得分最高，政治需求次之，社交情感需求得分最低。

差异分析结果表明，尽管18—29岁的青年在政治需求和社交情感需求上得分均略高于30—39岁的青年，30—39岁的青年在认知需求上得分高于18—29岁的青年，但不同年龄段青年在政治需求和认知需求上的得分差异并不具有统计学上的意义，而在社交情感需求上的得分差异具有统计学意义（$p = 0.000$）。

3. 不同政治面貌青年的网络使用动机差异分析

调查结果显示：具有党员身份的青年社交情感需求平均值为1.082，标准差为0.669；政治需求平均值为1.183，标准差为0.618；认知需求平均值为2.067，标准差为0.782。非党员的青年社交情感需求平均值为1.217，标准差为0.685；政治需求平均值为1.182，标准差为0.658；认知需求平均值为1.864，标准差为0.813。各类型网络使用动机得分高低显示：不同政治面貌青年均是认知需求得分最高，政治需求次之，社交情感需求得分最低。

差异分析结果表明，尽管党员身份的青年在政治需求和认知需求上得分高于非党员身份的青年，在社交情感需求上党员身份青年得分低于非党员身份青年，但政治需求上的得分差异并不显著，而社交情感需求和认知需求上的得分差异具有统计学意义（$p = 0.002$；$p = 0.000$），具有党员身份青年使用网络更倾向于满足获取和分享生活/工作中有用的知识，具有非党员身份的青年在使用网络过程中更倾向于满足其与好友互动、结交朋友等社交情感需求。

4. 不同职业的青年网络使用动机差异分析

调查结果显示：务农人员的社交情感需求平均值为0.968，标准差为0.692；政治需求平均值为0.881，标准差为0.615；认知需求平均值为1.333，标准差为0.930。工商业人员的社交情感需求平均值为1.259，标准差为0.713；政治需求平均值为1.361，标准差为0.624；认知需求平均值为1.888，标准差为0.754。专业技术人员的社交情感需求平均值为1.124，标准差为0.676；政治需求平均值为1.021，标准差为0.629；认知需求平均值为2.159，标准差为0.805。公务员的社交情感需求平均值为1.014，标准差为0.630；政治需求平均值为1.108，标准差为0.610；认知需求平均值为2.000，标准差为0.740。学生的社交情感需求平均值为1.197，标准差为0.600；政治需求平均值为0.889，标准差为0.561；认知需求平均值为2.072，标准差为0.779。其他职业青年社交情感需求平均值为1.118，标准差为0.604；政治需求平均值为0.962，标准差为0.661；认知需求平均值为1.807，标准差为0.921。各类型网络使用动机得分高低显示：工商业职业青年群体政治需求得分最高，认知需求次之，社交情感需求得分最低；其他五类职业青年群体均是认知需求得分最高，政治需求次之，社交情感需求得分最低。

差异分析结果表明，不同职业青年群体间在社交情感需求、政治需求和社交需求上的得分差异均高度显著（$p=0.000$）。具体体现在：在社交情感需求上，工商业人员得分最高且显著高于务农人员、专业技术人员、公务员、其他四类职业人员，学生群体得分显著高于务农人员和公务员职业人群；在政治需求上，工商业人员得分最高且显著高于务农人员、专业技术人员和其他三类职业人群，公务员群体得分显著高于务农人员和学生群体；在认知需求上，专业技术人员得分最高且显著高于务农人员、工商业人员和其他三类职业人员，学生群体得分次之且显著高于务农人员、工商业人员和其他三类职业人员，其他职业人员得分也显著高于务农人员。

5. 不同家庭平均年收入的青年网络使用动机差异分析

调查结果显示：4万元及以下收入的青年群体社交情感需求平均值为1.272，标准差为0.635；政治需求平均值为1.027，标准差为0.652；认知需求平均值为1.925，标准差为0.840。4.1万—10万元收入的青年群体社交情感需求平均值为 1.195，标准差为 0.718；政治需求平均值为 1.265，标准差为 0.661；认知需求平均值为 1.820，标准差为 0.812。10.1 万—20 万元收入的青年群体社交情感需求平均值为 1.149，标准差为 0.649；政治需求平均值为 1.186，标准差为 0.613；认知需求平均值为 2.019，标准差为 0.760。20.1 万—50 万元收入的青年群体社交情感需求平均值为 1.129，标准差为 0.716；政治需求平均值为 1.149，标准差为 0.623；认知需求平均值为 1.832，标准差为 0.825。50 万元以上收入的青年群体社交情感需求平均值为 0.955，标准差为 0.653；政治需求平均值为 1.046，标准差为 0.653；认知需求平均值为 2.182，标准差为 0.795。各类型网络使用动机得分高低显示：4.1 万—10 万元收入的青年群体政治需求得分最高，认知需求次之，社交情感需求得分最低；其他收入青年群体均是认知需求得分最高，政治需求次之，社交情感需求得分最低。

差异分析结果表明，不同家庭平均年收入的青年群体间在社交情感需求、政治需求和认知需求上的得分差异均显著（$p=0.025$；$p=0.000$；$p=0.000$），其组间差异主要体现在：在社交情感需求上，4 万元及以下收入的青年群体得分最高且显著高于 10.1 万—20 万元收入和 50 万元以上收入的青年群体；在政治需求上，4.1 万—10 万元收入的青年群体得分最高且显著高于 10.1 万—20 万元收入、4 万元以下收入的青年群体，10.1 万—20 万元收入的青年群体得分显著高于 4 万元以下收入的青年群体；在认知需求上，4.1 万—10 万元收入的青年群体得分最低且显著低于 4 万元以下收入、10.1 万—20 万元收入、50 万元以上收入的青年群体，20.1 万—50 万元收入的青年群体得分次低且显著低于 10.1 万—20 万元收入的青年群体。

6. 不同文化程度青年的网络使用动机差异分析

调查结果显示：初中及以下文化程度的青年群体社交情感需求平均值为 0.905，标准差为 0.527；政治需求平均值为 0.621，标准差为 0.549；认知需求平均值为 1.284，标准差为 0.975。高中文化程度的青年群体社交情感需求平均值为 1.378，标准差为 0.754；政治需求平均值为 1.308，标准差为 0.699；认知需求平均值为 1.565，标准差为 0.801。专科及本科文化程度的青年群体社交情感需求平均值为 1.169，标准差为 0.671；政治需求平均值为 1.194，标准差为 0.632；认知需求平均值为 2.005，标准差为 0.749。硕士及以上文化程度的青年群体社交情感需求平均值为1.119，标准差为0.535；政治需求平均值为1.079，标准差为0.503；认知需求平均值为2.337，标准差为0.765。各类型网络使用动机得分高低显示：高中文化程度的青年群体政治需求得分最高，认知需求次之，社交情感需求得分最低；其他文化程度的青年群体均在认知需求得分最高，政治需求次之，社交情感需求得分最低。

差异分析结果表明，不同文化程度的青年群体间在社交情感需求、政治需求和认知需求上的得分差异均高度显著（$p=0.000$），其差异主要体现在：在社交情感需求上，高中文化程度的青年群体得分最高且显著高于其他三类不同文化程度的青年群体，专科及本科文化程度、硕士及以上文化程度的青年群体得分也显著高于初中文化程度的青年群体；在政治需求上，初中及以下文化程度青年群体得分最低且显著低于其他三类不同文化程度的青年群体，专科及本科文化程度、硕士及以上文化程度的青年群体得分也显著低于高中文化程度的青年群体；在认知需求上，认知需求得分随文化程度的提高而提高，硕士及以上文化程度的青年群体得分最高且显著高于其他三类不同文化程度的青年群体，专科及本科文化程度群体得分次高且显著高于高中文化程度、初中及以下文化程度的青年群体，高中文化程度的青年群体得分又显著高于初中及以下文化程度的青年群体，也就是说，随着文化程度的提高，认知需求也随之增加。

7. 不同地区青年群体的网络使用动机差异分析

调查结果显示：都会区的青年群体社交情感需求平均值为1.207，标准差为0.718；政治需求平均值为1.197，标准差为0.610；认知需求平均值为2.081，标准差为0.736。东部沿海地区的青年群体社交情感需求平均值为1.282，标准差为0.718；政治需求平均值为1.307，标准差为0.669；认知需求平均值为1.794，标准差为0.806。西部地区的青年群体社交情感需求平均值为1.176，标准差为0.651；政治需求平均值为1.137，标准差为0.622；认知需求平均值为1.968，标准差为0.804。中部地区的青年群体社交情感需求平均值为1.083，标准差为0.611；政治需求平均值为1.030，标准差为0.657；认知需求平均值为1.832，标准差为0.861。东北地区的青年群体社交情感需求平均值为1.323，标准差为0.780；政治需求平均值为1.374，标准差为0.599；认知需求平均值为1.899，标准差为0.721。各类型网络使用动机得分高低显示：东部沿海和东北地区的青年群体政治需求得分最高，认知需求次之，社交情感需求得分最低；其他地区的青年群体均是认知需求得分最高，政治需求次之，社交情感需求得分最低。

差异分析结果表明，不同地区的青年群体间在社交情感需求、政治需求和认知需求上的得分差异均高度显著（$p=0.000$），其差异主要体现在：在社交情感需求上，中部地区的青年群体得分最低且显著低于其他四组不同地区类型的青年群体，西部地区的青年群体得分显著低于东部沿海地区青年群体；在政治需求上，中部地区的青年群体得分最低且显著低于其他四组不同地区类型的青年群体，都会区、西部地区的青年群体得分显著低于东部沿海地区和东北地区；在认知需求上，东部沿海地区、中部地区的青年群体得分显著低于都会区和西部地区的青年群体。

二　青年群体网络媒体偏好类型

（一）青年群体网络媒体偏好类型总体状况

对青年群体获取政治新闻、时事评论信息渠道类型使用状况进行统计，结果详见图3－2。总体而言，青年群体获取政治新闻和时事评论的渠道较为多元：官方政治传播场域中的中央电视台的新闻或评论节目、新华社、《人民日报》及其网站的政治新闻、新浪等网络已成为青年群体获取政治新闻和时事评论的常用渠道，公众政治传播场域中的微博或网络社区政治新闻、微信发布的政治类新闻、小道消息或朋友聊天也成为青年群体获取政治新闻和时事评论的主要渠道。

按照前述分类，从官方媒体和公众媒体对青年群体网络使用的媒体偏好类型进行统计，表3－9显示，官方媒体关注指数高于公众媒体关注指数，本次调查的青年群体在获取政治新闻、时事评论等消息时，相较而言更关注和偏好中央电视台、新华社、《人民日报》、新浪等网站所发布的政治新闻信息。

表3－9　**青年群体媒体偏好类型**

变量	平均值	标准差	最小值	最大值
官方媒体关注指数（N＝1869）	2.903	0.915	0	5
公众媒体关注指数（N＝1869）	2.115	0.946	0	5

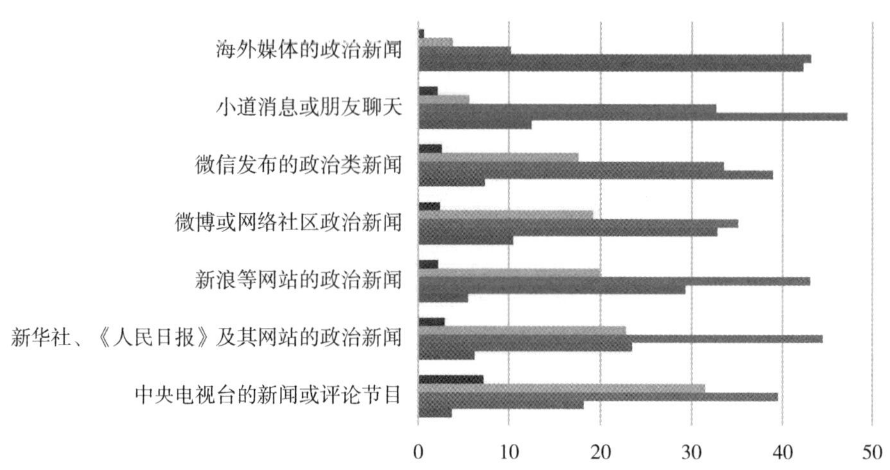

图3－2　青年群体获取政治新闻、时事评论信息渠道类型使用状况

（二）不同青年群体网络媒体偏好类型差异分析

从性别、年龄分段、政治面貌、职业、家庭平均年收入、文化程度和地区七个方面对青年网络媒体偏好类型进行差异分析，分析结果详见表3－10和表3－11。

表3－10　　**官方媒体关注指数差异分析**

		平均值	标准差	t/F（LSD）	p
性别	男性（N＝798）	2.967	0.847	2.633	0.009
	女性（N＝1071）	2.856	0.960		
年龄分段	18—29岁（N＝1061）	2.757	0.913	8.076	0.000
	30—39岁（N＝808）	3.095	0.882		
政治面貌	中共党员（含预备党员）（N＝285）	3.118	0.928	4.321	0.000
	其他（N＝1584）	2.865	0.907		

续表

		平均值	标准差	t/F（LSD）	p
职业	务农人员（N=126）	2.986	1.220	13.556 1、2、3<5<4；6>5	0.000
	工商业人员（N=1058）	2.933	0.714		
	专业技术人员（N=145）	2.997	0.958		
	公务员（N=74）	3.253	1.005		
	学生（N=280）	2.527	1.102		
	其他职业人员（N=186）	3.031	1.039		
家庭平均年收入	4万元及以下（N=439）	2.657	0.986	14.659 4>3>2>1；5>1	0.000
	4.1万—10万元（N=877）	2.914	0.862		
	10.1万—20万元（N=430）	3.044	0.826		
	20.1万—50万元（N=101）	3.243	0.928		
	50万元以上（N=22）	3.091	0.689		
文化程度	初中及以下（N=95）	3.316	1.347	9.280 1>2、3、4；3>4	0.000
	高中（N=386）	2.823	0.856		
	专科及本科（N=1287）	2.913	0.891		
	硕士及以上（N=101）	2.699	0.812		
地区	都会区（N=309）	2.901	0.759	5.697 3<1、2<4；5<4	0.000
	东部沿海地区（N=557）	2.913	0.724		
	西部地区（N=411）	2.760	0.992		
	中部地区（N=493）	3.038	0.393		
	东北地区（N=99）	2.783	0.588		

表3－11　**公众媒体关注指数差异分析**

		平均值	标准差	t/F（LSD）	p
性别	男性（N=798）	2.087	0.953	1.107	0.268
	女性（N=1071）	2.136	0.939		
年龄分段	18—29岁（N=1061）	2.214	0.890	5.174	0.000
	30—39岁（N=808）	1.984	0.999		

续表

		平均值	标准差	t/F（LSD）	p
政治面貌	中共党员（含预备党员）（N=285）	2.401	0.989	5.589	0.000
	其他（N=1584）	2.063	0.928		
职业	务农人员（N=126）	1.471	1.091	27.564 1、6<2、3、4、5	0.000
	工商业人员（N=1058）	2.229	0.745		
	专业技术人员（N=145）	2.123	1.023		
	公务员（N=74）	2.207	1.246		
	学生（N=280）	2.262	0.994		
	其他职业人员（N=186）	1.638	1.032		
家庭平均年收入	4万元及以下（N=439）	2.079	0.885	1.211	0.304
	4.1万—10万元（N=877）	2.094	0.918		
	10.1万—20万元（N=430）	2.202	0.964		
	20.1万—50万元（N=101）	2.079	1.115		
	50万元以上（N=22）	2.121	1.061		
文化程度	初中及以下（N=95）	1.063	1.293	56.825 1<2、3、4；3、4>2	0.000
	高中（N=386）	1.931	0.903		
	专科及本科（N=1287）	2.231	0.892		
	硕士及以上（N=101）	2.323	0.595		
地区	都会区（N=309）	2.390	0.668	30.160 4<2、3、5<1	0.000
	东部沿海地区（N=557）	2.195	0.787		
	西部地区（N=411）	2.240	0.889		
	中部地区（N=493）	1.743	1.025		
	东北地区（N=99）	2.138	0.699		

1. 不同性别青年的网络媒体偏好类型差异分析

调查结果显示：男性青年官方媒体关注平均值为2.967，标准差为0.847；公众媒体关注平均值为2.087，标准差为0.953。女性青年官方媒体关注平均值为2.856，标准差为0.960；公众媒体关注平均值为2.136，标准差为0.939。不同类型媒体关注得分高低显示：不同性别青年对官方媒体关注指数均高于公众媒体。

差异分析结果显示，性别仅在官方媒体关注指数上存在显著差异，男性在官方媒体关注指数得分高于女性，且具有统计学上的显著性（$p=0.009$），相较于女性，男性青年获取政治新闻信息时对官方媒体更偏好。

2. 不同年龄段青年的网络媒体偏好类型差异分析

调查结果显示：18—29 岁的青年官方媒体关注平均值为 2.757，标准差为 0.913；公众媒体关注平均值为 2.214，标准差为 0.890。30—39 岁的青年官方媒体关注平均值为 3.095，标准差为 0.882；公众媒体关注平均值为 1.984，标准差为 0.999。不同类型媒体关注得分高低显示：不同年龄段青年对官方媒体关注指数均高于公众媒体。

差异分析结果表明，18—29 岁的青年在公众媒体关注上得分高于 30—39 岁的青年，30—39 岁的青年在官方媒体关注上得分则高于 18—29 岁的青年，不同年龄段青年在公众媒体关注和官方媒体关注上的得分差异均高度显著，具有统计学上的意义（$p=0.000$）。

3. 不同政治面貌青年的网络媒体偏好类型差异分析

调查结果显示：具有党员身份的青年官方媒体关注平均值为 3.118，标准差为 0.928；公众媒体关注平均值为 2.401，标准差为 0.989。非党员的青年官方媒体关注平均值为 2.865，标准差为 0.907；公众媒体关注平均值为 2.063，标准差为 0.928。不同类型媒体关注得分高低显示：不同政治面貌青年对官方媒体关注指数均高于公众媒体。

政治面貌在官方媒体关注指数和公众媒体关注指数上均存在显著差异，具有党员身份青年得分均显著高于非党员身份青年（$p=0.000$）。

4. 不同职业青年的网络媒体偏好类型差异分析

调查结果显示：务农人员的官方媒体关注平均值为 2.986，标准差为 1.220；公众媒体关注平均值为 1.471，标准差为 1.091。工商业人员的官方媒体关注平均值为 2.933，标准差为 0.714；公众媒体关注平均值为 2.229，标准差为 0.745。专业技术人员的官方媒体关注平均值为 2.997，标准差为 0.958；公众媒体关注平均值为 2.123，标准差为 1.023。公务员的官方媒体关注平均值为 3.253，标准差为 1.005；公众媒体关注平均值为 2.207，标准差为 1.246。学生的官方媒体关注平均值为 2.527，标准差为 1.102；公众媒体关注平均值为 2.262，标准差为 0.994。其他职业青年官方媒体关注平均值为 3.031，标准差为 1.039；公众媒体关注平均值为1.638，标准差为1.032。不同类型媒体关注得分高低显示：不同职业青年群体对官方媒体关注指数均高于公众媒体。

差异分析结果表明，不同职业青年群体间在官方媒体关注和公众媒体关注上的得分差异均高度显著（$p=0.000$）。具体体现在：在官方媒体关注上，公务员职业青年群体人员得分最高且显著高于务农人员、工商业人员、专业技术人员、学生四类职业人员，其他职业人员这一青年群体得分也显著高于学生群体；在公众媒体关注上，务农人员和其他职业人员两大青年群体得分较低且显著低于工商业人员、专业技术人员、公务员和学生四类职业人群。

5. 不同家庭平均年收入青年的网络媒体偏好类型差异分析

调查结果显示：4万元及以下收入的青年群体官方媒体关注平均值为2.657，标准差为0.986；公众媒体关注平均值为2.079，标准差为0.885。4.1万—10万元收入的青年群体官方媒体关注平均值为2.914，标准差为0.862；公众媒体关注平均值为2.094，标准差为0.918。10.1万—20万元收入的青年群体官方媒体关注平均值为3.044，标准差为0.826；公众媒体关注平均值为2.202，标准差为0.964。20.1万—50万元收入的青年群体官方媒体关注平均值为3.243，标准差为0.928；公众媒体关注平均值为2.079，标准差为1.115。50万元以上收入的青年群体官方媒体关注平均值为3.091，标准差为0.689；公众媒体关注平均值为2.121，标准差为1.061。不同类型媒体关注得分高低显示：不同家庭平均年收入青年群体对官方媒体关注指数均高于公众媒体。

差异分析结果表明，不同家庭平均年收入的青年群体间在官方媒体关注上的得分差异显著（$p=0.000$）、在公众媒体关注上的得分无显著差异，其组间差异主要体现在：4万元及以下收入的青年群体得分最低且显著低于其他四类收入的青年群体，20.1万—50万元收入的青年群体得分最高且显著高于4万元以下收入、4.1万—10万元收入、10.1万—20万元收入的三类青年群体，10.1万—20万元收入的青年群体得分也显著高于4万元以下收入、4.1万—10万元收入的青年群体。在一定程度上随着家庭平均年收入的增加，官方媒体关注指数也随之显著提高。

6. 不同文化程度青年的网络媒体偏好类型差异分析

调查结果显示：初中及以下文化程度的青年群体官方媒体关注平均

值为3.316，标准差为1.347；公众媒体关注平均值为1.063，标准差为1.293。高中文化程度的青年群体官方媒体关注平均值为2.823，标准差为0.856；公众媒体关注平均值为1.931，标准差为0.903。专科及本科文化程度的青年群体官方媒体关注平均值为2.913，标准差为0.891；公众媒体关注平均值为2.231，标准差为0.892。硕士及以上文化程度的青年群体官方媒体关注平均值为2.699，标准差为0.812；公众媒体关注平均值为2.323，标准差为0.595。不同类型媒体关注得分高低显示：不同文化程度青年群体对官方媒体关注指数均高于公众媒体。

从文化程度和网络媒体偏好类型得分趋势来看，对于官方媒体关注而言，随着文化程度的提升，官方媒体关注指数有所降低，而公众媒体关注指数则有所增加。差异分析结果表明，不同文化程度的青年群体间在官方媒体关注和公众媒体关注上的得分差异均高度显著（$p=0.000$），其差异主要体现在：在官方媒体关注上，硕士及以上文化程度的青年群体得分最低且显著低于初中及以下、专科及本科两类不同文化程度的青年群体，初中及以下文化程度青年群体得分最高且显著高于其他三类不同文化程度青年群体，专科及本科文化程度的青年群体得分也显著高于硕士及以上文化程度的青年群体；在公众媒体关注上，初中及以下文化程度的青年群体得分最低且显著低于其他三类不同文化程度的青年群体，专科及本科文化程度、硕士及以上文化程度的青年群体得分也显著高于高中文化程度的青年群体。

7. 不同地区青年群体的网络媒体偏好类型差异分析

调查结果显示：都会区的青年群体官方媒体关注平均值为2.901，标准差为0.759；公众媒体关注平均值为2.390，标准差为0.668。东部沿海地区的青年群体官方媒体关注平均值为2.913，标准差为0.724；公众媒体关注平均值为2.195，标准差为0.787。西部地区的青年群体官方媒体关注平均值为2.760，标准差为0.992；公众媒体关注平均值为2.240，标准差为0.889。中部地区的青年群体官方媒体关注平均值为3.038，标准差为0.393；公众媒体关注平均值为1.743，标准差为1.025。东北地区的青年群体官方媒体关注平均值为2.783，标准差为0.588；公众媒体关注平均值为2.138，标准差为0.699。不同类型媒体关注得分高低显示：不同地区青年群体对官方媒体关注指数均高于公众媒体。

差异分析结果表明，不同地区的青年群体间在官方媒体关注和公众媒体关注上的得分差异均高度显著（$p = 0.000$），其差异主要体现在：在官方媒体关注上，中部地区的青年群体得分最高且显著高于其他四组不同地区类型的青年群体，西部地区青年群体得分最低且显著低于都会区、东部沿海地区和东北地区青年群体；在公众媒体关注上，都会区的青年群体得分最高且显著高于其他四组不同地区类型的青年群体，中部地区的青年群体得分最低且显著低于其他四组不同地区类型的青年群体。

第三节 青年群体政治认同状况

一 青年政治认同总体概观

（一）青年政治认同整体状况

表3－12呈现了青年政治认同总体状况，此次调查中青年群体政治认同总体得分处于1—5之间，平均值为4.154，标准差为0.530；政府绩效评价得分处于1—5之间，平均值为4.266，标准差为0.642；集体主义倾向得分处于1—5之间，平均值为3.907，标准差为0.745；制度自信得分处于1—5之间，平均值为4.289，标准差为0.540。总体而言，无论是政治认同总分还是政府绩效评价、集体主义倾向、制度自信各因子得分均比较高，从各因子得分来看，对中国特色社会主义制度及中国政府的执政表现认同要高于对集体主义价值观的认同。

表3－12 **青年政治认同总体得分**

变量	平均值	标准差	最小值	最大值
政治认同（N＝1869）	4.154	0.530	1	5
政府绩效评价（N＝1869）	4.266	0.642	1	5
集体主义倾向（N＝1869）	3.907	0.745	1	5
制度自信（N＝1869）	4.289	0.540	1	5

（二）新冠肺炎疫情期间和新冠肺炎疫情前期青年政治认同表现

表3－13呈现了新冠肺炎疫情前后中国青年政治认同得分差异分析，

可一定程度反映2020年新冠肺炎疫情对青年政治认同的影响。疫情前青年政治认同总分及各因子得分处于3.316—3.846，政治认同平均值为3.587，标准差为0.516；政府绩效评价平均值为3.599，标准差为0.677；集体主义倾向平均值为3.316，标准差为0.749；制度自信平均值为3.846，标准差为0.632。然而疫情期间青年政治认同总分及各因子得分均有显著提高，得分处于4.408—4.460，政治认同平均值为4.319，标准差为0.405；政府绩效评价平均值为4.460，标准差为0.481；集体主义倾向平均值为4.080，标准差为0.650；制度自信平均值为4.418，标准差为0.433。差异分析结果表明，疫情前和疫情期间青年政治认同总分及政府绩效评价、集体主义倾向、制度自信各因子得分均存在显著差异（$p=0.000$），政府绩效评价、集体主义倾向、制度自信的变化幅度中，政府绩效评价 > 集体主义倾向 > 制度自信。这一结果表明，中国政府在疫情期间的总体表现获得了国内青年群体的高度认可，也充分显示了党的集中统一领导和中国特色社会主义制度的显著优势，提升了青年对中国未来发展的信心，高度支持中国特色社会主义制度及其倡导的集体主义价值观。

表3-13　**新冠肺炎疫情前后中国青年政治认同得分比较**

	政治认同总分	政府绩效评价	集体主义倾向	制度自信
疫情期间（N=1447）	4.319±0.405	4.460±0.481	4.080±0.650	4.418±0.433
疫情发生前（N=422）	3.587±0.516	3.599±0.677	3.316±0.749	3.846±0.632
t	26.807	24.395	18.986	17.428
p	0.000	0.000	0.000	0.000

二　不同青年群体政治认同差异

为更细致全面地呈现不同青年群体政治认同的变化性，从性别、年龄分段、政治面貌、职业、家庭平均年收入、文化程度和地区七个方面对青年群体的政府绩效评价、集体主义倾向和制度自信进行差异分析，分析结果详见表3-14、表3-15和表3-16。

表3 14 **不同青年群体政府绩效评价差异分析**

		平均值	标准差	t/F（LSD）	p
性别	男性（N = 798）	4. 286	0. 650	1. 188	0. 235
	女性（N = 1071）	4. 251	0. 635		
年龄分段	18—29 岁（N = 1061）	4. 302	0. 598	2. 707	0. 007
	30—39 岁（N = 808）	4. 219	0. 692		
政治面貌	中共党员（含预备党员）（N = 285）	4. 323	0. 599	1. 627	0. 104
	其他（N = 1584）	4. 256	0. 649		
职业	务农人员（N = 126）	3. 885	0. 844	24. 361 1 <2、3、4、5、6； 2 >3、4、5、6； 3、5 >6	0. 000
	工商业人员（N = 1058）	4. 389	0. 552		
	专业技术人员（N = 145）	4. 207	0. 570		
	公务员（N = 74）	4. 210	0. 641		
	学生（N = 280）	4. 163	0. 672		
	其他职业人员（N = 186）	4. 046	0. 765		
家庭平均年收入	4 万元及以下（N = 439）	4. 253	0. 687	2. 093	0. 079
	4. 1 万—10 万元（N = 877）	4. 305	0. 615		
	10. 1 万—20 万元（N = 430）	4. 230	0. 643		
	20. 1 万—50 万元（N = 101）	4. 149	0. 673		
	50 万元以上（N = 22）	4. 205	0. 504		
文化程度	初中及以下（N = 95）	3. 542	0. 794	48. 686 1 <2、3、4； 2、3 <4	0. 000
	高中（N = 386）	4. 264	0. 633		
	专科及本科（N = 1287）	4. 304	0. 602		
	硕士及以上（N = 101）	4. 470	0. 603		
地区	都会区（N = 309）	4. 461	0. 465	37. 036 4 <1、2、3、5； 3 <2 <1	0. 000
	东部沿海地区（N = 557）	4. 365	0. 549		
	西部地区（N = 411）	4. 281	0. 674		
	中部地区（N = 493）	3. 991	0. 732		
	东北地区（N = 99）	4. 409	0. 536		

表 3－15　**不同青年群体集体主义倾向差异分析**

		平均值	标准差	*t/F*（*LSD*）	*p*
性别	男性（N＝798）	3.938	0.753	1.556	0.120
	女性（N＝1071）	3.884	0.739		
年龄分段	18—29 岁（N＝1061）	3.882	0.758	1.653	0.099
	30—39 岁（N＝808）	3.939	0.728		
政治面貌	中共党员（含预备党员）（N＝285）	3.974	0.687	1.755	0.080
	其他（N＝1584）	3.895	0.755		
职业	务农人员（N＝126）	3.631	0.908	21.954 2＞1、3、4、5、6；4＞1	0.000
	工商业人员（N＝1058）	4.057	0.675		
	专业技术人员（N＝145）	3.766	0.754		
	公务员（N＝74）	3.858	0.594		
	学生（N＝280）	3.689	0.770		
	其他职业人员（N＝186）	3.699	0.813		
家庭平均年收入	4 万元及以下（N＝439）	3.851	0.792	3.322 2＞1、3、4	0.010
	4.1 万—10 万元（N＝877）	3.972	0.733		
	10.1 万—20 万元（N＝430）	3.864	0.714		
	20.1 万—50 万元（N＝101）	3.802	0.728		
	50 万元以上（N＝22）	3.773	0.767		
文化程度	初中及以下（N＝95）	3.332	0.806	24.514 2、3、4＞1；2＞3	0.000
	高中（N＝386）	4.044	0.727		
	专科及本科（N＝1287）	3.902	0.730		
	硕士及以上（N＝101）	3.985	0.687		
地区	都会区	3.997	0.653	15.622 1、2、3、5＞4；1、2、3＜5	0.000
	东部沿海地区	3.963	0.705		
	西部地区	3.916	0.745		
	中部地区	3.713	0.808		
	东北地区	4.237	0.690		

表 3－16 **不同青年群体制度自信差异分析**

		平均值	标准差	t/F（LSD）	p
性别	男性（N＝798）	4.264	0.543	1.738	0.082
	女性（N＝1071）	4.308	0.539		
年龄分段	18—29 岁（N＝1061）	4.318	0.537	2.709	0.007
	30—39 岁（N＝808）	4.250	0.543		
政治面貌	中共党员（含预备党员）（N＝285）	4.360	0.525	2.428	0.015
	其他（N＝1584）	4.276	0.542		
职业	务农人员（N＝126）	4.143	0.630	11.626 2＞1、3、4、5、6；3、5＞6	0.000
	工商业人员（N＝1058）	4.364	0.465		
	专业技术人员（N＝145）	4.228	0.525		
	公务员（N＝74）	4.216	0.590		
	学生（N＝280）	4.246	0.642		
	其他职业人员（N＝186）	4.102	0.621		
家庭平均年收入	4 万元及以下（N＝439）	4.316	0.600	3.668 1、2＞3、4	0.006
	4.1 万—10 万元（N＝877）	4.320	0.495		
	10.1 万—20 万元（N＝430）	4.227	0.572		
	20.1 万—50 万元（N＝101）	4.168	0.502		
	50 万元以上（N＝22）	4.273	0.420		
文化程度	初中及以下（N＝95）	3.916	0.706	19.049 1＜2、3、4；2、3＜4	0.000
	高中（N＝386）	4.320	0.486		
	专科及本科（N＝1287）	4.294	0.533		
	硕士及以上（N＝101）	4.449	0.515		
地区	都会区	4.418	0.453	25.319 4＜1、2、3、5；3＜1	0.000
	东部沿海地区	4.356	0.460		
	西部地区	4.311	0.581		
	中部地区	4.092	0.602		
	东北地区	4.401	0.452		

1. 不同性别青年的政治认同

调查结果显示：男性青年政治认同各因子得分处于3.938—4.286之间，其中政府绩效评价平均值为4.286，标准差为0.650；集体主义倾向平均值为3.938，标准差为0.753；制度自信平均值为4.264，标准差为0.543。女性青年政治认同各因子得分处于3.884—4.308之间，其中政府绩效评价平均值为4.251，标准差为0.635；集体主义倾向平均值为3.884，标准差为0.739；制度自信平均值为4.308，标准差为0.539。各因子得分高低显示，男性青年政府绩效评价得分最高，制度自信次之，集体主义倾向得分最低；女性青年制度自信得分最高，政府绩效评价次之，集体主义倾向得分也最低。

差异分析结果表明，尽管男性青年在政府绩效评价和集体主义倾向上得分高于女性青年，女性青年在制度自信上得分高于男性青年，但不同性别青年在政府绩效评价、集体主义倾向及制度自信上的得分差异均不具有统计学上的显著性。

2. 不同年龄段青年的政治认同

调查结果显示：18—29岁的青年政治认同各因子得分处于3.882—4.318之间，其中政府绩效评价平均值为4.302，标准差为0.598；集体主义倾向平均值为3.882，标准差为0.758；制度自信平均值为4.318，标准差为0.537。30—39岁的青年政治认同各因子得分处于3.939—4.250之间，其中政府绩效评价平均值为4.219，标准差为0.692；集体主义倾向平均值为3.939，标准差为0.728；制度自信平均值为4.250，标准差为0.543。各因子得分高低显示，18—29岁和30—39岁的青年在制度自信得分最高，政府绩效评价次之，集体主义倾向得分最低。

差异分析结果表明，尽管18—29岁的青年在政府绩效评价和制度自信上得分高于30—39岁的青年，30—39岁的青年在集体主义倾向上得分高于18—29岁的青年，且不同年龄段青年在政府绩效评价和制度自信上的得分差异具有统计学上的意义，均在$p=0.007$的水平下显著，但两者在集体主义倾向上的得分差异并未达到统计学上的显著水平。

3. 不同政治面貌青年的政治认同

调查结果显示：具有党员身份的青年政治认同各因子得分处于3.974—4.360之间，其中政府绩效评价平均值为4.323，标准差为

0.599；集体主义倾向平均值为3.874，标准差为0.687；制度自信平均值为4.360，标准差为0.525。非党员的青年政治认同各因子得分处于3.895—4.276之间，其中政府绩效评价平均值为4.256，标准差为0.649；集体主义倾向平均值为3.895，标准差为0.755；制度自信平均值为4.276，标准差为0.542。各因子得分高低显示，不同政治面貌青年均在制度自信得分最高，政府绩效评价次之，集体主义倾向得分最低。

差异分析结果表明，尽管党员身份的青年在政府绩效评价、集体主义倾向、制度自信上得分高于非党员身份的青年，但在政府绩效评价和集体主义倾向上的得分差异并不显著（$p=0.104$；$p=0.080$），但在制度自信上的得分差异具有统计学意义，党员身份青年制度自信水平显著高于非党员身份青年（$p=0.015$）。

4. 不同职业青年的政治认同

调查结果显示：务农人员政治认同各因子得分处于3.631—4.143之间，其中政府绩效评价平均值为3.885，标准差为0.844；集体主义倾向平均值为3.631，标准差为0.908；制度自信平均值为4.143，标准差为0.630。工商业人员政治认同各因子得分处于4.057—4.389之间，其中政府绩效评价平均值为4.389，标准差为0.552；集体主义倾向平均值为4.057，标准差为0.675；制度自信平均值为4.364，标准差为0.465。专业技术人员政治认同各因子得分处于3.766—4.228之间，其中政府绩效评价平均值为4.207，标准差为0.570；集体主义倾向平均值为3.766，标准差为0.754；制度自信平均值为4.228，标准差为0.525。公务员政治认同各因子得分处于3.858—4.216之间，其中政府绩效评价平均值为4.210，标准差为0.641；集体主义倾向平均值为3.858，标准差为0.594；制度自信平均值为4.216，标准差为0.590。学生政治认同各因子得分处于3.689—4.246之间，其中政府绩效评价平均值为4.163，标准差为0.672；集体主义倾向平均值为3.689，标准差为0.770；制度自信平均值为4.246，标准差为0.642。其他职业人员政治认同各因子得分处于3.699—4.102之间，其中政府绩效评价平均值为4.046，标准差为0.765；集体主义倾向平均值为3.699，标准差为0.813；制度自信平均值为4.102，标准差为0.621。各因子得分高低排序显示，务农人员、专业技术人员、公务员、学生和其他职业人员均在制度自信得分最高，政府绩效评价次之，集体主义倾向得分最低；工商业人员则是政府绩效评价最高，制度自信次之，集体主义倾向得分最低。

差异分析结果表明，不同职业青年群体间在政府绩效评价、制度自信和集体主义倾向上的得分差异均高度显著（$p=0.000$）。具体体现在：在政府绩效评价上，务农人员得分最低且显著低于其他五类职业人群，工商业人员得分最高且显著高于其他五类职业人员，专业技术人员和学生群体得分显著高于其他职业人群；在集体主义倾向上，工商业人员得分最高且显著高于其他五类职业人员，公务员群体得分显著高于务农人员群体；在制度自信上，工商业人员得分最高且显著高于其他五类职业人员，专业技术人员和学生群体得分显著高于其他职业人群。

5. 不同家庭平均年收入青年的政治认同

调查结果显示：4 万元及以下收入的青年群体政治认同各因子得分处于 3.851—4.316 之间，其中政府绩效评价平均值为 4.253，标准差为 0.687；集体主义倾向平均值为 3.851，标准差为 0.792；制度自信平均值为 4.316，标准差为 0.600。4.1 万—10 万元收入的青年群体政治认同各因子得分处于 3.972—4.320 之间，其中政府绩效评价平均值为 4.305，标准差为 0.615；集体主义倾向平均值为 3.972，标准差为 0.733；制度自信平均值为 4.320，标准差为 0.495。10.1 万—20 万元收入的青年群体政治认同各因子得分处于 3.864—4.230 之间，其中政府绩效评价平均值为 4.230，标准差为 0.643；集体主义倾向平均值为 3.864，标准差为 0.714；制度自信平均值为 4.227，标准差为 0.572。20.1 万—50 万元收入的青年群体政治认同各因子得分处于 3.802—4.168 之间，其中政府绩效评价平均值为 4.149，标准差为 0.673；集体主义倾向平均值为 3.802，标准差为 0.728；制度自信平均值为 4.168，标准差为 0.502。50 万元以上收入的青年群体政治认同各因子得分处于 3.773—4.273 之间，其中政府绩效评价平均值为 4.205，标准差为 0.504；集体主义倾向平均值为 3.773，标准差为 0.767；制度自信平均值为 4.273，标准差为 0.420。各因子得分高低排序显示，4 万元及以下收入、4.1 万—8 万元收入、50 万元以上收入的青年群体均在制度自信得分最高，政府绩效评价次之，集体主义倾向得分最低；10.1 万—20 万元收入、20.1 万—50 万元收入的青年群体则是政府绩效评价最高，制度自信次之，集体主义倾向得分最低。

差异分析结果表明，不同家庭平均年收入的青年群体间在制度自信和集体主义倾向上的得分存在显著性差异（$p=0.006$；$p=0.010$），在政府绩效评价上的得分差异并未达统计学上的显著。其组间差异主要体现在：在集体主义倾向上，4.1 万—10 万元收入的青年群体得分最高且显著高于 4 万元及以下收入、10.1 万—20 万元收入、20.1 万—50 万元收入的青年群体；在制度自信上，4.1 万—10 万元收入的青年群体得分最高且显著高于 10.1 万—20 万元收入、20.1 万—50 万元收入的青年群体，4 万元及以下收入得分次高也显著高于 10.1 万—20 万元收入、20.1 万—50 万元收入的青年群体。

6. 不同文化程度青年的政治认同

调查结果显示：初中及以下文化程度的青年群体政治认同各因子得分大致处于 3.332—3.916 之间，其中政府绩效评价平均值为 3.542，标准差为 0.794；集体主义倾向平均值为 3.332，标准差为 0.806；制度自信平均值为 3.916，标准差为 0.706。高中文化程度的青年群体政治认同各因子得分处于 4.044—4.320 之间，其中政府绩效评价平均值为 4.264，标准差为 0.633；集体主义倾向平均值为 4.044，标准差为 0.727；制度自信平均值为 4.320，标准差为 0.486。专科及本科文化程度的青年群体政治认同各因子得分处于 3.902—4.304 之间，其中政府绩效评价平均值为 4.304，标准差为 0.602；集体主义倾向平均值为 3.902，标准差为 0.730；制度自信平均值为 4.294，标准差为 0.533。硕士及以上文化程度的青年群体政治认同各因子得分处于 3.985—4.470 之间，其中政府绩效评价平均值为 4.470，标准差为 0.603；集体主义倾向平均值为 3.985，标准差为 0.687；制度自信平均值为 4.449，标准差为 0.515。各因子得分高低排序显示，初中及以下、高中、硕士及以上文化程度的青年群体均在制度自信得分最高，政府绩效评价次之，集体主义倾向得分最低；专科及本科文化程度的青年群体则是政府绩效评价最高，制度自信次之，集体主义倾向得分最低。

差异分析结果表明，不同文化程度的青年群体间在政府绩效评价、制度自信和集体主义倾向上的得分差异均高度显著（$p=0.000$），其差异主要体现在：在政府绩效评价上，初中及以下文化程度青年群体得分最低且显著低于其他三类不同文化程度的青年群体，硕士及以上文化程度的青年群体得分最高且显著高于其他三类不同文化程度的青年群体；在集体主义倾向上，初中及以下文化程度青年群体得分最低且显著低于其他三类不同文化程度的青年群体，高中文化程度的青年群体得分显著高于专科及本科文化程度的青年群体；在制度自信上，初中及以下文化程度青年群体得分最低且显著低于其他三类不同文化程度的青年群体，硕士及以上文化程度的青年群体得分最高且显著高于其他三类不同文化程度的青年群体。

7. 不同地区青年群体的政治认同

调查结果显示：都会区青年群体政治认同各因子得分大致处于3.997—4.461之间，其中政府绩效评价平均值为4.461，标准差为0.465；集体主义倾向平均值为3.997，标准差为0.653；制度自信平均值为4.418，标准差为0.453。东部沿海地区的青年群体政治认同各因子得分处于3.963—4.365之间，其中政府绩效评价平均值为4.365，标准差为0.549；集体主义倾向平均值为3.963，标准差为0.705；制度自信平均值为4.356，标准差为0.460。西部地区的青年群体政治认同各因子得分处于3.916—4.311之间，其中政府绩效评价平均值为4.281，标准差为0.674；集体主义倾向平均值为3.916，标准差为0.745；制度自信平均值为4.311，标准差为0.581。中部地区的青年群体政治认同各因子得分处于3.713—4.092之间，其中政府绩效评价平均值为3.991，标准差为0.732；集体主义倾向平均值为3.713，标准差为0.808；制度自信平均值为4.092，标准差为0.602。东北地区的青年群体政治认同各因子得分处于4.237—4.409之间，其中政府绩效评价平均值为4.409，标准差为0.536；集体主义倾向平均值为4.237，标准差为0.690；制度自信平均值为4.401，标准差为0.452。各因子得分高低排序显示，西部地区、中部地区的青年群体均在制度自信得分最高，政府绩效评价次之，集体主义倾向得分最低；都会区、东部沿海地区和东北地区的青年群体则是政府绩效评价最高，制度自信次之，集体主义倾向得分最低。

差异分析结果表明，不同文化程度的青年群体间在政府绩效评价、制度自信和集体主义倾向上的得分差异均高度显著（$p = 0.000$），其差异主要体现在：在政府绩效评价上，中部地区的青年群体得分最低且显著低于其他四组不同地区类型的青年群体，都会区青年群体得分显著高于东部沿海地区和西部地区青年群体，东部沿海地区青年群体得分显著高于西部地区青年群体；在集体主义倾向上，中部地区的青年群体得分最低且显著低于其他四组不同地区类型的青年群体，东北地区青年群体得分最高且显著高于其他四组不同地区类型的青年群体；在制度自信上，中部地区的青年群体得分最低且显著低于其他四组不同地区类型的青年群体，西部地区青年群体得分显著低于都会区的青年群体。

第四节 网络媒介使用与青年政治认同

一 相关分析

从网络使用动机、媒体偏好类型对网络媒介使用与青年政治认同各因子的关系进行相关检验，检验结果详见表3-17。

表3-17 网络媒介使用与青年政治认同的相关分析结果

变量	1	2	3	4	5	6	7	8
社交情感需求	1	—	—	—	—	—	—	—
政治需求	-0.088***	1	—	—	—	—	—	—
认知需求	-0.260***	-0.079**	1	—	—	—	—	—
官方媒体关注	-0.029	0.121***	0.007	1	—	—	—	—
公众媒体关注	0.092***	0.190***	0.121***	-0.197***	1	—	—	—
政府绩效评价	0.155***	0.244***	0.082***	-0.018	0.183***	1	—	—
集体主义倾向	0.117***	0.308***	0.013	0.064**	0.150***	0.478***	1	—
制度自信	0.129***	0.206***	0.091***	0.007	0.155***	0.582***	0.510***	1

注：*表示 $p<0.05$，**表示 $p<0.01$，***表示 $p<0.001$。

相关分析结果显示，网络媒介使用中的社交情感需求、政治需求、认知需求、公众媒体关注四个变量均与政府绩效评价和制度自信显著正相关，青年在网络媒介使用中的社交情感需求、政治需求、认知需求越明确，公众媒体关注指数越高，政府绩效评价和制度自信水平也越高；网络媒介使用中的社交情感需求、政治需求、官方媒体关注、公众媒体关注四个变量均与集体主义倾向显著正相关，青年在网络媒介使用中的社交情感需求、政治需求越明确，对官方媒体和公众媒体关注指数越高，其集体主义倾向得分也越高。尽管结果并未显示官方媒体关注与青年政府绩效评价和制度自信之间、认知需求与官方媒体关注、集体主义倾向之间的显著相关，但政治需求与官方媒体关注之间、认知需求与公众媒体关注之间显著正相关，即社交情感需求、认知需求、政治需求、官方媒体关注和公众媒体关注五个变量可能会共同影响青年政治认同各因子的最终发展。其后将在控制人口学变量的基础上通过回归分析确认社交情感需求、认知需求、政治需求、官方媒体关注和公众方媒体关注对青年政治认同各因子的具体影响。

二　回归分析

为确认网络媒介使用不同因素（网络使用动机、媒体偏好类型）对青年政治认同三因素的具体影响，分别以政府绩效评价、集体主义倾向和制度自信为因变量，社交情感需求、认知需求、政治需求、官方媒体关注、公众媒体关注为自变量，同时将性别、年龄、政治面貌、职业、家庭平均年收入、文化程度、地区等社会人口特征作为控制变量纳入方程进行层次回归分析，为避免共线性效应，将自变量（社交情感需求、认知需求、政治需求、网络新闻接触、网络参与互动）和因变量（政府绩效评价、集体主义倾向、制度自信）均进行中心化处理。其中模型 A1 只纳入了作为自变量网络媒体使用的五个因素，为了保障结果的稳健性，模型 A2 将所有人口学控制变量同时纳入模型，回归分析结果详见表 3－18。

表 3－18　**网络媒介使用对青年政治认同的回归分析**

预测变量	政府绩效评价		集体主义倾向		制度自信	
	A1	A2	A1	A2	A1	A2
社交情感需求	0.206***	0.149***	0.155***	0.118***	0.178***	0.144***
认知需求	0.145***	0.085***	0.068**	0.050*	0.145***	0.119***
政治需求	0.259***	0.172***	0.306***	0.232***	0.218***	0.166***
官方媒体关注	－0.026	0.002	0.046*	0.055*	0.001	0.026
公众媒体关注	0.092***	0.030	0.079***	0.062**	0.080***	0.040
年龄	—	－0.037	—	0.096***	—	－0.003

续表

预测变量	政府绩效评价		集体主义倾向		制度自信	
	A1	A2	A1	A2	A1	A2
性别：男[a]	—	0.009	—	-0.004	—	-0.053*
政治面貌：党员[b]	—	-0.016	—	-0.037	—	-0.054*
职业[c]	—	—	—	—	—	—
务农人员	—	-0.008	—	0.002	—	0.051
工商业人员	—	0.068	—	0.100*	—	0.103*
专业技术人员	—	-0.003	—	0.003	—	0.019
公务员	—	0.002	—	0.006	—	0.006
学生	—	-0.136***	—	-0.026	—	-0.033
家庭平均年收入[d]	—	—	—	—	—	—
4万元及以下	—	0.067	—	0.105	—	0.049
4.1万—10万元	—	0.024	—	0.082	—	0.009
10.1万—20万元	—	-0.066	—	-0.002	—	-0.090
20.1万—50万元	—	-0.052	—	-0.008	—	-0.063
文化程度[e]	—	—	—	—	—	—
高中	—	0.223***	—	0.188***	—	0.112*
专科及本科	—	0.314***	—	0.151*	—	0.113
硕士及以上	—	0.228***	—	0.114**	—	0.118***
地区[f]	—	—	—	—	—	—
东部沿海地区	—	-0.072*	—	-0.059	—	-0.064*
西部地区	—	-0.080**	—	-0.016	—	-0.073*
中部地区	—	-0.234***	—	-0.121***	—	-0.203***
东北地区	—	-0.039	—	0.037	—	-0.026
R^2	0.124	0.205	0.128	0.175	0.093	0.149
ΔR^2	0.122	0.195	0.126	0.165	0.091	0.137
F	52.937***	19.806***	54.652***	16.340***	38.355***	13.408***
ΔF	52.937***	9.832***	54.652***	5.586***	38.355	6.297***

注：a表示以女性作为参照组；b表示以非党员作为参照组；c表示以其他职业作为参照组；d表示以50万元以上收入作为参照组；e表示以初中及以下文化程度作为参照组；f表示以都会区作为参照组；*表示p在0.05的显著性水平，**表示p在0.01的显著性水平，***表示p在0.001的显著性水平。

1. 网络媒介使用对青年政府绩效评价的影响

从表3－18的回归模型可以发现，网络媒介使用能显著影响青年政府绩效水平，回归方程高度显著（$F=52.937$，$p=0.000$），但网络媒介使用对青年政府绩效的具体影响存在一定的差异：其一，从影响程度来看，官方媒体关注对青年政府绩效评价的影响并不显著，公众媒体关注对政府绩效评价有一定的显著正向影响，但其影响并不稳定，在将性别、年龄、政治面貌、家庭平均年收入、职业、文化程度和地区等人口学变量纳入模型后，公众媒体关注对政府绩效评价的影响不再显著。其二，网络使用动机三种类型（社交情感需求、认知需求、政治需求）对青年政府绩效评价皆有稳定一致的显著正向影响，回归系数均在 $p=0.000$ 的水平下显著，网络使用动机越明确，青年政府绩效评价也越高。

研究结果也表明，并非所有的个体层面的人口学变量都能影响青年政府绩效评价，性别、年龄、政治面貌、家庭平均年收入并不能显著影响青年政府绩效评价，但文化程度、地区和职业差异能显著影响青年的政府绩效评价结果。具体来说，相较于其他职业，学生政府绩效评价更低；与初中及以下的青年人群相比，接受过高中和大学教育的青年群体对政府绩效评价更高；与都会区青年群体相比，东部沿海地区、西部地区和中部地区的青年政府绩效评价更低。

2. 网络媒介使用对青年集体主义倾向的影响

表3－18结果显示，网络媒介使用能显著影响青年集体主义倾向，回归方程高度显著（$F=54.562$，$p=0.000$），区别于对青年政府绩效影响的差异性，网络媒介使用对青年集体主义倾向有较为一致且稳健的影响：其一，网络使用动机三种类型（社交情感需求、认知需求、政治需求）、媒体偏好类型（官方媒体关注、公众媒体关注）均对青年集体主义倾向有显著影响，而且这种影响的方式是以一种积极、正面的方式来进行的。其二，在将所有的人口学特征变量纳入模型后，网络使用动机三种类型（社交情感需求、认知需求、政治需求）、媒体偏好类型（官方媒体关注、公众媒体关注）对青年政府绩效评价的影响有所减弱，但其回归系数依然显著。

研究结果也表明，并非所有的个体层面的人口学变量都能影响青年集体主义倾向，性别、政治面貌、家庭平均年收入并不能显著影响青年集体主义倾向，但年龄、文化程度、地区和职业差异能一定程度影响青年的集体主义倾向。具体来说，年龄对青年集体主义倾向有积极的正向影响，年龄越大，对集体主义价值观更为认同；相较于其他职业人员，工商业人员集体主义倾向更高；与初中及以下的青年人群相比，接受过高中和高等教育的青年群体集体主义价值观认同度更高；与都会区青年群体相比，中部地区的青年集体主义价值观认同度更低。

3. 网络媒介使用对青年制度自信的影响

回归模型结果显示，网络媒介使用能显著影响青年制度自信水平，回归方程高度显著（$F=38.355$，$p=0.000$），但网络媒介使用对青年制度自信的具体影响也存在一定的差异：其一，从影响程度来看，官方媒体关注对青年制度自信的影响并不显著，公众媒体关注对青年制度自信有一定的显著正向影响，但其影响并不稳定，在将性别、年龄、政治面貌、家庭平均年收入、职业、文化程度和地区等人口学变量纳入模型后，公众媒体关注对青年制度自信的影响不再显著。其二，网络使用动机三种类型（社交情感需求、认知需求、政治需求）对青年制度自信皆有稳定一致的显著正向影响，回归系数均在 $p=0.000$ 的水平下显著，这一结果显示，网络使用动机越明确，青年制度自信水平也越高。

研究结果也表明，并非所有的个体层面的人口学变量都能影响青年制度自信，性别、政治面貌、职业、文化程度和地区差异能显著影响青年制度自信，但年龄和家庭平均年收入差异并不能影响青年制度自信。具体来说，相较于男性青年，女性青年制度自信水平更高；相较于党员，非党员青年制度自信水平更高；相较于其他职业人员，工商业人员制度自信水平更高；与初中及以下的青年人群相比，接受过高中、硕士及以上教育的青年群体制度自信水平更高；与都会区青年群体相比，东部沿海地区、西部地区和中部地区的青年制度自信水平更低。

小　结

一　不同群体青年网络媒介使用的多维图景

1. 不同群体青年网络使用动机状况

本次调查中所显示的青年网络使用动机表现与以往研究结论较为

一致[①][②]：当代青年网络使用动机呈多元化状态，网络使用中既有明确的社交情感需求，也需要通过网络获取相关信息、发表评论以满足认知需求和政治需求。在所有动机中，“了解新闻热点”“关注感兴趣的内容”等信息获取需求最为强烈，但“发表新闻热点事件评论”的需求相对较弱，虽然网络提供了意见表达的平台和机会，网民们却并非普遍具有强烈的表达需求或基于此需求而使用网络[③]。

对青年网络使用动机群体效应检验结果显示，性别、年龄分段、政治面貌、家庭平均年收入、职业、文化程度和地区在青年社交情感需求、政治需求和认知需求的差异存在较大的变化性。具体体现在：不同性别青年群体在社交情感需求、政治需求和认知需求方面的差异均高度显著，男性在社交情感需求和政治需求上显著高于女性，但在认知需求上显著低于女性。相较而言，男性在互联网上更关注新闻热点，也会更频繁发表自己对时事的看法；女性更频繁在互联网上进行信息获取和信息分享。男性国内外关于媒介接触的性别研究也得出了较为一致的结论：男性更加关注国内外时政新闻和经济类信息[④]；女性更频繁地在互联网上自我呈现与自我揭露[⑤]（self-disclosure）。不同年龄段的青年在社交情感需求上有明显差异，主要是18—29岁年龄段青年群体社交情感需求得分较高。不同政治面貌青年群体主要在社交情感需求和认知需求上存在差异，在网络使用上具有党员身份的青年群体有较强烈的认知需求，非党员身份的青年群体社交情感需求更为强烈。对于不同职业的青年群体而言，务农人员无论是社交情感需求、政治需求和认知需求得分均处于最低水平；在社交情感需求和政治需求上工商业人员得分最高；在认知需求表现上，专业技术人员得分最高，学生次之，公务员得分位居第三。不同家庭年

① 路鹃、亢恺：《中美大学生社交网络使用动机分析——基于使用与满足理论》，《现代传播》2013年第3期。

② 姜永志、白晓丽、刘勇：《青少年移动社交网络使用动机调查》，《中国青年社会科学》2017年第1期。

③ 张志安：《上海市民使用网络媒体的特征、动机及评价》，《新闻大学》2010年第2期。

④ 马超：《“男女有别”：媒介接触、媒介信任与媒介素养的性别差异——来自四川省域居民的实证调查》，《山东女子学院学报》2019年第6期。

⑤ Tufekci Z.，“Can You See Me Now? Audience and Disclosure Regulation in Online Social Network Sites”，*Bulletin of Science Technology & Society*，Vol. 28，No. 1，2008.

收入青年群体在社交情感需求、政治需求和认知需求上均有明显差异，收入越高，社交情感需求也越强烈；在政治需求上，主要是4.1万—10万元家庭年收入的青年群体较之10.1万—20万元和4万元以下家庭年收入的青年群体有较高的政治需求水平；在认知需求上，主要是4.1万—10万元家庭年收入的青年群体较之4万元以下、10.1万—20万元、50万元以上家庭年收入的青年群体有较低的认知需求水平。不同文化程度的青年群体在社交情感需求、政治需求和认知需求上均有明显差异，突出体现在高中文化程度青年群体在社交情感需求、政治需求上的较高得分，“初中及以下”文化程度青年群体在社交情感需求、政治需求上的较低得分；在认知需求上，文化程度越高，认知需求越高。不同地区的青年群体在社交情感需求、政治需求和认知需求上均有明显差异，主要体现在中部地区青年群体无论是社交情感需求、政治需求和认知需求都处于较低水平，东部沿海地区和东北地区的青年群体在社交情感需求和政治需求上的得分均处于较高水平。

这一结果显示，青年群体的网络使用动机具有一定的人群异质性，职业、文化程度对网络使用动机类型的影响较为突出[①]，具体体现在务农人员和初中文化程度的人群无论是社交情感需求、政治需求和认知需求都处于较低的水平；对于这一群体而言，相较于社交情感需求、政治需求和认知需求这些发展性需求，为生计操劳满足基本的生活需求才是其生活中的主导性动机；与此同时，专业技术人员、学生、公务员以及专科及本科及以上文化程度的青年群体认知需求的得分较高，也一定程度体现了网络使用动机类型的文化程度和职业特征。

2. 不同群体青年网络媒体偏好表现

已有研究显示，网民网上获取新闻资讯的渠道从单一的新闻资讯类媒体变成新闻资讯类网站（客户端）、社交媒体并存的局面[②]。调查结果显示，中央电视台的新闻或评论节目/新华社、《人民日报》及其网站的政治新闻/新浪已成为青年群体获取政治新闻和时事评论的主要渠道，且

① 张志安：《上海市民使用网络媒体的特征、动机及评价》，《新闻大学》2010年第2期。

② 薛可、余来辉、余明阳：《社交媒体政治新闻使用的性别和代际差异——基于中国网民调查的实证分析》，《新闻记者》2018年第7期。

总体而言，官方媒体关注指数表现高于公众媒体关注指数。值得注意的是，公众政治传播场域中的微博作为一种社交应用，也已成为青年获取新闻资讯的重要渠道，中国互联网络信息中心的研究报告[①]显示，微博因其快速响应速度和传播深度，获得了广大网民的认同，73.9%的用户通过微博关注新闻/热点话题。相较于官方媒体政治信息的传播立场倾向正面性，微博等公众媒体的兴起使信息的传播变得简单，然而谣言也经常随之蔓延，部分公众媒体甚至以传播较多的负面政治新闻来吸引眼球，不利于理性政治价值观的养成[②]。

对青年网络媒体偏好群体效应检验结果显示，性别、年龄分段、政治面貌、家庭平均年收入、职业、文化程度和地区在青年官方媒体关注和公众媒体关注的差异存在较大的变化性，具体体现在：男性在官方媒体上的得分显著高于女性；不同年龄段的青年在公众媒体关注和官方媒体关注上均有明显差异，18—29岁年龄段青年群体公众媒体关注较多，30—39岁年龄段青年群体则官方媒体关注较多；在政治面貌上，党员身份青年群体在官方媒体关注和公众媒体关注上的得分均显著高于非党员身份的青年群体；不同职业的青年群体的官方媒体关注和公众媒体关注上均有显著差异，突出表现在公务员这一青年群体官方媒体关注得分最高且显著高于务农人员、工商业人员、专业技术人员和学生群体；与此同时，在公众媒体关注上务农人员、其他职业人员两类群体得分较低；不同家庭年收入青年群体在官方媒体关注上有明显差异，但在公众媒体关注上差异并不明显，在50万元以下的四类收入群体中，收入越高，官方媒体关注指数也越高；不同文化程度的青年群体在官方媒体关注和公众媒体关注上均有明显差异，文化程度越高，公众媒体关注程度越高，但官方媒体关注程度反而有所降低；不同地区的青年群体在官方媒体关注和公众媒体关注上均有明显差异，主要体现在中部地区青年群体官方媒体关注处于较高水平，而公众媒体关注程度则相对较低。

对于青年网络媒体偏好群体差异检验结果提示，网络媒体偏好类型

① 中国互联网络信息中心：《2015年中国社交应用用户行为研究报告》，2016年4月（http://www.cac.gov.cn/files/pdf/cnnic/2015shejiao.pdf）。

② 罗坤瑾：《网络使用与大学生政治素养的实证研究——以贵州六所高校为调研对象》，《新闻界》2012年第13期。

与媒介使用动机密切相关，前述网络使用动机差异结果显示，男性、公务员群体更加关注国内外时政新闻，党员、专业技术人员和较高文化程度的青年认知需求更强，媒体偏好类型上的差异结果一定程度支持了网络使用动机上的差异，并验证了网络媒体偏好类型与媒介使用动机之间的密切关联：男性、公务员群体青年更热衷于政治新闻信息，所以对官方媒体更偏好；党员、专业技术人员和较高文化程度的青年会在官方媒体使用的同时频繁使用公众媒体以满足其信息获取与使用的需求。

二 不同群体青年政治认同的多维图景

本次调查结果显示，中国青年政治认同水平较高，2020 年新冠肺炎疫情的发生不仅没有降低青年政治认同水平，反而增强了青年政治认同。面对重大突发公共卫生安全事件，在党中央、国务院的坚强领导下，全国人民勠力同心抗击疫情，中华民族团结的精神得到了全面的检验和弘扬，再次彰显了中国共产党领导和中国特色社会主义制度的显著优势①，较之疫情发生前，疫情期间无论是政治认同总分还是政府绩效评价、集体主义倾向、制度自信各因子得分均有较大的提升。

对青年政治认同群体效应检验结果显示，性别、年龄分段、政治面貌、家庭平均年收入、职业、文化程度和地区在青年政府绩效评价、集体主义倾向、制度自信的差异存在较大的变化性，具体体现在：不同性别青年群体在政府绩效评价、集体主义倾向、制度自信方面的差异均不明显；不同年龄段的青年在政府绩效评价和制度自信上存在差异，主要是 18—29 岁年龄段青年群体政府绩效评价和制度自信得分较高；不同政治面貌青年在制度自信上也存在差异，具有党员身份的青年群体有较高的制度自信；不同家庭年收入青年群体在集体主义倾向和制度自信上均有明显差异，主要是 4. 1 万—10 万元家庭年收入的青年群体较之 10. 1 万—20 万元和 20. 1 万—50 万元家庭年收入的青年群体有较高的集体主义倾向和制度自信水平；不同职业、文化程度和地区的青年群体在政府绩效评价、集体主义和制度自信上均有明显差异，主要体现在“工商业人员”

① 刘忠勋：《从疫情防控看我国制度优势和治理效能》，2020 年 3 月，中国社会科学网（http：//news. cnr. cn/native/gd/20200313/t20200313_ 525015258. shtml）。

职业群体在政府绩效评价、集体主义和制度自信上的较高得分，“初中及以下”文化程度和“中部地区”群体在政府绩效评价、集体主义和制度自信上的较低得分。

上述结果提示，政治认同作为多层次的态度体系，不同的认同客体的认同来源存在较大的差异，在对青年政治认同考察中，需要对政府绩效评级、集体主义价值观和制度自信的不同来源进行梳理，在青年群体政治认同研究中也应注意不同职业、文化程度和地区的群体差异，在网络政治传播与青年政治认同关系的解读中需要考虑不同群体的异质性。

三　网络媒介使用对青年政治认同影响的变化性

首先，在网络媒介使用与青年政治认同的关系解读中，回归分析结果确认了网络媒介使用与青年政治认同的关联，对网络使用动机、媒体偏好类型与青年政治认同的分析可以发现，网络媒介使用并不必然降低青年政治认同，甚至在一定程度上会增强青年的政治认同。

其次，网络媒介使用对青年政治认同的影响不尽相同且存在一定的变化性，突出体现在：网络媒介使用确是影响青年政治认同的重要变量，但并非所有网络媒介使用因素对青年政治认同都有显著影响。网络使用动机对青年政治认同的影响显著而稳定，然而媒体偏好类型对青年政治认同的影响并不稳定，在人口学变量纳入模型后，媒体偏好类型对青年政治认同有所减弱甚至不再显著。与此同时，网络媒介使用各因素对青年政治认同的影响并不尽一致，官方媒体关注对集体主义倾向有一定的显著影响，但对政府绩效和制度自信的影响并不显著，只是揭示了一种可能的影响方向，公众媒体关注对政府绩效评价和制度自信的影响在纳入人口学变量后也变得不再显著，但对集体主义倾向的影响依然显著。

网络使用动机、媒体偏好类型与信息接触类型和信息使用行为密切相关，尽管研究结果一定程度确认了网络媒介使用与青年政治认同之间的正向联系，但网络政治传播过程中“双重场域”的信息传播特征与互动方式又将如何与个体特征通过影响政治认同各维度发展的最终结果？其后第四章至第六章将在分别考察网络信源特征、个体参与互动考察对青年政治认同各维度的具体影响的基础上，从网络信源特征、网络参与互动、个体政治心理特征分别梳理网络政治传播场域中青年政治认同的主要来源，构建综合模型，呈现网络政治传播场域中网络信源特征、网络参与互动、个体政治心理特征如何共同影响青年政治认同发展的动态过程。

第四章 媒体框架与青年政治认同

政治传播是政治学与新闻传播学的交叉学科。从传播过程来看，政治传播包括三个主要部分：政治信息的生产、政治信息的内容与政治信息的传播效应。如何选择政治信息、制定政治信息传播策略以产生有效的说服效果应是政治传播研究的核心。对于网络政治传播而言，普通社会公众既是网络政治传播信息的受众也是政治信息的主要传播者，改变了传统政治传播中政府主导的政治信息自上而下的传播过程与模式，网络政治传播内容与过程日益多元化，并逐渐形成了多中心、多元化的网络发散性结构，进而重新塑造了人们的政治信仰以及人们看待自己与政府关系的方式，改变了以往政治传播在促进青年政治认同的政治社会化路径①。就中国现实情境而言，官方场域与公众场域的分化是中国网络政治传播生态的显著特点②。那么，在网络政治传播与青年政治认同的关系解读中，基于不同传播关系与属性的“双重场域”信息生产中存在怎样的差异？这些信息差异又将如何影响青年政治认同？基于此，本章聚焦网络政治传播场域中媒体框架建构的结果呈现及其影响，试图解决以下两个方面的问题，初步考察网络政治传播过程中网络信源特征与青年政治认同的关系：一是基于媒体框架生产视角，通过文本分析对网络政治传播过程中“官方场域”与“公众场域”的网络信息特征（信息风格、信息内容）进行考察，呈现“双重场域”中信息生产的框架偏好；二是基于受众媒体框架效果视角，通过调查实验考察网络政治传播过程中媒

① 卢春龙、严挺：《中国农民政治信任的来源：文化、制度与传播》，社会科学文献出版社 2016 年版，第 38 页。

② 贾哲敏：《网络政治传播中的议题建构与互动——基于 4 个时政型事件的框架分析》，《北京理工大学学报》（社会科学版）2014 年第 6 期。

体框架对青年政治认同的具体影响和作用路径。

第一节 信息、风格与内容：双重场域中信息生产特征

一 文献梳理

1. 网络政治传播中的“双重场域”与新闻框架

场域是“各种位置之间的客观关系的网络或构型”，每个场域都规定了各自特有的价值观与调控原则，从而界定了一个社会建构空间[①]，新闻场域可以被理解为文化生产的一个亚场域，与其他场域一样，是由不同位置形成的开放型的关系网络，权力关系决定人们行动的基础[②]，根据布迪厄的场域理论，不同新闻场域中的新闻生产均有固定模式可循，即新闻框架。

新闻框架是新闻工作者对新闻事实所持的认知模式，在新闻文本中外显成特定的主体思想和话语特征[③]，事实上，新闻框架也是一种场域惯习的体现。惯习是一种“被结构化的结构”，即外在社会结构内化为行动者的行为惯例来指导生产实践，使得行动者以某种大体上连贯一致的系统方式对场域的要求做出回应，从而实现行动的程式化、可预期。具体到新闻场域，惯习则是指新闻从业者在长期的新闻实践中所积累的一系列生产规范、策略与机制，其内在理念支撑为新闻行业所认同和共享的职业意识形态[④]。因此新闻框架的形成必然受到场域的制约，又对场域有认知建构的作用，在新闻实践中起优先的支配主导作用[⑤]。

政治传播过程中，由于新闻框架的存在，新闻从业者能在一定的界

---

① ［法］皮埃尔·布迪厄、［美］华康德：《实践与反思——反思社会学导论》，李猛、李康译，中央编译出版社2004年版，第134页。

② 王敏：《“场域—惯习”框架下的新闻生产：一个研究范式的学术史考察》，《新闻界》2018年第3期。

③ 肖伟：《新闻框架论——传播主体的架构与被架构》，中国人民大学出版社2016年版，第1页。

④ 王敏：《“场域—惯习”框架下的新闻生产：一个研究范式的学术史考察》，《新闻界》2018年第3期。

⑤ 张志安：《新闻场域的历史建构及其生产惯习——以〈南方都市报〉为个案的研究》，《新闻大学》2010年第4期。

限中取舍新闻事实，以特定的方式进行架构、诠释，建构起事实的新闻图景。已有研究结果显示，新闻场域中不同的媒体具有不同的主体观念，从而使不同新闻媒介主体在信息生产组织上拥有各自特定的新闻框架，框架选择不同，事实的新闻呈现和意义建构过程中结构、情感修辞也各异[①]，并集中体现了传播主体基本的价值观念。薛可、孟筱筱、宋锋森[②]对非物质文化遗产新闻生产和传播工作中官方和民间社交媒体新闻生产对比研究发现，新闻场域的惯习导致了官方与民间媒体新闻报道框架上的显著差异：在新闻内容上，官方媒体主要报道传承人的个人事迹，民间媒体则重点关注非遗项目的历史尤其是创始人本身的贡献和非遗的当下意义；在形式上，官方媒体语言表达十分严肃，民间媒体则多采用图文结合的方式，形式风格较为活泼。

新闻场域从来都不是静态存在的，而始终处于与政治场、经济场、文学场等其他场域的互动中，意识形态、社会文化、组织文化、利益追求、个体认知皆一定程度会影响新闻的形成，新媒体的兴起与广泛应用，催生出多种新的政治传播主体，尤其是有别于职业新闻从业者的民间传播者开始通过社交媒体，以裂变式传播方式参与政治信息的传播并迅速影响一定范围的社会大众，并通过关注、讨论等社会舆论方式在事实层面影响公共事务的最终发展结果，深刻改变了中国语境下的网络政治传播生态。有学者指出，中国网络政治传播中存在事实上“双重场域”：由不同传播关系构成的官方场域和公众场域。网络政治传播中官方场域和公众场域在新闻生产过程中的框架使用往往存在多层次的差异性[③][④]：“事实认定”是官方场域最为重视的框架，而“责任归因”和“道德判断与人情味”框架则为公众场域政治传播所偏爱，且长期以来官方媒体对于时政型事件的报道侧重“通报”，而公众话语对事件的建构却倾向于

① 肖伟：《新闻框架论——传播主体的架构与被架构》，中国人民大学出版社2016年版，第2—6页。

② 薛可、孟筱筱、宋锋森：《差异与互补：官方与民间社交媒体的新闻生产对比研究》，《新闻记者》2019年第5期。

③ 贾哲敏：《网络政治传播中的议题建构与互动——基于4个时政型事件的框架分析》，《北京理工大学学报》（社会科学版）2014年第6期。

④ 侯光辉、陈通、傅安国等：《框架、情感与归责：焦点事件在政治话语中的意义建构》，《公共管理学报》2019年第7期。

从细节入手，通过透彻的细节描写与情感铺陈来影响公众①。

2. 新闻框架的概念及其研究路径

政治传播中的框架定义，一般公认来自戈夫曼，原指人们利用已有知识、信念认识和理解世界的方式，其后被广泛用于传播内容分析和传播效果研究。新闻框架是指在与其他新闻活动主体互动中，传播主体对新闻事实和新闻文本所持的认知模式，在新闻文本中外显为特定的主题思想、显意手法和话语特征。基于传播主体的层次性，新闻框架也可分为社会、媒体和个体三个层次：社会层次的新闻行业框架，表现为某一国家或社会制度之下新闻行业整体的意识形态；媒体层次的媒体方针与事实认知模式，表现为传媒组织的媒体方针；个体层面的新闻从业者认知图式，表现为个体对具体新闻事实所持的认知原则，即新闻图式②。三个层次的新闻框架区分是相对的，三者之间一定程度相互交叉、相互影响。本书主要从场域角度考察不同媒体框架特征，其后行文如无特别注明，所述“新闻框架”均指媒体框架，且行文中“新闻框架”“媒体框架”“媒介框架”交替使用。

在政治传播媒体框架研究中，存在两条基本研究路径：其一是社会学的研究路径，从宏观层面将框架视为传播中媒体框架（media frame），指新闻工作者如何使用表述方式，以使新闻中的信息和受众脑海中业已存在的基础图式产生共鸣，并认为媒体框架是新闻规范或组织约束的结果③；其二是微观心理学研究路径，将框架视为传播中的受众框架（audience frame），即个体对信息的处理和建构信息的方法，描述的是人们在对某个议题做出判断时，他们在认知和心理层面是如何使用议题的信息和表述风格的④⑤。围绕上述研究路径，学者们将媒体框架或受众框架分别

---

① 贾哲敏：《网络政治传播中的议题建构与互动——基于 4 个时政型事件的框架分析》，《北京理工大学学报》（社会科学版）2014 年第 6 期。

② 肖伟：《新闻框架论——传播主体的架构与被架构》，中国人民大学出版社 2016 年版，第 47—48 页。

③ Zhongdang Pan and Gerald M. Kosicki, “Framing Analysis: an Approach to News Discourse”, *Political Communication*, Vol. 10, No. 1, 1993.

④ David H. Weaver, “Thoughts on Agenda Setting, Framing, and Priming ”, *Journal of Communication*, Vol. 57, No. 1, March 2007.

⑤ 马得勇：《政治传播中的框架效应——国外研究现状及其对中国的启示》，《政治学研究》2016 年第 4 期。

视为独立变量或因变量，基于各自层次的概念界定进行层次内或层次间的框架研究，研究成果集中于框架构建（frame-building）、框架设置（frame-setting）和个体层面的框架后果（individual-level outcomes of framing）等环节①，较为完整地描述了政治传播中框架效应的发生过程：精英/利益集团等→媒体框架→受众框架→归因/责任认定。

遵循上述研究路径，新闻框架研究成果主要集中于以下三个方面：一是基于信息生产的角度进行的框架构建研究，主要聚焦探究哪些因素导致不同媒介组织中文本框架结构差异，如不同媒体组织内部记者群体特点、媒体与读者在语言上的接近性、媒介属性、组织内部的操作惯例、编辑部体制和文化积淀等因素如何影响媒体框架的建构②③；二是基于内容分析的角度进行的新闻框架类型研究，主要从新闻文本内容考察媒体框架是什么。常见对不同国家的媒体或同一国家的不同媒体对某个事件进行的横向对比和按照新闻事件发生发展的顺序研究新闻框架的演变过程④⑤；三是基于受众角度进行的框架效果研究，考察不同类型的媒体框架对受众认知、情感和态度的具体影响⑥⑦。

二　分析框架

如前所述，媒介组织是影响媒体框架差异的重要因素，不同属性媒

① Dietram A. Scheufele, "Agenda-Setting, Priming, and Framing Revisited: Another Look at Cognitive Effects of Political Communication", *Mass Communication & Society*, Vol. 3, No. 2 - 3, 2000.

② 潘霁：《媒介技术、信源网络与框架构建——纸媒、新闻网站与博客的信源选择如何塑造了上海形象》，《新闻记者》2019 年第 12 期。

③ 张志安：《新闻场域的历史建构及其生产惯习——以〈南方都市报〉为个案的研究》，《新闻大学》2010 年第 4 期。

④ 孙彩芹：《框架理论发展 35 年文献综述——兼述内地框架理论发展 11 年的问题和建议》，《国际新闻界》2010 年第 9 期。

⑤ 周岩：《"7·23 动车事故"报道的意识形态差异——以媒介框架理论为分析角度》，《当代传播》2012 年第 4 期。

⑥ 马得勇、陆屹洲：《复杂舆论议题中的媒体框架效应——以中美贸易争端为案例的实验研究》，《国际新闻界》2020 年第 5 期。

⑦ 邵梓捷、季程远：《政治传播中的认知框架效应分析——基于中国的一项调查实验》，《上海行政学院学报》2018 年第 1 期。

介组织自有其媒体框架偏好，对于中国语境下的网络政治传播而言，不同关系属性的官方场域和公众场域在新闻生产中也有各自的媒体框架偏好并对受众产生相应的框架效应。因此，本部分将基于媒体框架生产视角，通过不同类型焦点事件，从信息传播风格与信息传播内容视角考察网络政治传播的官方场域和公众场域的框架偏好，以呈现“双重”场域信息传播过程中的信源特征：不同类型的焦点事件在网络政治传播不同场域的政治话语中是怎样建构的？采用了哪些话语框架与情感策略？在此基础上，本章后半部分将基于受众角度进行框架效果研究，考察网络政治传播过程中不同类型的媒体框架对青年政治认同的具体影响及其作用路径。

参考已有研究成果①②，从“概念框架”“文本结构”“情感表述”三个方面对中国语境下网络政治传播“双重空间”中的媒体框架偏好进行分析。

1. 概念框架

新闻框架“框定了一个内容内含的价值和目标”，充斥着利益诉求和意识形态倾向③。德夫曼（Dorfman）及其同事认为，对于公共健康及其他社会或政治类议题，存在着三种“概念层面”的框架信息（Dorfman, et al. , 2005）。这三种框架的层次有着高低之别。最高层次的框架是“主导价值”（overarching values），譬如公正、责任、平等、公平等；第二层次的框架是“普通事件”（general issues），如居住、环境、健康等；最低层次的框架是“事件细节”（nitty-gritty of issues），包括促成变革的政策的细节、策略、手法等④。讯息的传递可在上述任一层次上传递，在 Lakoff 看来，价值框架对于讯息传递至关重要，其表达的意义更为深沉：一方面，价值框架处于框架层次的最高层次，传播主体主导价值影响和制

① 张明新：《后 SARS 时代中国大陆艾滋病议题的媒体呈现：框架理论的观点》，《开放时代》2009 年第 2 期。

② 侯光辉、陈通、傅安国等：《框架、情感与归责：焦点事件在政治话语中的意义建构》，《公共管理学报》2019 年第 3 期。

③ 周岩：《“7·23 动车事故”报道的意识形态差异——以媒介框架理论为分析角度》，《当代传播》2012 年第 4 期。

④ 张明新：《后 SARS 时代中国大陆艾滋病议题的媒体呈现：框架理论的观点》，《开放时代》2009 年第 2 期。

约了其他类型的框架层次，如议题建构/文本结构的选择、情感表述策略等；另一方面，信息传播对受众态度的最终影响在很大程度上取决于其与传播主体主导价值框架的确认与联结。

参考张明新提出的在社会公共议题媒介报道中的“概念系统层次框架”，从“概念框架”对“双重场域”新闻框架进行识别，即不同场域以何种概念系统层次框架呈现社会公共议题：价值、事件抑或细节？

2. 文本结构

对于特定的新闻事实（事件或议题）客体，传播主体感知某些侧面予以选择，使这些侧面在传播文本中更为显著，这是框架的核心要义。基于新闻客体的不同面向，艾英格（Iyengar）区分了政治新闻报道中存在两种基本的框架类型：情境框架（episodic frames）和主题框架（thematic frames）。情境框架多将公共问题描述为具体的事件，而主题框架则以一般结果的形式在更抽象的层面上进行报道①②，受众接触主题框架，倾向于对被报道的事件提供社会意义和社会层面的解释，接触情境框架，受众则更倾向于寻求个体层面的解释。维瑞塞（Vreese）则根据媒体框架的适用性将媒介框架区分为特别议题框架和通用框架，特别议题框架适用于某特定的新闻事实和议题，通用框架则可以超越具体新闻事实和议题，甚至时间和不同文化语境的限制，在不同议题和文化语境中存在。恩特曼（Entman）基于新闻框架的基本功能提出了四种议题通用框架：问题界定（定义问题，或对与问题相关的关键事实予以澄清）、原因分析（对问题的前因后果进行解释）、道德判断（对问题进行道德判断）、解决方案（对问题提出处理意见并对可能出现的结构予以讨论）③。斯密特克和瓦尔肯堡（Semetko & Valkendurg）通过媒体对欧洲政治议题的报道分析，提出了五框架理论：冲突框架（强调不同个人、组织和机构的冲

① Thomas E. Nelson, Rosalee A. Clawson and Zoe M. Oxley, “Media Framing of a Civil Liberties Conflict and Its Effect on Tolerance”, *American Political Science Review*, Vol. 91, No. 3, September 1997.

② Dennis Chong and James N. Druckman, “A Theory of Framing and Opinion Formation in Competitive Elite Environments”, *Journal of Communication*, Vol. 57, No. 1, 2007.

③ 张明新：《后SARS时代中国大陆艾滋病议题的媒体呈现：框架理论的观点》，《开放时代》2009年第2期。

突）、人情味框架（通过情感角度或个人经历的方式呈现事件）、经济后果框架（侧重于事件对个人、组织和机构造成的经济影响）、道德判断框架（将事件或问题置于一个道德情景下加以讨论）、责任归因框架（事件责任如何由决策者、组织或个人分配）①。

参考相关实证研究，采用双重分析模型对双重空间的议题建构中的文本结构特征进行横向对比。一方面，媒体对新闻文本无论采用哪种框架模式和策略，“问题”、“原因”及“对策”等框架要素都是议题建构的核心，对于影响公众认知具有关键作用②③，从“事实认定”“后果与损失”“归因与责任”“道德判断”“对策与方案”五个框架要素出发辨析不同场域议题建构中的内容面向；另一方面，媒体对新闻文本的组织手法、问题差异等，也会形成文本表达的不同侧重，采用“情境框架”与“主题框架”辨析不同场域议题建构中的文本组织方式和表达侧重。

3. 情感表述

“人类不仅在思考世界，而且也在感受世界”④，我们对事件的判断和表达不仅包含着理性，也不可避免地包含情感。“政治中枢也是情感中枢”，情感是理解政治传播的一个重要视角。在媒介化社会，公共情感的表达是一种权力，媒体通过媒体框架进行公共情感的生产和塑造，现实情境中媒体关于事件或议题的报道框架往往塑造了人们关于这一事件的认知和情感体验。一个社会的情感氛围是宽容的还是怨恨主导的，不同群体之间的情感是可以“共情”（empathy）的还是割裂的，在很大程度上都与媒体有关⑤。

公众的“情感”已经成为当代中国公共舆论的重要组成部分，并在

---

① 侯光辉、陈通、傅安国等：《框架、情感与归责：焦点事件在政治话语中的意义建构》，《公共管理学报》2019年第3期。

② 侯光辉、陈通、傅安国等：《框架、情感与归责：焦点事件在政治话语中的意义建构》，《公共管理学报》2019年第3期。

③ Thomas A. Birkland and Lawrence Regina, “Media Framing and Policy Change after Columbine”, *American Behavioral Scientist*, Vol. 52, No. 10, April 2009.

④ 袁光锋：《公共舆论中的“情感”政治：一个分析框架》，《南京社会科学》2018年第2期。

⑤ 袁光锋：《感受他人的“痛苦”：“底层”痛苦、公共表达与“同情”的政治》，《传播与社会学刊》2017年第40期。

公共舆论中扮演重要的角色。新兴媒体的兴起与运用，深刻改变了传媒环境生态，主流媒体不再是公共情感生产的唯一主体，公众场域的存在使普通民众也能以不同以往的方式参与政治传播，成为公共情感生产的重要主体，它们既可能是国家塑造公众情感的渠道，也可能在情感的层次上构成对国家的挑战。因此，在网络政治传播研究中，研究政治话语中的“情感”表达，了解不同场域中多样化媒介如何使用话语表达塑造不同的公众的“情感”尤为重要。基于此，从积极框架、中性框架和消极框架对双重场域政治传播话语表达中的情感属性进行识别：以正面、积极、乐观的语气进行表达或以负面、消极、悲观的语气呈现事件。

三　研究设计

1. 样本选择与数据来源

参考郭凤林、严洁[①]对议题属性的分类，遴选“字节跳动被迫出售TikTok 美国业务”“贵州安顺一公交车坠入水库”“武汉建设方舱医院”三个热点事件作为分析案例，选取标准具体为事件分别涉及国际争端、社会矛盾和政府治理能力的议题，且具有较高的影响力，入选 2020 年人民网舆情数据中心的全国热点事件月度排行榜。

以人民网作为官方场域代表，利用主站内嵌搜索引擎建立抽样框，确定关键词和事件范围，剔除相似新闻、不相关新闻、视频新闻，得到以单片消息、报道、评论为单元的样本共 99 篇。以新浪微博作为公众场域代表，使用站内搜索引擎，对原创微博进行系统抽样，删除与议题不相干的微博，共保留有效微博 91 条。编码所用文本示例详见附录三：编码文本示例。

2. 编码与数据处理

以收集到每一篇新闻报道、每一条微博作为文本编码的单元，从“概念系统”“文本结构”“情感表述”进行编码。编码工作由课题组两名成员担任，在编码实施前两名编码员之间进行了较为充分的沟通，并分别从三个事件官方场域和公众场域所提取的文本中分别抽取

① 郭凤林、严洁：《网络议程设置与政治参与：基于一项调查实验》，《清华大学学报》（哲学社会科学版）2016 年第 4 期。

4 篇共计 24 篇文本进行独立预编码，所得编码信度系数均超过了 0.8 的标准。

四 研究结果

1. 概念系统

对所收集的 190 份文本概念系统框架进行统计，结果见表 4－1。整体而言，官方场域在公共议题报道中绝大多数新闻采用事件框架（43.43%）和价值框架（39.39%），这些报道既关注一个个具体的相关事件、人物和活动，也关注对公平、公正、责任、生命等普遍价值的叙述和表达。如在“武汉建设方舱医院”这一事件中，人民网 2020 年 2 月 15 日的报道《武汉方舱医院的 5 个动人故事》，从不同角度分别讲述医生、建设者、病人、志愿者在方舱医院建设、使用过程中的动人故事，在对一个个具体的抗疫相关事件、人物和活动的描述中，较好地体现了 2020 年新冠肺炎疫情抗击中众志成城、团结协作、共同抗疫的精神。

> 连续战斗 20 多个日夜后，杨留杰双眼满是血丝，但说话依旧掷地有声：“疫情不灭，我们不退！”先后参与火神山、雷神山医院建设的他，2 月 4 日又马不停蹄地冲到武汉体育中心建设方舱医院。杨留杰是中建三局绿投公司总承包事业部职工，也是一名退役军人。“我是军人，到前线去是我的责任！”接到建设火神山医院通知后，他正月初二就从河南濮阳老家返回武汉。年迈的父母担心他的安全，不让他去。“都不去，活谁干？”……火神山建设完毕，立刻转战雷神山；雷神山收工，又立刻转战两个方舱医院。鏖战两天两夜，设有 1100 张床位的武汉体育中心方舱医院改造完毕。现在麒麟物流方舱医院的工程建设又接近尾声。“不止我一个，我的战友们，也都是没日没夜作战。”杨留杰说。

2020 年 3 月 11 日的报道《再见方舱医院 愿再也不见》中对短暂方舱史的一段回溯与叙述，正是价值框架的生动体现。

如果说，强力的动员力量、高效的资源调拨以及奇迹般的建设速度，成全了方舱的最初架构，那么，苦难之下所激发的共济互助，医者仁心所支撑的人道情怀，则赋予了方舱以灵魂……记住我们曾经的恐惧和慌乱，记住我们付出的努力与抗争，记住方舱医院，记住一种纾解危机、治病救人的办法，记住一段特殊的相遇缘分与相处经历。

表 4－1　**不同场域概念系统框架统计结果**

框架/场域/事件类型	价值框架		事件框架		细节框架		总计
	篇数	百分比	篇数	百分比	篇数	百分比	
官方场域	39	39.39%	43	43.43%	17	17.17%	99（100.00%）
公众场域	33	36.26%	18	19.48%	40	43.96%	91（100.00%）

相较于官方场域而言，公众场域在对公共议题的传播中较多使用细节框架（43.96%）和价值框架（36.26%），如在对“字节跳动被迫出售TikTok 美国业务”的相关报道中，十分关注字节跳动公司应对的具体安排和策略，如“字节跳动要硬杠，起诉美国政府了！这是一条让很多国内网友都感到兴奋的新闻……”

价值框架也是“字节跳动被迫出售 TikTok 美国业务”在公众场域中较多使用的框架，如下面这一网友对事件的评论较好地体现了普通民众对美国政府这一事件的愤慨，也表达了对民族强大、公平公正的渴求。

TikTok 出售
或关闭
字节跳动只能被迫
卖掉 TikTok
微软正在与字节跳动商谈收购

美国打劫世界的标准套路
政府唱黑脸
企业唱红脸

连恐吓带威胁带哄骗
把好东西搞到手
真是
抢遍天下无敌手

美国的国际规则
就是
弱肉强食的强盗规则

美国还是百年前强盗样子
看到好东西就抢
得不到就毁掉
现在加了点新花样
以自由之名
以国家安全之名
打劫!

当然,
美国不愧为世界第一霸权,
连抢劫都是光天化日之下,
蒙个脸
遮掩一下
也懒得遮掩!

2. 文本结构

不同场域文本结构统计结果详见表 4-2。在文本结构分布上,公众场域对公共议题的相关报道基本采用情境框架(96.71%),无论是“字节跳动被迫出售 TikTok 美国业务”“武汉建设方舱医院”还是“贵州安顺一公交车坠入水库”事件的相关表达均呈现较为碎片化状态,聚焦具体的事件过程和个人生活,较少交代事情发生的来龙去脉,强调对事件的评论和看法,如在“贵州安顺一公交车坠入水库”事件中《贵州安顺公交车坠湖事件：司机23年驾龄，出此事故令人倍感蹊跷》一文在官方调查结果尚未公布情况下，就“网友怀疑公交车司机是否属于醉驾或者接打手机导致事故发生”的事故原因和司机故意制造事端的动机进行分析和评论。“如果事发前司机神志清醒，驾驶过程中却突然调转车头冲入湖中，想起来就非常恐怖了。因为这样推理，有可能是司机张某钢故意制造的这起交通事故。如果真的是张某钢故意制造事故，那么他的动机是什么？目前有消息称，张某钢的女儿去年参加高考失败，后来投湖自尽。这个消息目前尚未被官方核实，如果这个消息确定的话，张某钢故意制造事故的可能性就会更大。因为昨天事故发生时正是全国高考的第一天，如果张某钢的女儿去年确实因高考失利投湖自尽，那么他很有可能‘触景生情’产生极端的想法。”在“字节跳动被迫出售TikTok美国业务”事件中公众场域的众多网友也大多在未对事件来龙去脉进行基本交代的情况，直接展开评论“看到商务部调整发布的《中国禁止出口限制出口技术目录》，有新条款是对字节跳动要被迫出售TikTok。从最近两年华为到字节事件是在不断验证着：不仅生活有国界，科技也是有国界的，互联网也是有国界的。大公司的发展离不开政治，就得站边选队，你不能做火星公司。我等老百姓都看到这觉悟，张一鸣的政治觉悟不至于低过键盘侠吧”。

相较于公众场域的情境框架偏好，官方场域在“字节跳动被迫出售TikTok美国业务”“武汉建设方舱医院”还是“贵州安顺一公交车坠入水库”事件的相关报道中主要采用主题框架，在对事件的相关报道和评论中不仅会交代事件的来龙去脉和社会背景，在文本话语表达中也更为注重报道的逻辑性和客观性。如人民网2020年9月22日的评论文章《人民网三评“TikTok交易”之一：披着羊皮，狼还是狼!》中的开篇三问：“TikTok，一个在美国广受年轻人欢迎，下载量近4亿，活跃用户9000万的应用，突然被要求强行卖掉，或是被强制关闭。是TikTok违反了美国的相关法律？给美国造成了损失？还是在社会上引起了巨大反感？都不是！没有原因！莫须有!”

表4-2 **不同场域文本结构与框架要素统计结果**

框架/场域类型	文本结构		框架要素				
	主题框架（篇）	情境框架（篇）	事实认定（篇）	后果损失（篇）	归因责任（篇）	道德判断（篇）	对策方案（篇）
官方场域	62（62.63%）	37（37.37%）	97（97.98%）	88（88.89%）	59（59.60%）	44（44.44%）	38（38.38%）
公众场域	3（3.29%）	88（96.71%）	86（94.51%）	51（56.04%）	33（36.26%）	26（28.57%）	12（13.19%）

在框架要素的使用上，总体而言，官方场域相关报道中事实认定、后果损失、归因责任、道德判断和对策方案各框架要素相对较为完整，官方场域与公众场域在事实认定框架要素的使用上的差异并不大，但在后果损失、归因责任、道德判断、对策方案等框架要素的使用上存在一定的差异。

这一结果的呈现与文本结构中的“双重场域”差异较为一致：官方场域政治传播表达方式主要为各种新闻报道、新闻专题、新闻评论等，公众场域政治传播表达方式主要为网民撰写的评论、博客文章、发表的微博动态等，前者体现了传播职业媒体在新闻生产中的高度结构化的思维方式，强调主题结构和句法结构的规范性和完整性；后者则并不遵从传统职业媒体的规范性、完整性的要求，没有统一的格局，多数连标题都没有，表现为简单化、碎片化的特征，对于能够有助于全面呈现新闻事实的问题界定、因果解释、道德评价以及解决方案的事实认定、后果损失、归因责任、道德判断和对策方案各框架要素的依赖性较弱，在对框架要素的具体使用上，在一定程度上与议题内容属性密切相关。如在对“字节跳动被迫出售 TikTok 美国业务”这一国际争端事务的建构中，公众场域在功能上较为凸显“道德判断”的功能，站在“国家强大、公平公正”的立场对美方政府的不道德行为进行了批判，与官方场域形成了较好的互动与共振；但在“贵州安顺一公交车坠入水库”这一负面社会性事件中，相较于官方场域在调查成因未知之前突出的事实认定、后果损失客观报道，公众场域的新闻传播则在功能上特别偏重诊断因果，更为关注悲剧事件的成因，在对事件成因的解读中，网民们也多将公交坠湖事件与多种社会因素相关联，指责这一事件背后所反映的“强行拆迁”“政府不作为”等，如公众场域的三篇博文《海霞律师点评安顺公交车坠湖致21人死亡事件：谁该为人命负责任?》《贵州安顺公交车坠湖事件给谁敲响了警钟?》《安顺公交坠湖，强拆真的是最后一根稻草吗?》中的相关评论：

> 强拆房屋，尤其是非法强拆房屋，倒下的不仅仅是房屋吗？还有更加重要的吧；行政机关违法，违的仅仅是法吗？还有更加重要的吧……轰隆隆的推土机毁掉张某钢房子的时候，拆迁的人肯定也不曾想到两个小时后21条人命会因这房屋主人而如流星般逝去。世界是圆的，是一个相互联系的系统，一个很小很小的初始能量就可能产生一连串的连锁反应。公交车坠湖事件不就是“多米诺骨牌效应”的具体体现吗？
>
> 那么推倒第一张牌的到底是谁？谁应该为21条生命负责？
>
> 毫无疑问，全社会都应当同声谴责公交车司机张某钢殃及无辜犯罪行为。但是，张某钢犯罪暴露出的当地政府的渎职与野蛮甚至违法行为更应当引起全社会的高度重视与警醒。
>
> 贵州省安顺市公交车司机张某钢驾车坠湖致21人死亡、15人受伤的人间悲剧，由于司机事前签订了40㎡承租公房搬迁补偿协议却未领取7.25万元补偿款，申请公租房未获批，事发当天亲眼目睹房屋被强拆等事实因素，被认为是一起“弱者愤怒，却抽刃向更弱者”的事件。斯人已逝，面对公交车破碎的残骸、面对葬身湖底的冰冷尸体，除了谴责司机的疯狂，我们也不得不重视司机选择极端行为危害社会的诱因——强拆。

3. 情感属性

表4－3结果显示，在情感表达属性分布上，官方场域对公共议题的相关报道较为一致，基本采用积极框架（62.63%）和中性框架（37.37%），无论是“字节跳动被迫出售TikTok美国业务”“武汉建设方舱医院”还是“贵州安顺一公交车坠入水库”事件的相关表达均呈现正面、积极、乐观的语气；相较而言，公众场域在“字节跳动被迫出售

TikTok 美国业务”“武汉建设方舱医院”“贵州安顺一公交车坠入水库”事件中的情感属性较为多元化，积极框架使用最多，占比 61.54%，消极框架的使用占比（19.78%）略高于中性框架使用占比（18.68%），且情感属性的具体呈现与议题属性密切相关。在“字节跳动被迫出售 TikTok 美国业务”这一国际事务上，与前述框架使用较为一致的是，公众场域传播中绝大多数在对美国政府不道德行为愤慨指责的同时，能以一种较为积极、正面的语气看待事件的发展，体现了对于祖国强大的骄傲与自豪，在“武汉建设方舱医院”议题建构中，公众场域能与官方场域积极形成共振，但在“贵州安顺一公交车坠入水库”事件中公众场域消极框架的使用较为凸显，如将这一悲剧事件的发生归因于制度缺陷、政府执法不公等多种社会因素，以这一事件为中心扩散至各种社会问题①。

表 4－3 **不同场域情感表达属性统计分析结果**

框架/场域/事件类型	积极框架		中性框架		消极框架		总计
	篇数	百分比	篇数	百分比	篇数	百分比	
官方场域	62	62.63%	37	37.37%	0	0	99（100.00%）
公众场域	56	61.54%	17	18.68%	18	19.78%	91（100.00%）

五 研究发现与讨论

通过内容分析法，聚焦“字节跳动被迫出售 TikTok 美国业务”“武汉建设方舱医院”“贵州安顺一公交车坠入水库”三个焦点事件官方场域和公众场域公共议题建构中的框架选择，结果表明，中国情境下网络政治传播双重场域对于公共议题的框架呈现存在一定的共性，如在概念系统层次上，两者均重视价值框架，关注公共新闻事件背后的公平公正、生命价值、国家强大、政府清廉等价值追求，但在文本结构和情感表述上更表现出较为明显的差异。

① 肖伟：《道德唤起与共识建构——“小悦悦事件”新闻报道的框架透视》，《新闻界》2012 年第 2 期。

与以往相关研究[①②]较为一致的是，官方场域与公众场域在文本结构上存在明显的框架偏好差异：官方场域倾向于以主题框架呈现公共议题，并遵循传统专业媒体新闻文本生产中的客观性、规范性和逻辑性，强调通过事实、后果、原因、责任与对策等要素，力图客观、完整呈现事件的前因后果、社会背景与意义；公众媒体则倾向于以情境框架建构公共议题，关注公共事件中的相关人物及其活动，其文本呈现较为碎片化，三言两语即可记录现场，不强调遵从传统媒体文本的客观性句法，不必引用专家说法、官方来源，不必采用实证数据，主观评论意见和感情投入与信息描述相纠缠，也不强调新闻文本生产中的逻辑支持。

在公共议题建构的情感属性上差异较为集中地体现了官方场域和公众场域中不同定位和属性的媒介关系差异：官方场域是由政治权力掌控的一系列传播关系构成，政府网站、主流媒体新闻网络、官方背景的商业网站，社交媒体等正是网络空间中政府意志和空间的体现[③]，通过积极框架和中性框架建构公共议题，正面、积极、乐观的话语策略在官方场域话语中占据主导地位，体现出官方场域的价值主旋律，反映出政府以积极的形象和主流的价值观引导社会心理和舆论[④⑤]。公众场域主要参与力量为传播主体和意图多元化的网民和网络群体，微博、社交网站、移动互联网是其参与公共议题传播的主要阵地[⑥]，这一网络传播环境赋予了他们特有的自主、自由特征，在一定程度上他们是自己新闻生产的把关者，除法律规范之外，他们相对较少受到其他规范的约束和限制，在匿

---

① 贾哲敏：《网络政治传播中的议题建构与互动——基于 4 个时政型事件的框架分析》，《北京理工大学学报》（社会科学版）2014 年第 6 期。

② 肖伟：《新闻框架论——传播主体的架构与被架构》，中国人民大学出版社 2016 年版，第 212—213 页。

③ 孟天广、郑思尧：《信息、传播与影响：网络治理中的政府新媒体——结合大数据与小数据分析的探索》，《公共行政评论》2017 年第 1 期。

④ 刘丽群、谢精忠：《结构、风格与内容：社交媒体用户转发的信息特征——基于媒体新冠肺炎疫情报道的考察》，《新闻界》2020 年第 11 期。

⑤ 侯光辉、陈通、傅安国等：《框架、情感与归责：焦点事件在政治话语中的意义建构》，《公共管理学报》2019 年第 3 期。

⑥ 贾哲敏：《网络政治传播中的议题建构与互动——基于 4 个时政型事件的框架分析》，《北京理工大学学报》（社会科学版）2014 年第 6 期。

名传播条件下，甚至可能不顾忌被普遍认可的社会观念与组织观念[①]，从而使公众场域公共议题建构中情感属性较为多元化，积极框架、中性框架和消极框架皆有所体现。

综上可见，多元化传播主体的“入场”使整个政治传播语境发生变化，形成了中国语境下网络政治传播的双重场域，从而在政治传播信息生产特征上呈现明显的框架差异：官方场域遵循专业新闻生产的新闻观念和价值观念，倾向于通过主题框架呈现新闻内容，并以积极的形象和主流的价值观引导社会心理和舆论；而公众场域则倾向于通过情境框架呈现新闻内容，文本结构非严谨性成分清晰可见，情感属性也较为多元，在不确定性较高的国内社会事件议题类型上，积极框架、中性框架和消极框架共存，体现了多元传播主体政治传播意图的多样性。值得注意的是，大量框架效应实验证实，不同的新闻框架存在不同的框架效应，从而影响和改变受众的态度与观念，那么，网络政治传播中不同场域客观存在的媒体框架差异又将如何影响青年的政治认同？

第二节 网络政治传播中媒体框架如何影响青年政治认同

一 文献梳理与研究问题

如前所述个体的政治认同并非与生俱来，需要通过政治社会化后天习得。政治传播中的媒体框架对当前中国民众政治认同形塑有重要现实意义，政治认同始于政治信息并高度依赖媒体，使得“民众关于政府官员能力和诚意的信念不来自直接经验，而由新闻记者来告知”[②]，媒体政治传播通过提供一套权威的媒介意义解释系统和分析框架，促进解释框架内化为目标受众的媒体世界观，从而影响个体政治态度的最终结果，

① 肖伟：《新闻框架论——传播主体的架构与被架构》，中国人民大学出版社 2016 年版，第 211—213 页。

② Cappella J. N. , Jamieson K. H. , *Spiral of Cynicism: The Press and the Public Good*, New York: Oxford University Press, 1997, p. 38. 转引自张明新、刘伟《互联网的政治性使用与我国公众的政治信任——一项经验性研究》，《公共管理学报》2014 年第 1 期。

是中国语境下政治社会化的重要结构单元[①]。

框架理论作为政治传播的重要理论，20 世纪 90 年代始备受学者青睐，框架和框架效应迅速成为国外政治传播研究中的重要概念。框架理论认为，普通公众在很多议题上的态度是不稳定的，容易受媒体或精英所构建的话语框架所影响[②]，媒介话语框架与受众政治态度密切关联，媒介在信息内容生产过程中被赋予的某些“属性显著性”可能会影响受众政治态度最终结果。少数学者以问卷调查和实验方法为基础对中国语境下政治传播框架效应进行考察，如马得勇等对政治议题中精英框架效应的考察以及复杂舆论议题中的媒体框架效应研究发现：媒体报道方式会影响普通公众的政治态度[③][④]；张莉等基于社会—个人框架分类对新闻框架传播效果研究发现，媒体框架对受众政治认知的影响并不一致，社会框架能强化受众对政策有利于国家利益的评价，但个人框架更加有助于中国大学生对“一带一路”倡议的理解和积极评价[⑤]；邵梓捷等对政治传播中传播渠道和情感框架的研究也表明，政治传播中情感框架和渠道框架影响受众的新闻接受程度[⑥]。

上述研究对了解中国语境下网络政治传播场域中媒介框架的表现形式和受众政治认知偏好形成都具有重要意义，研究结果不同程度证实了媒体差异对新闻框架的影响，然而，网络政治传播中不同类型媒体框架效应的存在又会怎样影响青年政治认同？前述章节对“双重场域”的媒体框架偏好分析明确了中国语境下网络政治传播中“双重场域”客观存在不同框架偏好，但已有研究对于框架效应实证研究较为缺乏，现实中

---

① 张涛甫：《在新一代大学生中传播马克思主义新闻观——基于政治社会化的视角》，《当代传播》2016 年第 6 期。

② 马得勇：《政治传播中的框架效应——国外研究现状及其对中国的启示》，《政治学研究》2016 年第 4 期。

③ 马得勇、陆屹洲：《复杂舆论议题中的媒体框架效应——以中美贸易争端为案例的实验研究》，《国际新闻界》2020 年第 5 期。

④ 马得勇、兰晓航：《精英框架对大学生有影响吗——以实验为基础的实证分析》，《清华大学学报》（哲学社会科学版）2016 年第 3 期。

⑤ 张莉、蒋淑君、宋晶：《新闻框架如何影响“一带一路”传播效果》，《新闻记者》2019 年第 6 期。

⑥ 邵梓捷、季程远：《政治传播中的认知框架效应分析——基于中国的一项调查实验》，《上海行政学院学报》2018 年第 1 期。

双重场域的政治传播框架对受众政治态度的具体影响和作用机制尚不明确。从2020年开始，面对来势汹汹的新型肺炎疫情（以下简称疫情），全国各地立刻启动重大突发公共卫生事件一级响应，迅速切断了与疫区的交通联系。与此同时，网络上引发了大量关于疫情的关注和讨论，对互联网舆论场产生了重大影响。此次疫情网络传播中，为提升政治传播对包括青年在内的公众的引导力，政府在强化官方场域政治传播针对性及其对现实生活关切的回应力的同时，加强了对公众场域正能量政治传播的管控，以形成互补共赢的政治传播体系。因此，本章将基于媒体框架效应，以部分青年群体为样本，通过此次疫情网络传播的调查实验，分析网络政治传播中媒体框架与青年政治认同之间的关系，探讨媒体框架对青年政治认同的作用机制，研究聚焦网络政治传播的媒介框架效应及其对青年政治认同影响的作用机制的考察，并主要回答以下三个方面的问题：（1）双重场域中政治传播框架偏好对受众政治认同的影响是否存在差异？（2）中国语境下多元政治传播框架是否会削弱受众的政治认同？（3）媒体框架如何与个体既有认知态度共同影响政治认同的最终结果？

二 相关理论与研究假设

1. 政治传播框架效应

在框架效果研究中，通常以媒介框架作为自变量，关注政治传播框架影响受众的过程，通过不同类型的媒介议题或媒介框架对受众认知和评价的具体影响①（如媒介框架政治社会化效应），考察媒介框架的传播效果。作为自变量的媒介框架通常具有选择功能，通过“强调客观事实的某些方面，并使它们在传播情境中比其他方面更为显著，推进某一特定问题的界定、因果理解、道德评判以及处理措施”②③，帮助受众对复

---

① Claes de Vreese, “News Framing: Theory and Typology”, *Information Design Journal*, Vol. 13, No. 1, 2005.

② 聂静虹：《论政治传播中的议题设置、启动效果和框架效果》，《政治学研究》2012年第5期。

③ Dietram A. Scheufele, “Agenda-Setting, Priming, and Framing Revisited: Another Look at Cognitive Effects of Political Communication”, *Mass Communication & Society*, Vol. 3, No. 2–3, 2000.

杂议题进行信息分类和有效处理，媒介框架是新闻内容的中心思想[①]，当政治传播中某一设定的媒介框架塑造或影响受众对某个议题的看法，使之态度发生变化时，框架效应（framing effect）便发生了[②]。长期以来，新闻媒体是连接真实政治世界与普通民众生活的重要桥梁，也是塑造个体政治态度的重要因素[③]。

研究假设1：媒介框架影响青年政治认同。

2. 框架特性与框架效应

在框架特性中，框架本身的结构形态、话语表达方式，如措辞、表述和形象等都会影响框架的强弱，一般而言，一个具有很强说服力的强框架更容易对受众产生影响[④]。政治传播中普遍存在的情境/主题框架不仅在文本结构组织形态上存在差异，如情境框架（episodic frames）多将公共问题描述为具体的事件，而主题框架（thematic frames）则以一般结果的形式在更抽象的层面上进行报道。在修辞手法上，两者也有较大区别，相较于主题框架的理性表述，情境框架新闻具体表述更为感性，通常借助象征、附和、修饰性语言的故事描述而非提供直接的信息来呈现主题，具有较强的说服力[⑤][⑥]，从而更易对受众责任归因、政策观点和情绪反应产生影响。然而，也有研究显示情境/主题框架强度对受众的影响并不稳定，传播过程中受众的情绪反应强度决定了情境/主题框架效应的

---

① Sophie K. Lecheler, Andreas Schuck, Hubert I. M. Claes, "Dealing with Feelings: Positive and Negative Discrete Emotions as Mediators of News Framing Effects", *Communications*, Vol. 38, No. 2, May 2013.

② 马得勇、兰晓航：《精英框架对大学生有影响吗——以实验为基础的实证分析》，《清华大学学报》（哲学社会科学版）2016年第3期。

③ 马得勇、陆屹洲：《复杂舆论议题中的媒体框架效应——以中美贸易争端为案例的实验研究》，《国际新闻界》2020年第5期。

④ 马得勇：《政治传播中的框架效应——国外研究现状及其对中国的启示》，《政治学研究》2016年第4期。

⑤ Thomas E. Nelson, Rosalee A. Clawson and Zoe M. Oxley, "Media Framing of a Civil Liberties Conflict and Its Effect on Tolerance", *American Political Science Review*, Vol. 91, No. 3, September 1997.

⑥ Dennis Chong and James N. Druckman, "A Theory of Framing and Opinion Formation in Competitive Elite Environments", *Journal of Communication*, Vol. 57, No. 1, 2007.

最终结果[①]，Hart的实验结果也显示，情境/主题框架对受众行为倾向并没有显著差异；相较于情境框架，主题框架的受众对于政策支持度反而更高[②]。社会心理学相关研究也表明，对于重要的信息内容且受众对其不熟悉的时候，较之于“动之以情”，“晓之以理”更有说服力[③]。根据布迪厄的场域理论，每个场域都规定了各种特有的价值观，拥有各自特有的调控原则[④]，对于网络政治传播的官方场域和公众场域而言，其新闻生产也有各自的固定模式：“诉诸逻辑”为主的权威理性话语风格和“诉诸情感”为主的感性故事风格。那么，官方场域和公众场域的不同话语风格对青年政治认同的影响也将呈现一定的差异性。

研究假设2：话语风格影响青年政治认同。

效价（valence）即媒体报道中的情感属性是政治话语的基本特征，也是影响框架效应的重要因素。政治议题传播中分别以积极框架和消极框架来描述给定情景中的某一事物或事件的关键特征时，可能会影响受众对事物或事件的评定[⑤]，媒体对经济议题积极性的强调，不但会导致个人更为积极地评价施政者在经济领域的表现，而且还导致其更为积极地评价施政者整体的表现[⑥]。针对中国民众的相关研究结果也显示，政治信息的积极与否与受众对政府的评价密切相关[⑦][⑧]。此次新冠肺炎疫情将如

---

① Lene Aarøe, “Investigating Frame Strength: The Case of Episodic and Thematic Frames”, *Political Communication*, Vol. 28, No. 2, April 2011.

② Philip Solomon Hart, “One or Many? The Influence of Episodic and Thematic Climate Change Frames on Policy Preferences and Individual Behavior Change”, *Science Communication*, Vol. 33, No. 1, March 2011.

③ ［美］菲利普·津巴多、［美］迈克尔·利佩：《态度改变与社会影响》，邓羽、肖莉、唐小艳译，人民邮电出版社2007年版，第134页。

④ ［法］皮埃尔·布迪厄、［美］华康德：《实践与反思——反思社会学导引》，李猛、李康译，中央编译出版社1998年版，第171—172页。

⑤ 韩玉昌、张健、杨文兵：《认知风格影响框架效应的ERP研究》，《心理科学》2014年第3期。

⑥ Tamir Sheafer, “How to Evaluate It: The Role of Story-Evaluative Tone in Agenda Setting and Priming”, *Journal of Communication*, Vol. 57, No. 1, 2007.

⑦ Huang Haifeng, Yeh Yao-Yuan, “Information from Abroad: Foreign Media, Selective Exposure, and Political Support in China”, *British Journal of Political Science*, Vol. 49, No. 2, 2016.

⑧ 邵梓捷、季程远：《政治传播中的认知框架效应分析——基于中国的一项调查实验》，《上海行政学院学报》2018年第1期。

何影响中国经济增长及未来中国经济发展前景备受民众关注，专家学者们也通过新媒体积极发声，对疫情后中国经济发展前景做或乐观或悲观的预测，专家评论中的积极或消极情感倾向又将对青年的政治认同产生怎样的影响?

研究假设3：情感属性影响青年政治认同。

3. 个体生活满意度、框架多维性与框架效应

框架效应的发生是信息与个体既有知识、经验互动的结果[①]，个体作为信息解读的主体，媒介框架发生作用的前提在于存在先在经验和知识背景的个人是否会接受和采纳这一框架，并将其纳入认知基模之中。生活满意度是个体根据其设定的标准对自己在持续的一段时间内的生活质量做出的总体主观评价[②]。作为个体基础性社会态度，生活满意度是衡量个体生活积极性体验的重要指标，在一定程度上反映了个体的本体性安全感[③]，不仅直接影响政治认同，也可与媒介框架等情境变量对个体政治认同存在交互作用。

此外，受众面临的媒介框架往往不是单一的，新媒体语境下媒介渠道、传播类型和议题的多样化使现实中的受众身处多元化的传播框架之中，多元化、多极化的传播成为政治传播场域常态，疫情期间人们被来自各个场域和圈层的信息包围，具体议题囊括政治、经济、文化等各个方面，理性与感性、积极与消极等新闻特性相互交织，框架之间既可能同向，也可能相互竞争和冲突，不同维度媒介框架之间可能存在交互作用，从而共同影响青年政治认同的最终结果。

研究假设3：生活满意度影响青年政治认同。

研究假设3a：生活满意度与话语风格对青年政治认同的影响存在交互作用。

研究假设3b：生活满意度与情感属性对青年政治认同的影响存在交互作用。

---

① 聂静虹：《论政治传播中的议题设置、启动效果和框架效果》，《政治学研究》2012年第5期。

② 周钧毅、叶一舵：《学生生活满意度及其影响因素——多水平分析研究》，《中小学心理健康教育》2012年第15期。

③ 郑婉卿：《香港青年的生活满意度、政治倾向与身份认同》，《青年探索》2019年第1期。

研究假设4：话语风格与情感属性对青年政治认同的影响存在交互作用。

三 研究设计与变量测量

1. 研究设计

根据框架理论，为综合考察基于框架多元性情境下话语风格和情感属性对青年政治认同各维度的具体影响，运用2（情境框架、主题框架）×2（积极框架、消极框架）实验设计，通过操控话语风格、情感属性设计4种不同的实验情境，不同实验情境下被试将阅读不同框架组合类型的文本，具体详见表4-4。话语风格中情境框架和主题框架，主要区别在于以“诉诸逻辑”的方式直接提供信息抑或以“诉诸情感”的故事方式来呈现主题；情感属性中的积极框架和消极框架则主要体现在对议题积极性或消极性的强调。

表4-4 **实验情境与实验刺激物类型**

	积极框架	消极框架
主题框架	组别1（文本1+文本3）	组别2（文本1+文本4）
情境框架	组别3（文本2+文本3）	组别4（文本2+文本4）

2. 被试

被试年龄范围为20—35岁，其中女性325人，占53.3%，男性285人，占46.7%；在学历分布上，本科及以上学历284人，占46.6%，本科以下学历326人，占53.4%。研究共发放问卷1000份，根据答题时长、阅读材料题干真实性回答、受访者对事件熟悉程度依次剔除无效问卷，最后获得有效样本为610，四组被试的样本数量分别为212、135、123和140。

3. 实验刺激物

研究选择疫情期间的抗击疫情和经济议题作为研究对象。非常时期，各大媒体对疫情数据、专家解读、救援情况、疫情发展以及相关问题的通报等信息都给予了高度关注，官方的抗击疫情相关举措更成为大众关注的焦点，除了《人民日报》、央视新闻等官方媒体公布的疫情最新动态信息，不少公众媒体的相关内容也获得网民的高关注度。随着政府抗击疫情力量的不断增强，疫情不断呈现出积极的发展趋势，政府抗击疫情的能力和决心获得了国内公众的极大认可，网民表现出强烈的国家认同感和自豪感。与此同时，随着各地各行业相继复工复产，疫情后经济发展等话题在舆论场不断升温，2020 年经济前景成为一个社会大众普遍关注的问题，专家学者间看法不一，争议不断。

基于疫情期间公众对疫情相关信息认知较为充分且强化正能量网络传播的考量，分别从人民网和网易新闻选择一则与疫情相关但未成为网络热点的歌诗达赛琳娜号疫情事件的新闻作为情境/主题框架基本素材。为控制阅读时长效应，根据新闻原型对内容进行一定加工，情境/主题框架的话语风格差异不仅体现在正文内容的表现上，也体现在标题设置中："天津多部门启动应急预案，有序处理游客发热事件——3700 位邮轮乘客的 24 小时"和"中国版恐怖游轮事件：生死竞速 24 小时，让各国看看，什么是满分操作!"，分别为表 4－4 中的文本 1 和文本 2 详见附录四。

分别从新华网和知乎上选取观点相异的经济学家对疫情后中国经济发展前景预测的两则评论作为议题情感属性框架的基本素材，为控制阅读时长效应，对评论内容进行一定加工，议题的积极/消极情感主要通过正文和标题对疫情过后中国经济乐观和悲观预测共同体现，分别形成表 4－4中的文本 3 和文本 4 详见附录四。

4. 实验控制与过程

问卷在收集被试的人口学变量：性别、年龄、文化程度、居住地、职业类型等相关信息后，通过询问被试生活满意感了解被试实验前的基础性社会态度，其后将随机进入 4 个实验情境中的一个进行阅读，并在回答新闻题干中的相关问题后接受政府绩效评价、集体主义倾向和制度自信等变量的测量。

研究通过问卷网采用网络实验的方式于 2020 年 3—4 月进行，调查时间正处于疫情期间，时间点上可以较好地探测出"疫情"事件对受众的现实影响，与此同时，在调查中询问被试对两则新闻文本信息的了解程度，删除已详细阅读两则事件新闻的样本，有助于更准确地把握本次实验中文本信息的影响，此外 4 个具体的实验情境通过系统设定的被试选择随机产生，最后基于被试阅读时长、题干中的相关内容问题回答状况和实验新闻文本信息接触状况对无效样本进行清理，以保证样本选择的平衡性和有效性。

5. 变量测量

政治认同指社会成员对政治系统的认可、同意和支持，是研究的核心变量，涉及多方面的认同。如前所述，主要通过政府绩效评价、制度自信和集体主义倾向从现行政府、基本政体及其价值观三个维度考察青年被试阅读新闻评论后的政治认同水平。

参考已有研究[①]，通过个人生活满意度和政治关注度测量被试阅读新闻前的基础性社会态度，个人生活满意度主要包括：（1）总体而言，您觉得您现在幸福吗？（2）与5年前相比，您目前的家庭经济状况如何？对于政治关注度的测量主要通过以下两个题项：（1）您经常与别人谈论国际国内政治经济社会问题吗？（2）请问您经常收看、收听、阅读电视、电台、报纸或网站上的新闻或时事评论吗？同时基于前述章节对青年群体政治认同的差异分析结果，对被试性别、年龄、文化程度进行测量，具体赋值详见第三章相关内容，此次调查问卷的具体内容详见附录四。

四 研究发现

1. 受众政治态度整体描述

首先通过描述性统计分析呈现干预后被试的政治认同总体状况，表4－5结果表明，从调查的总体状况来看，被试的政府绩效评价、集体主义倾向和制度自信得分都非常高。相较而言，女性制度自信得分显著高于男性（$p = 0.037$），政府绩效评价得分高于男性，集体主义倾向得分低于男性，但其差异并不显著。

表4－5 **青年政治态度整体描述**

	政府绩效评价	集体主义倾向	制度自信
男性（N＝285）	4.436±0.399	4.146±0.584	4.436±0.368

① 马得勇、兰晓航：《精英框架对大学生有影响吗——以实验为基础的实证分析》，《清华大学学报》（哲学社会科学版）2016年第3期。

续表

	政府绩效评价	集体主义倾向	制度自信
女性（N＝325）	4.452±0.384	4.092±0.580	4.496±0.342
总体（N＝610）	4.445±0.392	4.118±0.566	4.468±0.356

对不同组别控制变量（生活满意度、政治关注度、性别、年龄和文化程度）均值进行比较，表4－6显示，不同组别被试基础性社会态度和性别分布上并不存在显著差异，但在年龄分组和文化程度上，不同组别的受访者均存在显著差异（$p=0.009<0.01$；$p=0.000<0.001$），需要在其后进一步的分析中控制年龄和文化程度的影响。

表4－6　**各组间基础性社会态度及人口学特征**

	生活满意度	政治关注度	性别（男性）	年龄（30岁以上）	文化程度
组别1（N＝212）	3.875	3.160	0.472	0.528	2.816
组别2（N＝135）	3.819	3.137	0.548	0.415	2.637
组别3（N＝123）	3.781	3.126	0.439	0.439	2.634
组别4（N＝140）	3.818	3.136	0.407	0.350	2.886
F	0.619	0.117	2.004	3.913	8.893
p	0.603	0.950	0.112	0.009	0.000

2. 框架特性主效应分析

在描述性统计分析基础上，通过独立样本 t 检验分别考察话语风格和情感属性对青年受众政府绩效评价、集体主义倾向和制度自信影响的主效应，结果详见表4－7。

表4－7　**不同类型框架青年受众政治认同差异分析结果**

	政府绩效评价		集体主义倾向		制度自信	
	$M \pm SD$	t	$M \pm SD$	t	$M \pm SD$	t
主题框架（N＝347）	4.459±0.364	1.040	4.182±0.531	3.186**	4.468±0.349	0.036
情境框架（N＝263）	4.426±0.426		4.033±0.599		4.468±0.365	

续表

	政府绩效评价		集体主义倾向		制度自信	
	$M \pm SD$	t	$M \pm SD$	t	$M \pm SD$	t
积极框架（N=335）	4.478±0.398	2.290**	4.138±0.594	1.004	4.451±0.367	1.326
消极框架（N=275）	4.405±0.381		4.092±0.529		4.489±0.341	

注：* 表示 $p<0.05$，** 表示 $p<0.01$，*** 表示 $p<0.001$。

差异分析结果显示，政治传播中不同类型话语风格对受众政府绩效评价和制度自信的差异并不显著，但对受众集体主义倾向的影响存在显著差异，具体体现在：阅读主题框架的青年受众的集体主义倾向得分显著高于阅读情境框架的青年受众；政治传播中议题情感属性对受众政治认同也存在一定的影响，从具体得分来看，阅读积极框架的青年受众在政府绩效评价和集体主义倾向上的得分均高于阅读消极框架的青年受众，但其差异仅在政府绩效评价上达统计学上的显著性，在制度自信上，阅读积极框架青年受众得分低于消极框架青年受众，但其差异并不显著。前述章节中青年政治认同的群体差异结果显示，人口学变量可能会在一定程度上影响媒体框架与青年政治认同的关系，框架之间也可能会存在一定的交互作用，从而影响受众政治认同的最终发展结果。

3. 框架特性、个体生活满意度与青年政治认同

采用分层多元回归分析综合考察媒介框架（政治话语风格、情感属性）不同特性之间及其与个体生活满意度对青年政治认同的共同影响。在控制性别、文化程度、年龄等人口学变量基础上，分别以政府绩效评价、集体主义倾向和制度自信为因变量，以不同框架特性（话语风格、情感属性）为自变量、生活满意度为调节变量进行层级回归分析，具体分析过程及结果详见表4-8。首先将控制变量（性别、文化程度、年龄）纳入模型（M1），然后将自变量（话语风格、情感属性）和调节变量（生活满意度）纳入模型（M2），最后将两个自变量交互项、自变量和调节变量的交互项纳入模型（M3）。

表4-8　**话语风格、情感属性和生活满意度对政治认同的层级回归分析结果**

自变量	因变量								
	政府绩效评价			集体主义倾向			制度自信		
	M1	M2	M3	M1	M2	M3	M1	M2	M3
性别	-0.035	-0.031	-0.031	0.030	0.026	0.024	-0.091*	-0.089*	-0.086*
文化程度	-0.140***	-0.203***	-0.199***	-0.177***	-0.245***	-0.241***	-0.096*	-0.173***	-0.185***
年龄	0.048	0.012	0.011	0.042	0.003	0.004	-0.045	-0.067	-0.067
话语风格	—	0.020	0.486*	—	0.112**	0.323	—	0.007	-0.040
情感属性	—	0.079*	0.354	—	0.014	-0.078	—	-0.057	-0.041
生活满意度	—	0.226***	0.366***	—	0.238***	0.251***	—	0.251***	0.272***
话语风格×情感属性	—	—	0.009	—	—	-0.028	—	—	0.111
话语风格×生活满意度	—	—	-0.488*	—	—	-0.204	—	—	-0.015
情感属性×生活满意度	—	—	-0.288	—	—	0.114	—	—	-0.085
Adjust R^2	0.016	0.064	0.069	0.029	0.090	0.091	0.014	0.069	0.069
ΔR^2	0.021	0.053	0.009	0.033	0.066	0.001	0.019	0.059	0.003
F	4.245**	7.974***	6.028**	6.961***	11.031***	7.436***	3.944**	8.536***	5.919***
ΔF	4.245**	11.483***	2.051	6.961***	14.631***	0.321	3.944**	12.895***	0.711

注：性别：1=男性，0=女性；话语风格：1=主题框架，0=情境框架；情感属性：1=积极框架，0=消极框架；*表示 $p<0.05$，**表示 $p<0.01$，***表示 $p<0.001$。

表4-8的分析结果显示：话语风格对集体主义倾向的主效应显著（$\beta=0.112$，$p=0.005$），对政府绩效评价（$\beta=0.020$，$p=0.622$）和制度自信（$\beta=0.007$，$p=0.865$）的主效应不显著；情感属性对政府绩效评价主效应显著（$\beta=0.079$，$p=0.049$），对集体主义倾向（$\beta=0.014$，$p=0.719$）和制度自信（$\beta=-0.057$，$p=0.149$）的主效应均不显著；生活满意度对政府绩效评价（$\beta=0.226$，$p=0.000$）、集体主义倾向（$\beta=0.238$，$p=0.000$）和制度自信（$\beta=0.251$，$p=0.000$）的主效应均显著。此外，话语风格与情感属性交互项、情感属性与生活满意度的交互项对政治认同各维度的影响均不显著，但话语风格与生活满意度的交

互项对政府绩效评价的作用达显著水平（$\beta = -0.488$，$p = 0.045$），且话语风格主效应不显著，生活满意度主效应显著，表明话语风格在生活满意度和政府绩效评价的关系中具有显著的调节作用。

为更加清晰地揭示话语风格对生活满意度和政府绩效评价关系的调节作用，按照平均分加减一个单位的标准差，将生活满意度划分为高分组和低分组，根据回归方程分别计算在主题框架和事件框架下，生活满意度对政府绩效评价的预测情况，绘制话语风格在个体生活满意度与政府绩效评价关系中的调节作用示意图（具体详见图4－1）。

从图4－1可以看出，对于阅读事件框架的被试而言，生活满意度的高低变化对其政府绩效评价水平的变化具有显著的正向预测作用（$\beta = 0.249$，$t = 4.161$，$p = 0.000$）；而对于阅读主题框架的被试而言，生活满意度的高低变化对其政府绩效评价的预测作用不显著（$\beta = 0.088$，$t = 1.639$，$p = 0.102$）。话语风格的调节作用主要体现在：其一，相比较而言，在主题框架下，具有不同生活满意度的被试在政府绩效评价上的差异较小；而当处于情境框架时，不同生活满意度的被试在政府绩效评价上的差异更大。其二，对于生活满意度较低的被试而言，阅读主题框架的被试政府绩效评价得分高于阅读情境框架的被试；对于生活满意度较高的被试而言，阅读情境框架的被试政府绩效评价得分则高于阅读主题框架的被试。

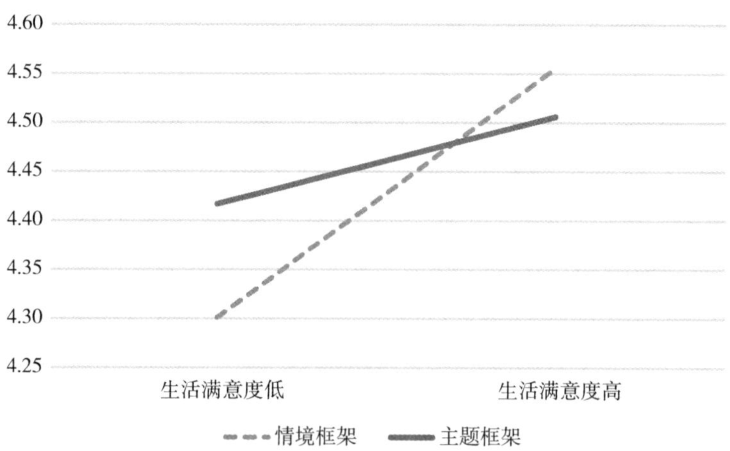

图4－1 话语风格对生活满意度与政府绩效评价关系的调节作用

4. 话语风格、情感属性对青年政治认同影响的群体异质性检验

基于前述控制变量在各组间差异分析结果及其在回归分析中的影响力，下面将主要从性别和文化程度两个角度检验框架特性对青年政治认同影响的群体异质性。

采用层次回归分析对框架特性（话语风格、情感属性）与青年政治认同（政府绩效评价、集体主义倾向、制度自信）之间关系的性别和文化程度差异进行检验。为避免共线性效应，将因变量进行中心化处理，为方便解释交互效应，文化程度被处理为二分变量，以是否接受高等教育作为高低文化程度区分。首先，将自变量（话语风格、情感属性）纳入模型 A1，然后将性别（1 = 男性，0 = 女性）和文化程度（1 = 高文化程度，0 = 低文化程度）纳入模型 A2，最后将性别 × 话语风格、性别 × 情感属性、文化程度 × 话语风格、文化程度 × 情感属性四个交互项纳入模型 A3。具体分析过程及结果见表 4 - 9。

表 4 - 9 **话语风格、情感属性对青年政治认同各因子影响的性别、文化程度异质性检验**

自变量	因变量								
	政府绩效评价			集体主义倾向			制度自信		
	M1	M2	M3	M1	M2	M3	M1	M2	M3
话语风格	0.030	0.031	0.025	0.127**	0.123**	-0.008	0.006	0.013	0.069
情感属性	0.088*	0.084*	0.088	0.023	0.019	-0.057	-0.055	-0.060	-0.168
性别（1 = 男性）	—	-0.034	-0.041	—	0.023	-0.016	—	-0.096*	-0.103
文化程度（1 = 高文化程度）	—	-0.132***	-0.129	—	-0.170***	-0.288***	—	-0.102*	-0.129
性别 × 话语风格	—	—	-0.034	—	—	0.001	—	—	-0.129
性别 × 情感属性	—	—	0.045	—	—	0.051	—	—	0.139*
文化程度 × 话语风格	—	—	0.040	—	—	0.180*	—	—	0.013

续表

自变量	因变量								
	政府绩效评价			集体主义倾向			制度自信		
	M1	M2	M3	M1	M2	M3	M1	M2	M3
文化程度×情感属性	—	—	-0.046	—	—	0.042	—	—	0.039
Adjust R^2	0.009	0.027	0.029	0.017	0.048	0.054	0.003	0.021	0.031
ΔR^2		0.018	0.002		0.031	0.007		0.018	0.010
F	2.881*	4.197**	2.220	5.39***	7.561***	4.325***	0.890	3.197*	2.370*

注：*表示 $p<0.05$，**表示 $p<0.01$，***表示 $p<0.001$。

表4-9的分析结果显示：话语风格对集体主义倾向的主效应显著（$\beta=0.127$，$p<0.01$），对政府绩效评价和制度自信的主效应不显著；情感属性对政府绩效评价主效应显著（$\beta=0.088$，$p<0.05$），对集体主义倾向和制度自信的主效应均不显著；性别对制度自信（$\beta=0.096$，$p<0.05$）的主效应显著，对集体主义倾向和政府绩效评价的主效应均不显著；文化程度对政府绩效评价（$\beta=0.132$，$p<0.001$）、集体主义倾向（$\beta=0.170$，$p<0.001$）和制度自信（$\beta=0.102$，$p<0.05$）的主效应均显著。此外，话语风格与性别的交互项、情感属性与文化程度的交互项对政治认同各维度的影响均不显著，但性别与情感属性的交互项对制度自信的作用、话语风格与文化程度的交互项对集体主义倾向的作用达显著水平（$\beta=0.139$，$p=0.05$；$\beta=0.180$，$p=0.05$）。

为了进一步反映和分析情感属性对青年制度自信影响的性别差异，进行简单斜率检验，绘制趋势示意图4-2。检验结果显示，在性别的不同水平下，情感属性对青年制度自信的解释力不同，情感属性对男性制度自信几乎没有解释力（$F=0.039$，$\beta=0.012$，$p=0.844$），对女性制度自信有1.4%的解释力（$F=4.626$，$\beta=0.119$，$p=0.032$），图4-2也呈现了不同性别下积极框架对青年制度自信的积极建构力差异：对于女性青年群体而言，阅读积极框架的受众制度自信水平显著高于阅读消极框架的受众；对于男性青年群体而言，阅读积极框架与阅读消极框架的受众间制度自信水平并不存在显著差异。

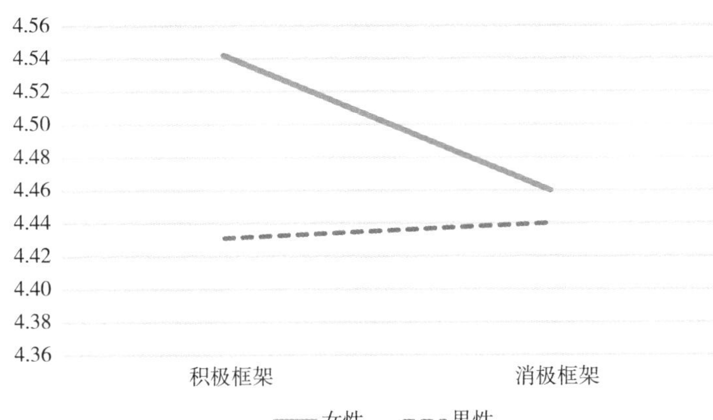

图 4-2　不同性别情感属性对青年制度自信的影响

通过简单斜率分析检验话语风格对青年集体主义倾向影响的文化程度群体差异，并绘制趋势示意图 4-3。斜率检验结果显示，在文化程度的不同水平下，话语风格对青年集体主义倾向的解释力不同，话语风格对没有接受过高等教育的青年集体主义倾向表现几乎没有解释力（$F=0.000$，$\beta=0.001$，$p=0.990$），对接受过高等教育的青年集体主义倾向表现有 2.9% 的解释力（$F=13.010$，$\beta=-0.170$，$p=0.000$），图 4-3 也呈现了不同文化程度下主题框架对青年集体主义倾向表现的影响力差异：对于接受过高等教育的青年群体而言，阅读主题框架的受众集体主义倾向水平显著高于阅读情境框架的受众；对于未接受过高等教育的青年群体而言，阅读主题框架与阅读情境框架的受众间集体主义倾向水平并不存在显著差异。

五　分析与讨论

1. 媒介框架特性与青年政治认同

政治认同作为由认知、情感和行为倾向构成的整体态度系统，政府绩效评价、集体主义倾向和政治支持各自在形成过程和变化方式上有所不同[①]，媒体框架对青年政治认同系统各维度的影响可能并不一致。研究

① 陈捷：《中国民众政治支持的测量与分析》，中山大学出版社 2011 年版，第 4—6 页。

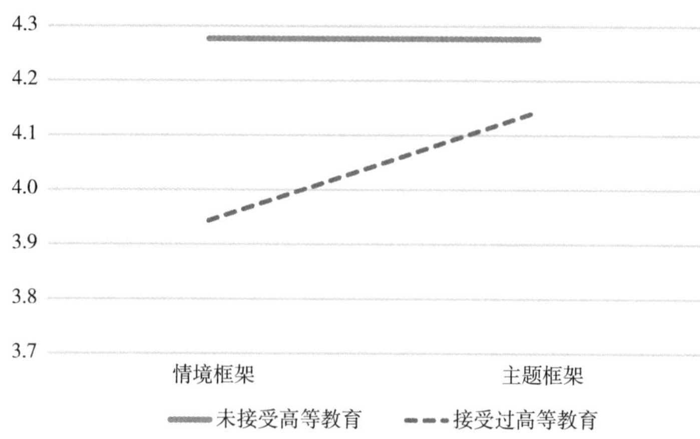

图4-3 不同文化程度话语风格对青年集体主义倾向的影响

结果表明，媒体框架特性对青年政治认同各维度表现上有不同的反应，网络政治传播中话语风格和情感属性对个体政府绩效评价和集体主义倾向存在一定的框架效应。首先，话语风格对个体集体主义倾向有显著的主效应，相较于情境框架，主题框架下的政治信息传播有更为积极的政治社会化效果，研究结果与 Hart 等的研究发现较为一致，也在一定程度上证实认知心理学关于态度改变的相关理论假设和重要政治议题传播过程中信息质量对传播效果实现的重要意义。精细加工可能性模型认为，个体对沟通中的信息加工存在两条基本路径：中枢路径和边缘路径，在中枢路径中信息基于与信息质量相关的论据线索，而在边缘路径中，处理的则是一些与信息内容相关的启发式线索①，如情感暗示、信息源的可信性等，而非信息内容本身。对于重要的政治传播议题而言，当个体有时间、能力和意愿的时候，会更倾向于使用中枢路径对信息内容进行系统分析，"晓之以理"的表达通过信息论据的有效性和逻辑性有助于促进受众对信息的赞同，从而影响受众的最终态度②。其次，框架的情感属性

① Richard E. Petty, John T. Cacioppo and Rachel Goldman, "Personal Involvement as a Determinant of Argument-based Persuasion", *Journal of Personality and Social Psychology*, Vol. 41, No. 5, 1981.

② Philip J. Kitchen, Gayle Kerr, Don E. Schultz, et al., "The elaboration likelihood model: review, critique and research agenda", *European Journal of Marketing*, Vol. 48, No. 11, November 2014.

对个体政府绩效评价有一定的主效应，相较于消极的媒体框架信息而言，积极的媒体框架信息更有助于增加个体对政府的积极评价。调查结果与国内外关于框架效价相关研究结论也基本一致：媒体对于传播议题积极性的强调，更有利于个体积极政治态度的形塑[①]。研究结论在一定程度上支持了社会心理学关于个体态度改变中“乐观取胜”的重要假设：框架情感属性也是影响个体态度改变的重要启发式线索，政治传播过程中媒体对信息描述和结果的积极强调能够唤起个体积极的认知反应，并激发个体对执政政府的积极情感。

可见，网络政治传播中媒体的话语风格和情感属性可分别通过影响个体集体主义倾向和对政府绩效积极感知共同影响青年政治认同：官方场域的主题框架偏好在塑造个体集体主义价值观认同方面尤为重要；公众场域中的政治传播的积极情感倾向有助于提升青年对政府绩效的积极感知。研究结果显示，官方场域与公众场域信息内容生产方式的差异并不意味着它们的简单对立[②]，而是可以优势互补，网络政治传播中促进官方媒体和公众媒体的互动与融合，在强化官方媒体引导性的基础上，两者相互支持与配合，对于形塑青年制度自信有重要的现实意义。

2. 生活满意度、框架特性的反应复杂性及其意义

不同研究结果较为一致显示网络政治传播中媒体框架效应的存在，但媒体框架特性对个体政治态度的具体影响并没有得到一致确认。本书研究结果表明，在青年政治认同形成过程中，政治社会化的来源是多渠道的，相较于其他现实的社会影响而言，媒体的影响是有限的，生活满意度在青年政治认同形塑中起基础性作用：无论是政府绩效评价、集体主义倾向还是制度自信，生活满意度都有着显著的正向影响；回归系数也表明，相较于媒体框架个体生活满意度对政治认同各维度有更大的影响，高质量的社会生活有助于提高个体的生活满意度，提升个体的本体安全感，从而对中国特色社会主义制度体系呈现更加积极的态度。不仅如此，研究结果还显示，个体生活满意度对政治认同的影响在一定程度

① 卢春龙：《媒介多元化时代的政治传播效应研究——以当代大学生为例》，《学习与探索》2020 年第 8 期。

② 薛可、孟筱筱、宋锋森：《差异与互补：官方与民间社交媒体的新闻生产对比研究》，《新闻记者》2019 年第 5 期。

上受到不同媒介框架的影响，在控制性别、文化程度、年龄、话语风格、情感属性和生活满意度主效应的基础上，生活满意度和话语风格的交互效应仍然对政府绩效评价有显著贡献，交互作用达到显著水平（$p = 0.045$）。进一步的调节作用分析结果表明，对于生活满意度较低的被试而言，阅读主题框架的被试政府绩效评价得分高于阅读情境框架的被试；对于生活满意度较高的被试而言，阅读情境框架的被试政府绩效评价得分则高于阅读主题框架的被试。事实上，当民众生活满意度较高时，媒体话语风格对制度自信的影响并不大，但对于生活满意度较低的群体而言，政治传播中的主题框架更为重要，不仅需要通过改善其境遇提升生活满意度，也需要通过增加政治传播中的主题框架的积极影响增进青年政治认同的现实心理基础。

第三节　媒体框架如何影响青年政治认同

调查实验结果初步证实网络政治传播中媒体框架效应的存在，确认了主题框架和积极框架对于青年政治认同的重要建构作用及其群体差异，明确了个体生活满意度对青年政治认同的基础性作用。与此同时，研究结果也提示，媒介框架话语风格、情感属性对青年政治认同影响的差异与个体信息加工方式、预存的情感和观点密切相关，从而导致对青年政治认同各因子影响的变化性。此外，政治认同本身作为一个有组织的系统，各因子本身存在一定相互关联性，任何一个部分的改变都可能引起其他部分的改变。事实上，就传播效果发生的逻辑顺序而言，政府绩效评价、集体主义倾向和制度自信存在一定的逻辑顺序性，政府绩效评价和集体主义倾向的改变皆可能导致制度自信的改变。因此，媒体框架与青年政治认同之间并非简单的线性关系，媒体框架对青年政治认同的影响可能存在多种途径，既可能直接对青年政治认同产生影响，也可能通过影响其他变量导致青年政治认同系统的变化，还可能会因个体已有政治态度存在一定的变化性。基于以上分析，本节将在已确认媒介框架效应的基础上，引入信息卷入度、威权主义价值观两个重要政治心理变量，揭示媒介框架影响青年政治认同的内在心理机制：话语风格、情感属性如何影响青年政府绩效评价和集体主义倾向，从而最终影响制度自信？

在这一影响过程中会受到哪些因素的影响？

一　理论基础与分析框架

1. 理论基础

政治信息传播对青年政治认同的影响是个体接纳或拒绝传播主体观点，从而引起自身政治认同态度改变或者维持不变的过程。对媒介框架效应的实验研究确认了网络政治传播中框架类型的具体影响，然而媒介框架何以能够在不同层面影响青年政治认同？受众已有认知又怎样影响媒介框架效应的实现？已有学者构建的精细加工可能性模型和认知图式理论有助于理解政治信息传播过程中青年政治认同的具体发生过程。

理查德佩蒂的精细可能性模型[①][②]将受众处理信息和态度改变归结为中枢路径和边缘路径，在信息传播过程中，尽管理论上认为主题框架的“诉诸理性”与中枢路径有更多关联，情境框架的“诉诸情感”与边缘路径的联系更多，事实上，现实中信息传播受两条路径的综合影响，信息传播的过程应当综合考虑这两条路径产生的不同影响[③]。对于青年政治认同的态度而言，既可以通过“诉诸理性”的中枢路径传递、全面论证政治信息，帮助其理解这些信息并建立起相应的政治观点或信念，也可以通过“诉诸情感”的边缘路径帮助受众建立对这些信息的积极情感从而达到同样的目的。

但两条路径不仅处理的信息不同，两条路径受众的卷入度也不一样，中枢路径需要对信息论据进行仔细思考和理解，在此过程中信息接收者往往投入较多的认知精力；而采用边缘路径处理信息的要求较低，信息接收者只需要考虑与之相关的边缘线索。不同的说服路径的实现依赖于对传播信息做精细加工的可能性高低。当精细加工的可能性高时，说服的中枢路径有效；反之，则边缘路径有效。具体在政治议题传播过程中，

① John T. Cacioppo and Richard E. Petty, “The Elaboration Likelihood Model of Persuasion”, *Advances in Experimental Social Psycology*, Vol. 11, No. 1, December 1986.

② 范晓屏、韩洪叶、孙佳琦：《网站生动性和互动性对消费者产品态度的影响——认知需求的调节效应研究》，《管理工程学报》2013 年第 3 期。

③ 张梦雅、王秀红：《精细加工可能性模型研究现状及应用领域分析》，《图书情报研究》2018 年第 4 期。

媒体话语风格框架效应的实现需要考虑青年受众政治认知水平，只有当个体认为某个事件重要性高，且同时又具有加工相关信息的能力时，才会受观点的强度和性质影响，即疫情信息传播中主题框架对集体主义倾向的积极建构作用可能会受到个体政治认知能力的影响。

认知图式理论认为，特定框架对受众态度的影响过程是与其已有认知框架互动的过程，由特定框架激活的观点，并不是受众头脑中唯一可用的，事实上，受众头脑中存在"受众框架"，受众框架是引导个人进行信息处理的意见体系，它影响着人们如何思考和理解相关政治议题，但是其未必受到媒介框架的影响或与媒体框架保持一致。因此信息传播过程中信息接受者并非被动的接受者，一定会按照媒体报道的意志来理解和思考问题。媒体框架发生作用的前提是其与认知基模产生共鸣，如此个人才会产生与媒介框架相一致的认知框架①。对媒介框架情感属性的相关实证研究也显示出框架情感属性和个体认知风格之间存在交互作用②，当以积极框架来描述某一对象的特征时会大量激活记忆提取过程中与之相联结的积极信息，于是个体会表现出对以积极框架描述的事物的积极评定；与之相反的是，当以消极框架描述某一对象的关键特征时会大量激活记忆中与之相联结的消极信息，从而使个体对以消极框架描述的事物的评定更消极③。Scheufele 梳理了媒体框架与受众认知图式交互作用的过程：转化图式、改变认知图式、建立新图式。这一过程首先影响的是受众的认知图式（激发、形成和转换），继而才影响到其判断、态度、意见、情感和行为④⑤。

威权人格是影响中国人政治价值观的重要因素，威权人格在信息影

---

① 聂静虹：《论政治传播中的议题设置、启动效果和框架效果》，《政治学研究》2012 年第 5 期。

② 韩玉昌、张健、杨文兵：《认知风格影响框架效应的 ERP 研究》，《心理科学》2014 年第 3 期。

③ 文桂婵、徐富明、于会会等：《特征框架效应的心理机制与影响因素》，《心理科学进展》2011 年第 12 期。

④ Bertram Scheufele, "Framing-effects Approach: A Theoretical and Methodological Critique", *Communications*, Vol. 29, No. 4, December 2004.

⑤ 肖伟：《新闻框架论——传播主体的架构与被架构》，中国人民大学出版社 2016 年版，第 122—123 页。

响个体政治态度的过程中扮演着十分重要的中介和调节作用，作为中介变量，威权人格不仅直接影响个体的政治态度，还会导致个体对客观信息的认知偏差，具有较强威权人格特征的网民一般也越倾向于接收并接受官方政治信息[①②]；作为调节变量，威权人格不仅可以抑制腐败感知对国家认同的负面影响，也可以缓和腐败感知通过国家认同的中介作用对政治信任的负面影响[③]。参照图式理论，在政治信息传播过程中，威权人格可能是联结媒介框架与受众政治认同的重要中间变量，作为中国人重要的价值观，媒介框架首先影响的应该是受众的威权价值观，或激发，或形成，或转换，继而才影响政府绩效评价、集体主义倾向和制度自信。

2. 分析框架

由此可见，考察网络政治传播对青年政治认同的影响，不能忽视政治关注度和威权人格所发挥的影响。网络政治信息传播过程中，个体的政治关注度可能作为调节变量调节媒介话语风格对青年集体主义倾向的影响，个体政治关注度越高，对信息进行中枢路径加工的可能性越大，主题框架越有可能实现其对青年集体主义倾向的积极建构作用；威权人格可能在媒介话语风格对青年集体主义倾向的影响及媒介议题情感属性对青年政府绩效评价中起中介作用，威权人格可能直接影响青年政治绩效评价和集体主义倾向，也可能充当中介变量，实现媒介信息对青年政治绩效评价和集体主义倾向的间接影响。因此，在考察媒介框架影响青年政治认同的内在机制时，将从信息传播的媒体框架特性出发，纳入政治关注度、威权人格作为重要的中间变量，探究媒体框架如何影响青年政治认同，基于生活满意度对青年政治认同的重要基础性作用，将其与媒介信息框架共同作为政治认同形成模型的重要输入端，具体分析框架见图 4 – 4。

① 马得勇、陆屹洲：《信息接触、威权人格、意识形态与网络民族主义——中国网民政治态度形成机制分析》，《清华大学学报》（哲学社会科学版）2019 年第 3 期。

② 马得勇、王丽娜：《中国网民的意识形态立场及其形成——一个实证的分析》，《社会》2015 年第 5 期。

③ 王如一：《腐败感知何以影响政治信任——国家认同的中介作用和威权人格的调节作用》，《天水行政学院学报》2020 年第 3 期。

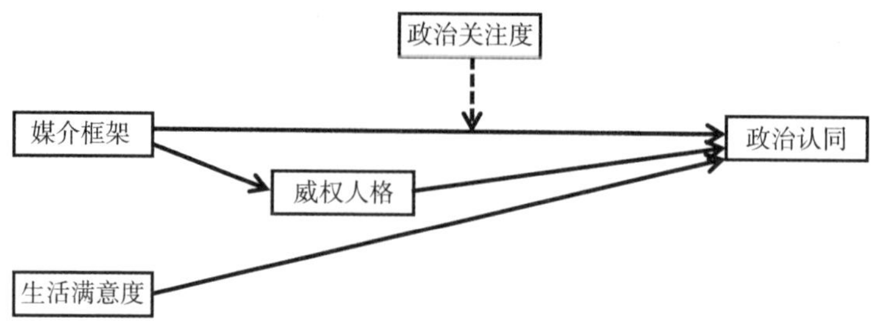

图4－4 媒体框架作用机制假设模型

二 变量测量

模型主要涉及的变量有话语风格、情感属性、生活满意度、政治关注度、威权人格、政府绩效评价、集体主义倾向和制度自信。其中话语风格、情感属性、生活满意度、政治关注度、政府绩效评价、集体主义倾向和制度自信七个变量的测量详见本书前述章节相关部分，此处仅对威权人格变量测量予以说明。

威权人格是一个政治心理学概念，广泛运用于政治学领域的相关研究，学界也经常用权威认同、威权主义和威权主义价值观来表达这一概念。参考相关研究，采用“即使父母的要求不合理，子女也应该照办”“服从自己的上司或地位比自己高的人是理所当然的”“服从和尊重权威是孩子们应该学习的最重要的美德”三个问题评价被试的威权人格特征，从“强烈反对”“反对”“中立”“同意”到“非常同意”进行1—5分计分，得分越高，表明威权人格特征越显著，采用克伦巴赫 α 系数进行信度校验，此次分析结果显示三个题项 α 系数为0.641。

三 研究发现

1. 相关分析

对各主要变量之间进行相关分析，结果详见表4－10。威权人格与话语风格、情感属性、生活满意度、政治关注度、政府绩效评价、集体主义倾向、制度自信均显著正相关；政府绩效评价与情感属性、生活满意度、集体主义倾向、制度自信显著正相关；集体主义倾向与话语风格、生活满意度、政治关注度、制度自信显著正相关。

表 4－10　**主要变量的相关系数**

变量	1	2	3	4	5	6	7	8
话语风格	1							
情感属性	0.143***	1						
生活满意度	0.041	0.017	1					
政治关注度	0.018	0.010	0.295***	1				
威权人格	0.146***	0.181***	0.174***	0.092*	1			
政府绩效评价	0.042	0.092*	0.168***	0.060	0.161***	1		
集体主义倾向	0.130**	0.041	0.166***	0.157**	0.405***	0.307***	1	
制度自信	－0.001	－0.054	0.191***	0.096*	0.129**	0.360***	0.405***	1

注：* 表示 $p<0.05$，** 表示 $p<0.01$，*** 表示 $p<0.001$。

2. 威权人格的中介效应检验

为了考察话语风格、情感属性、生活满意度、威权人格对青年政治认同的综合影响，探讨媒体框架对青年政治认同的具体作用机制，将话语风格、情感属性、生活满意度、威权人格、政府绩效评价、集体主义倾向和制度自信七个变量全部代入模型，按照前述图 4－4 构建全模型，因涉及的变量较多，路径比较复杂，使用结构方程模型对变量间的路径关系进行分析，并采用联合显著性进行检验①，选取以下指标对模型的拟合程度进行评估：χ^2/df、RMSEA、NFI、GFI、CFI、IFI、TLI。根据建模原则，模型力求简约，参照模型修正指数逐一删除不显著的路径，最后得到修正模型 1（$\chi^2/df=2.439$；RMSEA＝0.049；NFI＝0.972；GFI＝0.994；CFI＝0.982；IFI＝0.983；TLI＝0.926），模型拟合指数良好，接受修正模型，模型最终标准化路径系数和中介效应系数具体详见图 4－5 和表 4－11。

① 温忠麟、叶宝娟：《中介效应分析：方法和模型发展》，《心理科学进展》2014 年第 5 期。

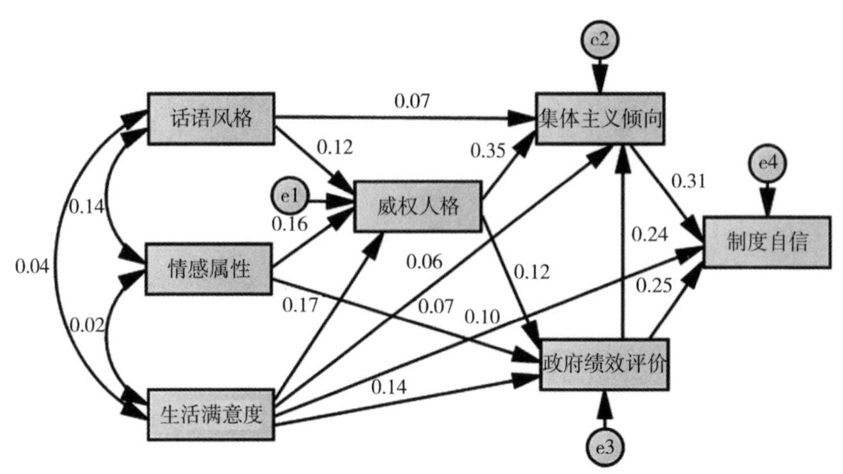

图 4－5　威权人格的中介效应检验

表 4－11　**威权人格间接效应分析**

路径	标准化效应系数估计值	效应比例（%）
话语风格—制度自信		
话语风格—集体主义倾向—制度自信	0. 021	55. 26
话语风格—威权人格—集体主义倾向—制度自信	0. 013	34. 21
话语风格—威权人格—政府绩效评价—制度自信	0. 003	7. 90
话语风格—威权人格—政府绩效评价—集体主义倾向—制度自信	0. 001	2. 63
总间接效应	0. 038	
情感属性—制度自信		
情感属性—政府绩效评价—制度自信	0. 017	36. 96
情感属性—政府绩效评价—集体主义倾向—制度自信	0. 005	10. 87
情感属性—威权人格—集体主义倾向—制度自信	0. 017	36. 96
情感属性—威权人格—政府绩效评价—制度自信	0. 005	10. 87
情感属性—威权人格—政府绩效评价—集体主义倾向—制度自信	0. 002	4. 34
总间接效应	0. 046	

图 4－5 较为清晰地勾勒出网络政治传播中媒介框架对青年政治认同的具体作用过程。诸因素中，生活满意度起基础性作用，个体生活满意度既可以直接作用于青年政治认同各因子（政府绩效评价、集体主义倾向、制度自信），也可以通过威权人格间接影响政府绩效评价和集体主义

倾向，从而影响制度自信；媒介话语风格可以直接影响青年集体主义倾向，但不能直接影响青年政府绩效评价和制度自信，而是需要通过威权人格间接影响政府绩效评价和制度自信；媒介框架情感属性可以直接影响青年政府绩效评价，但不能直接作用于集体主义倾向和制度自信，需要通过威权人格间接实现其影响。值得注意的是，政治认同系统中也存在一定的因果逻辑，政府绩效评价、集体主义倾向均可以直接影响制度自信，政府绩效评价还可以通过影响集体主义倾向间接影响制度自信。

具体而言，话语风格对制度自信的影响存在“话语风格—集体主义倾向—制度自信”“话语风格—威权人格—集体主义倾向—制度自信”“话语风格—威权人格—政府绩效评价—制度自信”“话语风格—威权人格—政府绩效评价—集体主义倾向—制度自信”四条中介路径，四条中介路径对制度自信的总效应值为0.038。采用Bootstrap程序对中介效应的显著性进行检验，话语风格—制度自信所有间接路径系数的偏差校正Bootstrap 95%置信区间为（0.018，0.063），置信区间均不包含0，说明间接中介效应是存在的。情感属性对制度自信的影响也存在“情感属性—政府绩效评价—制度自信”“情感属性—政府绩效评价—集体主义倾向—制度自信”“情感属性—威权人格—集体主义倾向—制度自信”“情感属性—威权人格—政府绩效评价—制度自信”“情感属性—威权人格—政府绩效评价—集体主义倾向—制度自信”五条中介路径，五条中介路径对制度自信的总效应值为0.046。采用Bootstrap程序对中介效应的显著性进行检验，情感属性—制度自信所有间接路径系数的偏差校正Bootstrap95%置信区间为（0.027，0.072），置信区间均不包含0，说明间接中介效应也是存在的。因此，威权人格在媒体框架（话语风格、情感属性）对政治认同影响中起重要的中介作用。

3. 政治关注度的调节作用

参考图4-4假设，采用层次分析对政治关注度的调节效应进行检验。为避免共线性效应，将因变量进行中心化处理，为方便解释调节效应，按照正负一个标准差的标准，将政治关注度处理为二分变量（1=高政治关注度，0=低政治关注度）。

首先将自变量情感属性、话语风格分别纳入模型A1、B1，然后将调节变量政治关注度依次纳入模型A2、B2，最后将情感属性×政治关注度、话语风格×政治关注度两个交互项分别纳入模型A3、B3。具体分析过程及结果见表4－12。模型A1—A3表明，情感属性对政府绩效评价主效应显著（$\beta=0.092$，$p=0.023$），情感属性×政治关注度交互项对政府绩效评价作用显著（$\beta=0.358$，$p=0.016$）；模型B1—B3表明，话语风格对集体主义倾向主效应显著（$\beta=0.092$，$p=0.023$），话语风格×政治关注度交互项对集体主义倾向作用并不显著（$\beta=-0.134$，$p=0.352$）。

表4－12 **媒体框架与政治关注度的交互作用检验**

	政府绩效评价			集体主义倾向		
	A1	A2	A3	B1	B2	B3
情感属性	0.092*	0.092*	－0.236	—	—	—
话语风格	—	—	—	0.130**	0.123**	0.247
政治关注度	—	0.081*	－0.027	—	0.201***	0.235***
情感属性×政治关注度	—	—	0.358*	—	—	—
话语风格×政治关注度	—	—	—	—	—	－0.134
Adjust R^2	0.009	0.015	0.024	0.017	0.057	0.059
ΔR^2	—	0.006	0.009	—	0.040	0.002
F	5.243*	4.472*	4.947**	10.489**	18.482***	12.607***

注：*表示$p<0.05$，**表示$p<0.01$，***表示$p<0.001$。

如图4－4和图4－5所示，政治关注度对“情感属性—政府绩效评价—集体主义倾向—制度自信”“情感属性—政府绩效评价—制度自信”两条中介路径的前半路径进行了调节，为进一步观测政治关注度在其中的调节作用，进行简单斜率检验，并绘制趋势示意图4－6。斜率检验结果显示，在政治关注度的不同水平下，情感属性对青年政府绩效评价的解释力不同，情感属性对政治关注度较低的青年政府绩效评价具有负向解释力，但不显著（$F=1.933$，$\beta=-0.132$，$p=0.167$），但情感属性对政治关注度高的青年政府绩效评价则有2.4%的正向解释力，且高度显著（$F=10.677$，$\beta=0.161$，$p=0.001$）。图4－6也呈现了政治关注度不同程度下框架情感属性对青年政府绩效评价的影响力差异，对于政治关注度较低的青年而言，阅读消极框架的受众政府绩效评价显著高于阅读积极框架的受众；对于政治关注度较高的青年群体而言，阅读积极框架的受众政府绩效评价显著高于阅读消极框架的受众。

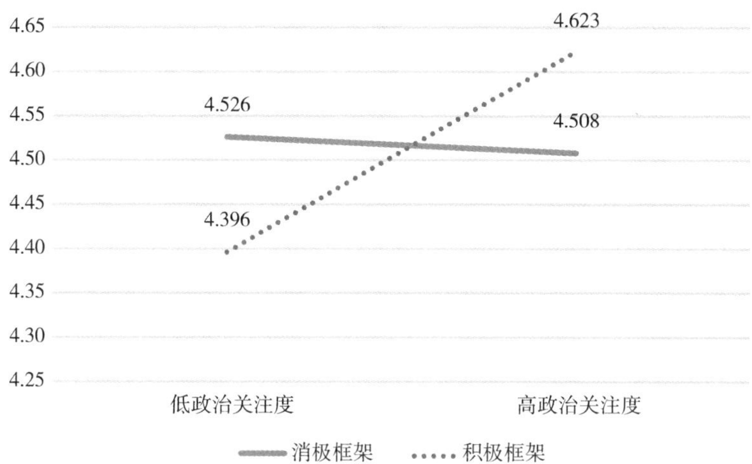

图 4－6　不同政治关注度水平下框架情感属性对政府绩效评价趋势

四　分析与讨论

1. 威权人格在媒体框架与青年政治认同之间的中介作用

与框架效应领域的认知图式理论和已有实证研究结果相一致①②，本书发现了个体内在认知特性在外部信息接触与个体政治态度形成过程中的中介作用：威权人格与青年政府绩效评价、集体主义倾向存在紧密关联，并在媒介框架与青年政府绩效评价、集体主义倾向之间起重要的中介作用。主题框架和积极框架的政治信息有助于增强受众威权人格特征，提升青年政府绩效评价和集体主义倾向水平，进而增强青年制度自信。威权人格中介作用表明，政治信息传播过程中，媒介框架既可以直接影

① 马得勇、陆屹洲：《信息接触、威权人格、意识形态与网络民族主义——中国网民政治态度形成机制分析》，《清华大学学报》（哲学社会科学版）2019 年第 3 期。

② 王如一：《腐败感知何以影响政治信任——国家认同的中介作用和威权人格的调节作用》，《天水行政学院学报》2020 年第 3 期。

响青年政治认同，也可以通过威权人格的传导实现影响。

2. 政治关注度在媒体框架与青年政治认同之间的调节作用

对政治关注度在媒体框架与青年政治认同之间的调节作用检验结果并未完全支持精细加工可能性模型的相关假设：不同的说服路径的实现依赖于对传播信息做精细加工的可能性高低，只有当个体认为每个事件重要性高，且同时又具有相应的信息加工能力时，中枢路径才是有效的。然而本书结果表明，积极框架对政府绩效评价的积极建构作用的实现需要依赖于个体政治关注度，而主题框架对集体主义倾向的积极建构作用的实现并不完全依赖于个体的政治关注度，究其原因主要是信息加工过程中个体卷入度的增加降低了政治关注度对中枢路径可能性的影响：其一，实验调查时间处于疫情期间，疫情期间政治传播中的政治、社会和经济等议题均处于大众关注的焦点，其重要性前所未有，个体卷入度普遍较高，在一定程度上降低了政治关注度对于中枢路径可能性的重要性；其二，本书的研究对象均来自公开招募自愿参与的研究对象，对于参与研究和相关主题比较感兴趣，且研究对象排除了答题不认真和已阅读过相关议题报道的受众，信息卷入度自然普遍较高。因此，在信息传播机制中，政治关注度可能并不是中枢路径实现的一个必须变量，与议题重要性密切相关的个人动机、信息加工过程中的个体卷入度可能才是影响中枢路径有效性的关键变量。

小　结

本章基于框架理论，通过文本分析和疫情期间的调查实验，从网络政治传播双重场域的媒体信息生产框架偏好及其框架效应考察网络政治传播中网络信源特征对青年政治认同的具体影响。

一　网络政治传播双重场域的媒体信息生产框架偏好

中国语境下网络政治传播存在两个明显独立但交错的“双重场域”：官方场域和公众场域，并在政治传播中信息生产特征呈现明显的框架差异。官方场域遵循专业新闻生产的新闻观念和价值观念，倾向于通过主题框架呈现新闻内容，以积极的形象和主流的价值观引导社会心理和舆论；而公众场域则倾向于通过情境框架呈现新闻内容，文本结构非严谨性成分清晰可见，在不确定较高的国内社会事件议题类型上，积极框架、中性框架和消极框架共存，体现了多元传播主体政治传播意图的多样性。

二　网络政治传播媒体框架效应的差异性

中国语境下网络政治传播中存在一定的框架效应，不同类型的媒体框架对青年政治认同不同维度的影响存在一定的差异。具体体现在：主题框架和积极框架对青年政府绩效评价和集体主义倾向有积极的建构作用，其中，相较于情境框架，主题框架下的政治传播更有助于青年集体主义价值观的形成，相较于消极框架而言，积极框架更有助于增加个体对政府的积极评价；对于青年的制度自信而言，媒体框架中的话语风格和情感属性均未显示出直接的框架效应。

三　威权人格的重要中介作用和政治关注度的调节作用

通过对媒体框架影响青年政治认同各维度的具体影响路径的考察，研究发现了威权人格在其中的重要中介作用。总体而言，信息传播过程中媒体框架对政治认同各因子的影响路径不尽相同。对于青年政府绩效评价和集体主义倾向，媒体框架可以通过直接路径“话语风格—集体主义倾向”“情感属性—政府绩效评价”实现影响，也可以通过威权人格间接路径“话语风格—威权人格—政府绩效评价”“话语风格—威权人格—集体主义倾向”“话语风格—威权人格—政府绩效评价—集体主义倾向”“情感属性—威权人格—政府绩效评价”“情感属性—威权人格—集体主义倾向”“情感属性—威权人格—政府绩效评价—集体主义倾向”实现影响；对于青年制度自信而言，尽管媒体框架并不能直接影响，但可以借由个体的威权人格特性这一变量通过政府绩效评价和集体主义倾向间接影响青年制度自信：“话语风格—威权人格—政府绩效评价—制度自信”“话语风格—威权人格—集体主义倾向—制度自信”“话语风格—威权人格—政府绩效评价—集体主义倾向—制度自信”“情感属性—威权人格—政府绩效评价—制度自信”“情感属性—威权人格—集体主义倾向—制度自信”“情感属性—威权人格—政府绩效评价—集体主义倾向—制度自信”。

对媒体框架影响青年政治认同作用过程中政治关注度的调节作用分析结果表明，政治信息传播机制中受众信息加工路径的选择并不必然受个体政治关注度的制约，受众对议题感兴趣程度和认知、情感卷入度能有效提升精细加工可能性，有效消解个体政治关注度对加工路径的影响。这一结果显示，网络政治传播过程中不同场域的互动性也可能是青年政治认同形成的重要因素。政治传播中的互动性能增强受众的临场感，提高受众的信息卷入度，进而通过信息加工路径影响其政治认同。

四 生活满意度在青年政治认同形塑中的基础性作用

研究结果支持了个体生活满意度在青年政治认同形塑中的基础性作用，首先，生活满意度对青年政治认同各维度具有极为显著的一致性的积极建构作用，个体生活满意度的提高不仅有助于增强个体对政府绩效的积极评价和集体主义价值的认同，也能显著增强对中国特色社会主义制度的认可与支持，提升制度自信水平。其次，媒体信息可在一定程度上调节个体生活满意度对青年政治认同的影响，具体体现在，个体生活满意度对政府绩效评价的影响在一定程度上受到媒体话语风格的影响。相较于主题框架，情境框架下生活满意度对政府绩效评价的预测作用更强；对于生活满意度较低的群体而言，不仅需要通过改善其境遇提升生活满意度，也需要通过增加政治传播中的主题框架的积极影响增进政治认同的现实心理基础。

五 网络政治传播中媒介框架效应的群体异质性

对媒介框架效应的群体效应检验显示，不同群体的网络政治传播中媒介框架效应并不相同。具体来说，在男性青年群体身上，积极情感属性框架对其制度自信的积极建构功能并不明显，阅读积极框架和消极框架的差异并不能显著增强或减弱其制度自信水平；在未接受过高等教育的青年群体身上，主题框架对集体主义倾向的建构功能也并不明显，主题框架与情境框架政治信息传播并不能导致其集体主义倾向呈现明显差异。然而对于女性、接受过高等教育的青年群体而言，主题框架和积极框架积极建构功能客观存在，主题框架和积极框架信息接触频率的增多，有助于形塑其政治认同，显著提升政府绩效评价和集体主义倾向水平。

六　政府绩效评价、集体主义倾向和制度自信之间的内在逻辑

媒体框架对政治认同不同因子影响的变化性提示，政府绩效评价、集体主义倾向和制度自信作为政治系统不同层次的政治认同，其形成过程、变化方式和稳定性均有不同：其中，制度自信是对政体的一种牢固情感依恋，在长期的政治社会化环境中形成，且一旦形成就会趋于稳定，变化缓慢；政府绩效评价可在较短时间中形成，一般是对某一具体政策和政治当局政绩的本能反应的结果，相对而言不太稳定，容易变化①；集体主义倾向则是中国公民对现行政体所倡导的基本机制的支持态度，其稳定性应当介于政治绩效评价和制度自信之间，但三者共存于同一政治认同体系之中，三者之间存在一定程度的相关，一个维度的变化可能诱发另一维度的变化，从而引致政治认同系统的变化。媒体框架对青年政治认同的影响过程也可以较为清楚地呈现中国语境下网络政治传播场域中青年政治认同系统的变化过程，媒介框架首先影响的是青年政府绩效评价和集体主义倾向的表现，继而通过政府绩效评价和集体主义倾向的变化逐渐转化为制度自信，从而导致青年政治认同系统的变化。

① ［美］陈捷：《中国民众政治支持测量与分析》，安佳译，中山大学出版社 2011 年版，第 6 页。

第五章　参与互动与青年政治认同

——以政治讨论为例

政治认同作为一种重要的政治心理体验，是在不断积累的政治生活体验中形成的对政治系统相对稳定的认知、情感和行为倾向。尽管政治认同体系均有一定的稳定性，但在社会环境和人际交往的双重影响下，也存在改变的空间和可能性①。Fazio 等认为态度源于个体认知（信息）、情绪和过去行为的一系列判断或评估，个体对事件的态度部分取决于他或她对该事件的认知，当人们接触到与其以往认知不一致的信息时，态度可能会发生改变。费斯汀格使用认知失调（cognitive dissonance）来指代个体心理上不同认知之间的不一致性，并认为认知失调会导致个体不舒适感，从而通过态度或行为上的改变得以消除。Osgood 等也预测个体接收新信息后为保持内部协调性而调整原有态度的行为，他们强调人对不同人和不同事情都会有各式各样的态度，譬如，当人发现有正面看法（比如喜欢）的人对自己有负面看法（比如反对）的事发表了正面看法（比如支持）时，就产生了态度不一致的状况，会体验到冲突、不安或不快。为了达到心理上的一致与和谐，人们会从内部产生驱动力，或者改变对于人的态度，或者改变对于事情的看法，以肯定其中一个，并否定另一个②。

具体到网络政治传播“双重场域”现实中，新媒介通过对草根阶层的赋权，重新定位了大众与媒介的关系，打破了以往“点对面”的大众

---

① 唐嘉仪：《场景与对话：微信群讨论如何影响态度？——基于对比实验的微观解释框架》，《新闻记者》2019 年第 11 期。

② 王喆：《社会政治议题网络讨论之认知失调与选择性修正》，《国际新闻界》2016 年第 2 期。

传播模式，突破了主流意识形态对话语的简单垄断，为普通公众的话语表达提供了空间和渠道，也使真正意义上的开放式讨论成为可能①。受众可以看到各式各样的信息，有些是朋友自发贴文，有些是转引，然而贴文和转文中都会表达出自己的观点和立场，携带他们各自的社会地位（阶级、性别、种族和代际等），从而在信息平台上对同一社会政治议题形成不同的观点和立场，受众不仅会通过他人的"信息"完成对信息传递者的认知，还会主动加入讨论②。近年来，中国政府机构对互联网和社交媒体的表达功能也表现出积极的姿态，一方面作为对在线表达形式和平台变化的回应，不断改善互联网管理模式，如积极生产"正能量"内容、允许批评政府但规制集体行动言论的表达等；另一方面通过网络问政平台和政务新媒体平台积极回应公众的诉求，激发了公众线上政治表达的热情，在网络公共空间分享政治社会类信息，与陌生网友探讨政治社会性话题成为公众参与政治讨论的普遍方式③④。

在态度改变理论的视角中，政治讨论类似于一个信息传播说服情境，这一过程中多样化信息和个体卷入程度均可能引发个体态度改变。那么，政治讨论又会给青年政治认同带来怎样的影响？作为一种信息传播过程，政治讨论中的议题类型、人群特征、互动参与状况及参与情境又将如何影响青年政治认同？目前中国语境下政治讨论与青年政治认同的关系研究多是对已经实际发生接触的结果进行调查，缺乏相应的对青年政治认同干预的实证研究，更缺少对干预前后青年政治认同各维度的区别研究及其相互关系探讨。本章将以部分在读大学生和研究生为研究对象，通过现场小组实验的方法，探讨小组政治讨论情境下，青年的政治态度的变化特点，以及二者之间的关系。

---

① 王德胜、王悦：《框架、情感与影响力：主流舆论场对公共事件的舆论引导作用——以哈尔滨"天价鱼"事件为例》，《中国出版》2018 年第 20 期。

② 王喆：《社会政治议题网络讨论之认知失调与选择性修正》，《国际新闻界》2016 年第 2 期。

③ 孟天广、李锋：《网络空间的政治互动：公民诉求与政府回应性——基于全国性网络问政平台的大数据分析》，《清华大学学报》（哲学社会科学版）2015 年第 3 期。

④ 闵晨、陈强、王国华：《线下政治讨论如何激发青年群体的线上政治表达：一个有调节的中介模型》，《国际新闻界》2018 年第 10 期。

第一节 理论基础与研究假设

一 政治讨论与政治态度改变

政治讨论广泛存在，指个体与不同人群谈论自己所关注的公共议题的行为①，可分为线下政治讨论和线上政治讨论。相较而言，线下政治讨论通常发生于具有一定亲密关系的私密空间，包括家人、朋友、同事、同学等，人群同质性较强；线上政治讨论则常发生于以计算机为媒介的网络公共空间，既包括家人、朋友、同事、同学等熟人，也包括素不相识的陌生人，人群异质性较为突出。

霍夫兰认为，传播是传播者通过传递刺激（通常是语言性的）影响受众态度和行为的过程②，自从勒温（Lewin）1952年第一次发表基于小组讨论的态度和行为改变研究以来，心理学家们基于大量实验证实了小组讨论对于影响个体态度的有效性③：信息传播过程中，小组讨论总是比讲座或一对一的沟通形式报告有更多的行为和态度改变④⑤。与此同时，大量的经验研究也显示出，小组政治讨论与个体政治认知、政治能力、政治参与等政治态度和行为之间的紧密关联，如Shulman等⑥的研究发现，小型的面对面的政治讨论对于个体政治效能感和积极政治认知形成有重要作用，在小组讨论期间，让参与者积极讨论给定的一些议题，与

① 周红云：《社会资本与民主》，社会科学文献出版社2011年版，第300—301页。

② 唐嘉仪：《场景与对话：微信群讨论如何影响态度？——基于对比实验的微观解释框架》，《新闻记者》2019年第11期。

③ 车文博：《西方心理学史》，浙江教育出版社1998年版，第440—441页。

④ Carol M. Werner and Dorothy Adams, "Changing Homeowners' Behaviors Involving Toxic Household Chemicals: A Psychological, Multilevel Approach", *Analyses of Social Issues and Public Policy*, Vol. 1, No. 1, December 2001.

⑤ Carol M. Werner, Carol Sansone, Barbara B. Brown, "Guided Group Discussion and Attitude Change: The Roles of Normative and Informational Influence", *Journal of Environmental Psychology*, Vol. 28, No. 1, March 2008.

⑥ Hillary Shulman and Gwen Wittenbaum, "Group Discussion that Promotes Positive Political Experiences", *Human Communication*, Vol. 16, No. 3, 2013.

没有参加讨论的实验者相比，讨论参与者更容易改变自己的态度[①]，与他人就特定的新闻进行交流的人会比不交流的人更加重视这个议题，也会在交流过程中发生对问题重要性的认知改变，产生“会话效应”[②]。具体到政治认同而言，不同层次的政治认同（政府绩效评价、集体主义倾向和制度自信）来源各异，稳定性也各异，小组讨论对政府绩效评价、集体主义倾向和制度自信的影响可能也不尽一致。

基于以上分析，从政治兴趣、政治效能感和政治认同（政府绩效评价、集体主义倾向和制度自信）的角度同时考察网络政治传播中政治讨论对青年政治态度的具体影响，提出如下研究假设：

H1：参与小组政治讨论前后，青年政治态度会发生显著差异。

H1a：参与小组政治讨论前后，青年政治兴趣存在显著差异。

H1b：参与小组政治讨论前后，青年政治效能感存在显著差异。

H1c：参与小组政治讨论前后，青年政府绩效评价存在显著差异。

H1d：参与小组政治讨论前后，青年集体主义倾向存在显著差异。

H1e：参与小组政治讨论前后，青年制度自信存在显著差异。

二 小组讨论如何影响个体政治态度：信息影响和规范影响

小组讨论中，个体政治态度为什么会发生变化？已有研究者从个体本身（如认知程度、年龄、性别等）、互动过程（成员互动情况、群体结构）、信息内容（议题类型）和传播情景（线上线下）等多方面对小组讨论具体效果进行了探讨，并形成了两种基本取向：信息影响和规范影响。信息影响强调小组讨论中不一致的观点和信息接触与认知加工对成员政治态度的影响，个体态度改变来自其他人为自己所提供的事实性的依据，议题类型、小组讨论中的个体参与程度均可能影响政治态度改变最终结果；规范影响则强调小组讨论中群体其他成员的反应对个体态度的影响，个体态度改变来自个体希望获得群体其他成员的接纳，不同特

① 唐嘉仪：《场景与对话：微信群讨论如何影响态度？——基于对比实验的微观解释框架》，《新闻记者》2019 年第 11 期。

② Hong Nga Nguyen Vu and Volker Gehrau, “Agenda Diffusion: An Integrated Model of Agenda Setting and Interpersonal Communication”, *Journalism & Mass Communication Quarterly*, Vol. 87, No. 1, March 2010.

征的个体群体规范影响力也会存在较大的差异。

1. 信息影响：议题类型、参与程度与态度改变

信息影响强调讨论中所提出的观点，个体态度变化的一个来源就是人们接触到与他们先验态度不一致的信息。从这一角度出发，群体讨论中可以产生一系列的观点，那些对群体成员而言就算是一般常识的观点也会被带入讨论，其他观点也许会包含群体成员在此之前并没有考虑到的具有说服力的一些观点，当人们听到相关观点，了解他人的特定立场时，他们可能会改变自己的立场①。不同类型议题通常会影响讨论过程观点产生的数量，对于事实性的议题，一致性较高，对于涉及价值判断的议题，则可能会导致更多不同的观点和信息，从而影响态度改变的程度和方向②。那么小组政治讨论中的议题类型如何影响青年政治态度？基于以上分析提出如下研究假设：

H2：不同议题类型对青年政治态度的影响程度存在差异。

H2a：不同议题类型对青年政治兴趣的影响程度存在差异。

H2b：不同议题类型对青年政治效能感的影响程度存在差异。

H2c：不同议题类型对青年政府绩效评价的影响程度存在差异。

H2d：不同议题类型对青年集体主义倾向的影响程度存在差异。

H2e：不同议题类型对青年制度自信的影响程度存在差异。

态度的转变并不仅仅由于听到他人的观点，讨论中的积极参与会比积极聆听更容易导致态度的改变。精细加工理论和参与民主理论均强调传播过程中个体的积极参与对于政治态度形塑与改变的重要意义。精细加工理论认为，人们的大脑并非像白板那样供说服者填写，尽管参与者与观察者听到的是相同的观点，但是一旦参与者用自己的话语表达该观点，言语的使用就会增加对这些观点的认同，大量研究表明，参与者是通过他们在听的时候所想的东西来传递信息的。相较于参与度较低的个体，高参与水平个体会启动中枢路径、投入更多认知资源进行精细加工。通过评价、回忆、推理、判断等认知加工，产生主动、持久

① ［美］戴维·迈尔斯：《社会心理学》，侯玉波、乐国安、张智勇等译，人民邮电出版社2006年版，第225页。

② Agustin Echebarria Echabe and Jose Luis Gonzalez Castro, “Group Discussions and Changes in Attitudes and Social Representations”, *The Journal of Social Psychology*, Vol. 139, No. 1, 1999.

的态度改变[①]，且在中枢路线的加工路径中，当人们倾听、思考信息时，会加上自己积极的想法，从而营造一个高度和谐的支持性认知[②]。

参与民主理论则将个体参与行为本身视作自我教育和整合的过程，如卢梭、密尔和科尔强调参与的直接意义就是“教育的功能”，参与有助于人们熟悉民主程序和学会政治（民主）的技能，逐渐适应有效的大规模民主政治所必要的“民主性格”，即个体的内部效能感。与此同时，密尔等强调参与的“整合性功能”，参与有助于将个人与他所在的社会相连接，减少对权力中心的疏离感，促进政治认同感的形成，推动个人负责任的社会行动和政治行动，从而使公民的公共精神和理性思维能力在参与过程中得以不断培育[③]。与此相反，“支持动员”理论则将参与视为一个合法性情感诱导的过程，如金斯伯格等认为，参与能够增加民众对政府权威的默许和认同，从而增进政治体制的合法性。即使政府只是摆出鼓励民众参与的姿态，也足以使民众产生自己有能力控制或左右政府行为的幻觉，从而使他们认同并忠于现存的政治体制[④⑤]。

那么，小组讨论中个体参与互动程度如何影响其政治态度？基于此，提出如下研究假设：

H3：小组讨论中参与程度对青年政治态度的影响程度存在差异。

H3a：小组讨论中参与程度对青年政治兴趣的影响程度存在差异。

H3b：小组讨论中参与程度对青年政治效能感的影响程度存在差异。

H3c：小组讨论中参与程度对青年政府绩效评价的影响程度存在差异。

H3d：小组讨论中参与程度对青年集体主义倾向的影响程度存在差异。

---

① 王晓庄、安晓镜、骆皓爽等：《锚定效应助推国民身心健康：两个现场实验》，《心理学报》2018 年第 8 期。

② Carol M. Werner，Carol Sansone，Barbara B. Brown，“Guided Group Discussion and Attitude Change：The Roles of Normative and Informational Influence”，*Journal of Environmental Psychology*，Vol. 28，No. 1，March 2008.

③ Brian D. Christens，N. Andrew Peterson and Paul Speer，“Community Participation and Psychological Empowerment：Testing Reciprocal Causality Using a Cross-Lagged Panel Design and Latent Constructs”，*Health Education & Behavior*，Vol. 38，No. 4，April 2011.

④ 吕催芳：《教育认知抑或情感说服——参与经历如何影响学生政治效能感》，《中国人民大学教育学刊》2020 年第 2 期。

⑤ 桂勇、施文捷：《城市基层政治参与对政治效能感的影响：一项实证研究》，《复旦政治学评论》2009 年第 1 期。

H3e：小组讨论中参与程度对青年制度自信的影响程度存在差异。

2. 规范影响：个体特征与态度改变

区别于信息影响，规范影响解释个体态度改变时强调小组讨论中群体成员如何看待他们自己和其他成员。费斯汀格在社会比较理论中提出，我们通常希望能对自己的观点和能力做出评价，对此我们可以通过将自己的观点与他人的比较来达成，因此常常被“参照群体”中的人们所说服。勒温也认为个体态度变化可归因于许多因素，尤其是社会标准的重要性：人们在讨论中利用他人的反应来推断什么是社会上合适的，然后相应地行动。尽管传播者特征、传播内容和结构为预测特定小组内大部分传播效果奠定了基础，但不同的人会以不同的方式承受压力，受众的个体特征和社会学特征也是预测传播效果的重要变量。霍夫兰认为，有两类常见的个性特征会影响个体对说服的反应：一是对于正在讨论的某个话题，个体准备接受或拒绝特定观点；二是个人对各类说服和社会影响的一般敏感度。有些研究表明，对传统道德标准的意识僵化、对父母的强制性服从，以及对权威人物强烈的矛盾情绪均可能会影响人们对不同类型话题中各种观点和态度的接受程度①。马得勇等的研究也表明，个体的威权人格是中国语境下个体意识形态立场的重要政治心理特征，威权人格倾向的个体更倾向于维护现有社会秩序和传统价值，在对外态度上更为强硬和排外②。在社会学特征表现上，年龄越小、文化程度越低的个体，其政治认知、判断能力越弱，其态度倾向越容易受其所在群体的影响③，那么，小组讨论中个体威权人格特征是否会影响其态度改变程度，个体文化程度差异是否也会影响其态度变化？基于此，提出如下研究假设：

H4：小组讨论对不同文化程度青年政治态度的影响程度存在差异。

H4a：小组讨论对不同文化程度青年政治兴趣的影响程度存在差异。

---

① ［美］卡尔·霍夫兰、欧文·贾尼斯、哈罗德·凯利：《传播与劝服：关于态度转变的心理学研究》，张建中、李雪晴、曾苑等译，中国人民大学出版社 2015 年版，第 174—175 页。

② 马得勇、王丽娜：《中国网民的意识形态立场及其形成——一个实证的分析》，《社会》2015 年第 5 期。

③ ［美］戴维·迈尔斯：《社会心理学》，侯玉波、乐国安、张智勇等译，人民邮电出版社 2006 年版，第 169 页。

H4b：小组讨论对不同文化程度青年政治效能感的影响程度存在差异。

H4c：小组讨论对不同文化程度青年政府绩效评价的影响程度存在差异。

H4d：小组讨论对不同文化程度青年集体主义倾向的影响程度存在差异。

H4e：小组讨论对不同文化程度青年制度自信的影响程度存在差异。

H5：小组讨论对不同威权人格特征青年政治态度的影响程度存在差异。

H5a：小组讨论对不同威权人格特征青年政治兴趣的影响程度存在差异。

H5b：小组讨论对不同威权人格特征青年政治效能感的影响程度存在差异。

H5c：小组讨论对不同威权人格特征青年政府绩效评价的影响程度存在差异。

H5d：小组讨论对不同威权人格特征青年集体主义倾向的影响程度存在差异。

H5e：小组讨论对不同威权人格特征青年制度自信的影响程度存在差异。

第二节　研究设计与方法

一　样本选取

2020 年 9—11 月在重庆、四川两所大学公开招募在读学生 158 名作为被试，实验之前签订实验知情同意书，实验结束后给予一定的报酬。其中，22 名被试后测数据认定为无效，未能纳入统计，在全部 136 名有效被试中，男女比例约为 1∶3，其中本科生 86 人，研究生 50 人。

二　程序与材料

实验包含前测、实验（焦点小组讨论）、后测三个部分，基于议题分布的广泛性及讨论过程中的自由程度，部分被试小组讨论过程中态度过于偏激可能出现网络用语的敏感性，为避免研究对象不必要的流失，焦点小组均采取线下方式进行。实验过程具体如下。

首先，对公开招募的实验对象进行编码，提前 1 天采用政治态度问卷对实验对象的政治兴趣、政治效能感、政府绩效评价、集体主义倾向和政治认同进行测量，问卷详见附录五。使用李克特五点计分法询问被试在多大程度上认同以下观点：（1）我对在政府部门发生的事情很有兴趣；（2）我对社会上所发生的公共事务很有兴趣；（3）我觉得自己有足够的能力去理解政治事务；（4）对于社会上所发生的公共事务我能发表自己的看法；（5）我觉得自己有能力参与社会公共事务。从“完全不同意”“不同意”“不确定”“同意”到“非常同意”进行 1—5 分计分，其中前两题为对被试政治兴趣的测量，后三题为对被试政治效能感的测量。对被试政治认同三维度（政府绩效评价、集体主义倾向和制度自信）的测量，具体详见第三章相关内容。

接下来，参考郭凤林、严洁对议题属性的分类[①]，从政治类、社会类和国际类议题的角度遴选“武汉疫情中的政府应对”“贵州安顺一公交车坠入水库”“中美国际贸易摩擦”三个事件作为此次焦点小组讨论主题，分别涉及政府治理能力、社会矛盾和国际争端三个方面的议题，将 86 名本科生和 50 名研究生分别随机分配到政治组、社会组和国际组中参与相关事件的讨论，共形成焦点小组 21 组，每个类型议题各 7 个小组。其中本科生 12 个小组，研究生 9 个小组。参考已有研究建议[②]，为了获得参与者对相关主题更深层次的理解，采用 5—6 人的微型焦点团体，以方便参与者对主题的内容进行大量而集中的讨论。与此同时，每个小组设一名协调员和一名助理协调员，协调员主要负责指导讨论，让对话顺利进行，并对每个实验对象在讨论过程中的具体反应和参与情况进行记录评论以方便后期编码，助理协调员则要做好全面的记录、录音、处理周围的情况和后勤方面的（点心、座位安排等）事情。每个焦点小组总时长约为 80 分钟，其中议题讨论时长约为 35 分钟，具体操作流程详见附录

---

① 郭凤林、严洁：《网络议程设置与政治参与：基于一项调查实验》，《清华大学学报》（哲学社会科学版）2016 年第 4 期。

② ［美］理查德·A. 克鲁杰、［美］玛丽·安妮·凯西：《焦点团体：应用研究实践指南》，林小英译，重庆大学出版社 2007 年版，第 64—84 页。

六。讨论过程主要聚焦参与者对相关议题的认知、态度以及形成某种态度的原因，协调员可围绕某些特别观点展开追问和进一步讨论，但对具体态度不作任何价值评价①。

焦点小组结束后，研究者组织所有实验对象当场填答问卷（后测），对参与讨论后的青年政治态度（政治兴趣、政治效能感、政府绩效评价、集体主义倾向和制度自信）倾向进行测量，题项和赋值情况如前测。

三　数据处理与分析

对小组全部讨论内容录音进行文本转换，根据文本转换内容和讨论现场主持人的记录对每位实验对象参与互动情况进行编码，赋值为1—3（1 = 低度参与，2 = 中度参与，3 = 高度参与），采用 SPSS 22.0 对全部数据进行统计与分析。

第三节　数据结果与分析

一　小组政治讨论前后政治态度差异分析

对实验对象小组政治态度前测后测得分进行配对样本 t 检验，绘制政治态度对比示意图。如表 5 - 1、图 5 - 1 所示，小组政治讨论后青年政治兴趣和政治效能感均高于讨论前，均值分别由 3.397 和 3.292 上升到 3.805 和 3.561，其差异均具有统计学意义（$p = 0.000$）。对于政治认同各维度而言，小组政治讨论的影响并不一致：政府绩效评价后测得分均值略低于前测得分，但两者差异并不均有统计学意义（$p = 0.858$）；制度自信前后测均值不变；集体主义倾向后测得分显著高于前测得分（$p = 0.000$），均值由 3.908 上升到 4.211。研究假设 H1a、H1b、H1d 均得以验证通过，H1c 和 H1e 未能得以验证，H1 得以部分验证通过。

① 唐嘉仪：《场景与对话：微信群讨论如何影响态度？——基于对比实验的微观解释框架》，《新闻记者》2019 年第 11 期。

表5－1　小组政治讨论前后青年政治态度得分

	政治讨论前	政治讨论后	t	p
政治兴趣	3.397±0.669	3.805±0.555	8.100	0.000
政治效能感	3.292±0.536	3.561±0.506	5.614	0.000
政府绩效评价	4.573±0.481	4.566±0.501	－0.179	0.858
集体主义倾向	3.908±0.763	4.211±0.535	5.516	0.000
制度自信	4.551±0.499	4.551±0.520	0.000	1.000

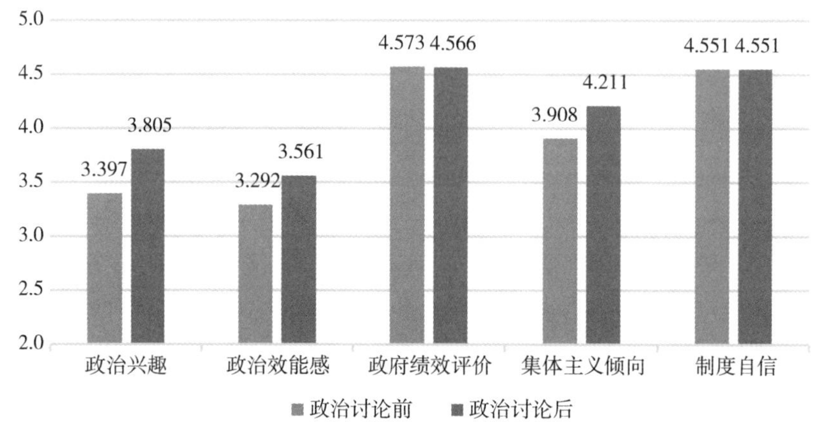

图5－1　小组政治讨论前后青年政治态度对比示意图

二　不同政治讨论状况与青年政治态度变化

1. 小组政治讨论议题类型与青年政治态度变化

表5－2、图5－2呈现了不同议题类型的小组间青年政治态度的前测和后测基本情况，国际组、政治组和社会组的政治态度（政治兴趣、政治效能感、政府绩效评价、集体主义倾向和制度自信）讨论前后测的得分均不存在显著差异，但不同类型讨论中青年政治态度的变化具有一定的差异：具体而言，在政治兴趣和政治效能感上，不同议题类型讨论后得分均不同程度高于讨论前得分；在政府绩效评价上，国际组讨论后得分较之讨论前有所下降，而政治组讨论后得分略高于讨论前，社会组得分讨论前后得分基本一致；在集体主义倾向的表现上，不同议题类型讨论后得分均不同程度高于讨论前得分；在制度自信方面，国际组和政治

组讨论后得分略高于讨论前，社会组讨论后得分较之讨论前有所下降。这一结果与小组政治讨论前后政治态度趋势基本一致，不同议题类型的小组政治讨论均一定程度地增强了青年的政治兴趣、政治效能感和集体主义倾向，但不同组间政府绩效评价和制度自信还存在一定变化趋势的差异，其后将通过对不同议题小组政治讨论中青年政治态度变化程度差异分析呈现小组政治讨论中议题类型对青年政治态度变化的影响程度。

表 5 - 2　**小组政治讨论不同议题组青年政治态度变化**

	1 国际组	2 政治组	3 社会组	F	p
政治兴趣前测	3.367 ±0.537	3.427 ±0.792	3.395 ±0.660	0.093	0.911
政治兴趣后测	3.822 ±0.575	3.875 ±0.500	3.709 ±0.590	1.043	0.355
政治效能感前测	3.244 ±0.510	3.382 ±0.533	3.240 ±0.565	1.054	0.351
政治效能感后测	3.511 ±0.495	3.646 ±0.483	3.519 ±0.541	1.038	0.357
政府绩效评价前测	4.522 ±0.511	4.583 ±0.509	4.616 ±0.420	0.432	0.650
政府绩效评价后测	4.478 ±0.543	4.604 ±0.461	4.616 ±0.498	1.054	0.352
集体主义倾向前测	3.856 ±0.751	3.937 ±0.790	3.930 ±0.760	0.158	0.854
集体主义倾向后测	4.111 ±0.550	4.285 ±0.515	4.233 ±0.537	1.281	0.281
制度自信前测	4.481 ±0.539	4.549 ±0.498	4.628 ±0.455	0.946	0.391
制度自信后测	4.593 ±0.531	4.562 ±0.487	4.496 ±0.551	0.391	0.677

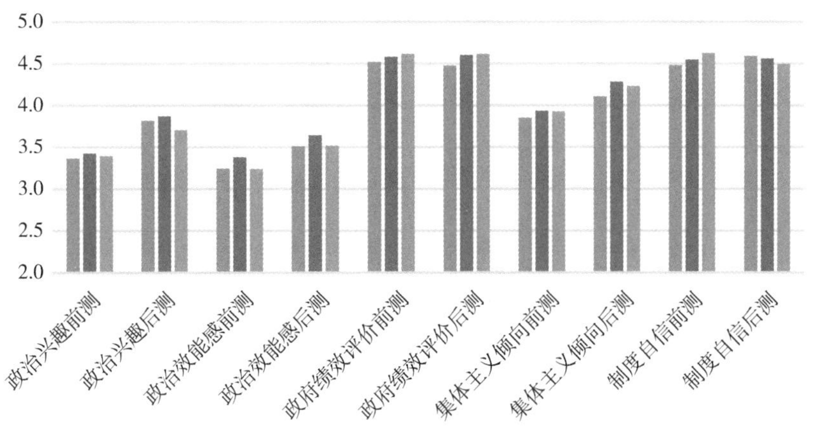

图 5 - 2　小组政治讨论不同议题组青年政治态度对比示意图

为进一步呈现小组政治讨论中不同议题类型对青年政治态度变化程度的具体影响，对不同议题小组政治讨论中青年政治态度变化程度进行分析，结果详见表5－3、图5－3。差异分析结果显示，不同议题类型对青年政治兴趣、政治效能感、政府绩效评价、集体主义倾向的影响程度均不存在显著差异，但对青年制度自信的影响程度存在显著差异，主要体现在：国际议题政治讨论对青年制度自信有积极建构作用，社会议题政治讨论则对青年制度自信具有消极的消解作用，且两组之间态度变化程度之间的差异达到了统计学上的显著性（$p=0.030$）。研究假设H2a、H2b、H2c、H2d均未能得以验证，H2e得以验证，H2得以部分验证通过。

表5－3　**小组政治讨论不同议题组青年政治态度变化程度差异分析结果**

	1 国际组	2 政治组	3 社会组	F	p	LSD
政治兴趣变化	0.455 ±0.572	0.448 ±0.576	0.314 ±0.617	0.807	0.448	
政治效能感变化	0.267 ±0.539	0.264 ±0.523	0.279 ±0.630	0.009	0.991	
政府绩效评价变化	−0.044 ±0.582	−0.021 ±0.399	0.000 ±0.450	0.220	0.803	
集体主义倾向变化	0.256 ±0.658	0.347 ±0.614	0.302 ±0.661	0.236	0.790	
制度自信变化	0.111 ±0.402	0.014 ±0.412	−0.132 ±0.467	3.598	0.030	3 >1

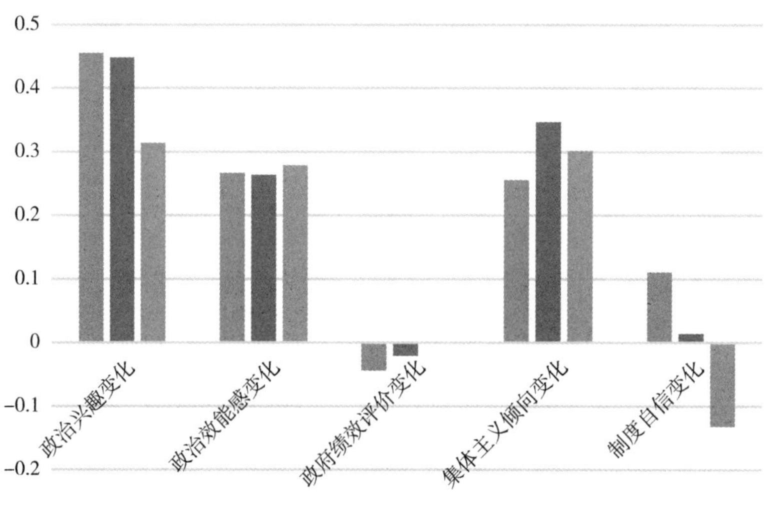

图5－3　小组政治讨论不同议题组青年政治态度变化程度对比示意图

2. 小组政治讨论中参与程度与青年政治态度变化

表5－4、图5－4呈现了小组讨论中不同参与程度青年政治态度的前测和后测的基本情况，低度参与、中度参与和高度参与青年的政治态度（政治兴趣、政治效能感、政府绩效评价、集体主义倾向和制度自信）前后测的得分均不存在显著差异，但不同类型讨论中青年政治态度的变化存在一定的差异：具体而言，在政治兴趣和政治效能感上，不同参与程度青年讨论后得分均高于讨论前得分；在政府绩效评价和制度自信上，低度参与和高度参与青年讨论后得分较之讨论前均有所提高，而中度参与青年讨论后得分略低于讨论前；在集体主义倾向的表现上，不同参与程度青年讨论后得分均高于讨论前得分。

表5－4　**小组政治讨论不同参与程度青年政治态度变化**

	1 低度参与	2 中度参与	3 高度参与	F	p
政治兴趣前测	3.222 ±0.506	3.327 ±0.633	3.467 ±0.709	0.997	0.372
政治兴趣后测	3.667 ±0.707	3.740 ±0.538	3.867 ±0.547	1.096	0.337
政治效能感前测	2.926 ±0.547	3.262 ±0.571	3.356 ±0.532	2.776	0.066
政治效能感后测	3.304 ±0.563	3.513 ±0.529	3.578 ±0.485	0.631	0.534
政府绩效评价前测	4.444 ±0.464	4.654 ±0.403	4.533 ±0.528	1.316	0.272
政府绩效评价后测	4.778 ±0.441	4.529 ±0.479	4.567 ±0.522	0.946	0.391
集体主义倾向前测	3.833 ±0.707	4.000 ±0.657	3.853 ±0.837	0.610	0.545
集体主义倾向后测	4.186 ±0.530	4.231 ±0.518	4.200 ±0.553	0.061	0.941
制度自信前测	4.444 ±0.471	4.609 ±0.484	4.524 ±0.515	0.658	0.519
制度自信后测	4.518 ±0.412	4.558 ±0.543	4.551 ±0.520	0.021	0.979

为进一步呈现小组政治讨论中不同参与程度对青年政治态度变化程度的具体影响，对不同参与程度青年政治态度变化程度进行分析，结果详见表5－5、图5－5。差异分析结果显示，不同参与程度对青年政治兴趣、集体主义倾向和制度自信的影响程度均不存在显著差异，但对青年政治效能感和政府绩效评价的影响程度存在显著差异，相较于中度和高度参与程度的青年，参与程度较低的青年政治效能感改变程度更显著（$p=0.017$）。在政府绩效评价上，中度参与青年讨论后反而有所降低，且其降低的程度与低度参与组的增加程度之间的差异达到了统计学上的显

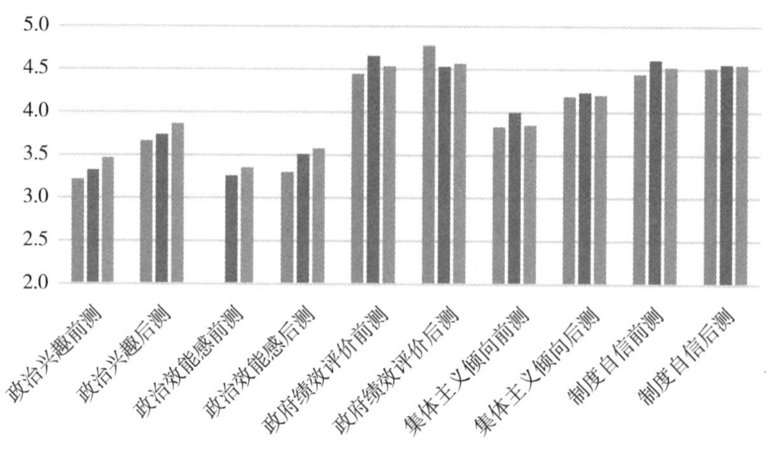

图5-4　小组政治讨论不同参与程度青年政治态度对比示意图

著（$p=0.015$）。研究假设H3a、H3d、H3e均未能得以验证，H3b、H3c得以验证，H3得以部分验证通过。

表5-5　小组政治讨论不同参与程度青年政治态度变化程度差异分析结果

	1 低度参与	2 中度参与	3 高度参与	F	p	LSD
政治兴趣变化	0.444±0.726	0.413±0.540	0.400±0.610	0.026	0.974	
政治效能感变化	0.378±0.624	0.250±0.597	0.222±0.500	4.196	0.017	1>2，3
政府绩效评价变化	0.333±0.433	-0.125±0.494	0.033±0.453	4.315	0.015	1>2
集体主义倾向变化	0.352±0.503	0.231±0.499	0.347±0.737	0.528	0.591	
制度自信变化	0.074±0.641	-0.051±0.513	0.027±0.341	0.629	0.535	

3. 小组政治讨论中不同文化程度群体与青年政治态度变化

表5-6、图5-6呈现了小组讨论中不同文化程度群体青年政治态度的前测和后测基本情况。政治态度前测中，本科生和研究生群体在政治兴趣和集体主义倾向上存在显著差异（$p=0.010$；$p=0.013$），研究生群体政治兴趣和集体主义倾向上得分均显著高于本科生群体，在政治效能感、政府绩效评价和制度自信上研究生群体得分均略高于本科生群体，但差异并不显著；政治态度后测中，在集体主义倾向和制度自信两个方

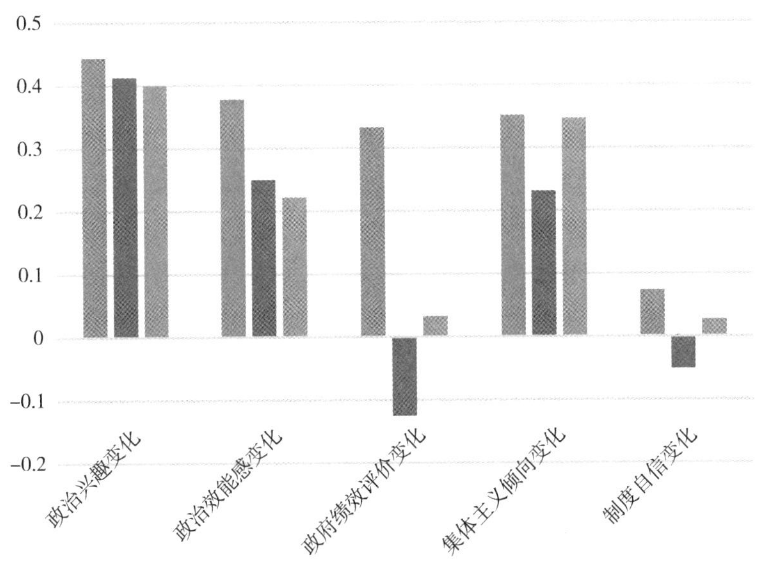

图5－5　小组政治讨论不同参与程度青年政治态度变化程度对比示意图

面，本科生群体得分均显著低于研究生群体（$p=0.013$；$p=0.007$），在政治兴趣、政治效能感上，本科生群体得分均低于研究生群体，但其差异并不显著，在政府绩效评价上，本科生群体得分略低于研究生群体，但其差异也未达统计学上的显著。

表5－6　　**小组政治讨论不同文化程度群体青年政治态度变化**

	本科生	研究生	t	p
政治兴趣前测	3.285 ±0.697	3.590 ±0.578	2.616	0.010
政治兴趣后测	3.767 ±0.607	3.870 ±0.450	1.124	0.263
政治效能感前测	3.248 ±0.579	3.367 ±0.448	1.334	0.185
政治效能感后测	3.523 ±0.515	3.627 ±0.489	1.150	0.252
政府绩效评价前测	4.523 ±0.447	4.660 ±0.529	1.608	0.110
政府绩效评价后测	4.535 ±0.502	4.620 ±0.501	0.955	0.341
集体主义倾向前测	3.784 ±0.788	4.120 ±0.674	2.518	0.013
集体主义倾向后测	4.124 ±0.548	4.360 ±0.480	2.530	0.013
制度自信前测	4.523 ±0.492	4.600 ±0.513	0.864	0.389
制度自信后测	4.465 ±0.544	4.700 ±0.443	2.737	0.007

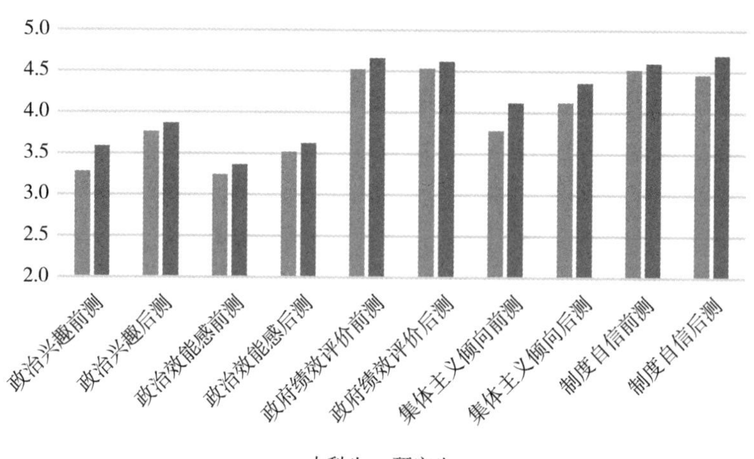

图5-6 小组政治讨论不同文化程度群体青年政治态度对比示意图

为进一步呈现小组政治讨论中不同文化程度群体对青年政治态度变化的具体影响，对不同文化程度青年政治态度变化程度进行差异分析，结果详见表5-7、图5-7。差异分析结果显示，不同文化程度政治讨论群体对青年政治效能感、政府绩效评价和集体主义倾向的影响程度均不存在显著差异，但对青年政治兴趣和制度自信的影响程度存在显著差异：相较于研究生群体，本科生群体政治兴趣改变程度更显著（$p=0.052$），在制度自信上，本科生群体政治讨论后得分反而有所降低，其降低的程度与研究生群体的增加程度之间的差异达到了统计学上的显著（$p=0.041$）。研究假设H4a、H4e均得以验证，H4b、H4c、H4d均未能得以验证，H4得以部分验证通过。

表5-7 **小组政治讨论不同文化程度群体青年政治态度变化程度差异分析结果**

	本科生	研究生	t	p
政治兴趣变化	0.483±0.606	0.280±0.536	1.959	0.052
政治效能感变化	0.275±0.635	0.260±0.406	0.170	0.865
政府绩效评价变化	0.116±0.491	-0.040±0.461	0.604	0.547
集体主义倾向变化	0.339±0.690	0.240±0.545	0.870	0.384
制度自信变化	-0.058±0.452	0.100±0.388	2.068	0.041

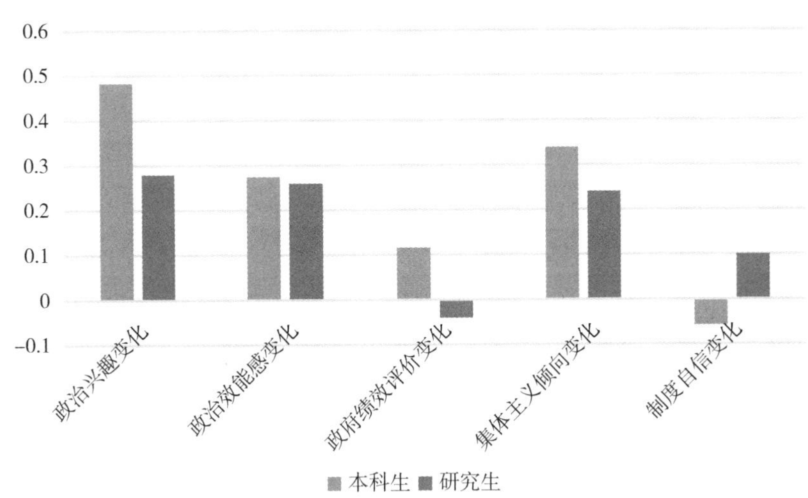

图5－7　小组政治讨论不同文化程度群体青年政治态度变化程度对比示意图

4. 小组政治讨论中威权人格与青年政治态度变化

表5－8、图5－8呈现了小组讨论中不同威权人格特征青年政治态度前测和后测基本情况。总体而言，不同威权人格特征青年政治兴趣、政治效能感和集体主义倾向得分均有所提高。小组讨论前，不同威权人格特征青年在政治兴趣和政府绩效评价上不存在显著差异，但在政治效能感、集体主义倾向和制度自信上均存在显著差异：低威权人格特征青年政治效能感得分显著高于高威权人格特征青年；在集体主义倾向上，高威权人格特征青年得分显著高于中、低威权特征青年；在制度自信上，高威权人格特征青年得分显著高于中威权特征青年。小组讨论后，不同威权人格特征青年在政治兴趣、政府绩效评价和集体主义倾向上的得分差异均不显著，但在政治效能感和制度自信的得分存在显著差异：低威权人格特征青年政治效能感得分显著高于中、高威权人格特征青年；在制度自信上，高威权人格特征青年得分显著高于中威权特征青年。

表5－8　**小组政治讨论不同威权人格特征青年政治态度变化**

	1 低威权人格	2 中威权人格	3 高威权人格	*F*	*p*	*LSD*
政治兴趣前测	3.470 ±0.759	3.373 ±0.625	3.323 ±0.599	0.521	0.595	
政治兴趣后测	3.810 ±0.669	3.809 ±0.425	3.790 ±0.574	0.014	0.986	

续表

	1 低威权人格	2 中威权人格	3 高威权人格	*F*	*p*	*LSD*
政治效能感前测	3. 440 ±0. 569	3. 242 ±0. 523	3. 140 ±0. 454	3. 530	0. 032	1 >3
政治效能感后测	3. 727 ±0. 489	3. 533 ±0. 443	3. 344 ±0. 561	6. 022	0. 003	1 >2、3
政府绩效评价前测	4. 574 ±0. 494	4. 596 ±0. 519	4. 742 ±0. 313	2. 725	0. 069	
政府绩效评价后测	4. 667 ±0. 460	4. 481 ±0. 531	4. 694 ±0. 422	2. 746	0. 068	
集体主义倾向前测	3. 685 ±0. 930	3. 898 ±0. 651	4. 226 ±0. 514	4. 274	0. 016	3 >1、2
集体主义倾向后测	4. 426 ±0. 567	4. 269 ±0. 0. 538	4. 500 ±0. 447	2. 466	0. 089	
制度自信前测	4. 606 ±0. 514	4. 457 ±0. 516	4. 742 ±0. 382	3. 983	0. 021	3 >2
制度自信后测	4. 593 ±0. 542	4. 440 ±0. 514	4. 796 ±0. 436	5. 652	0. 004	3 >2

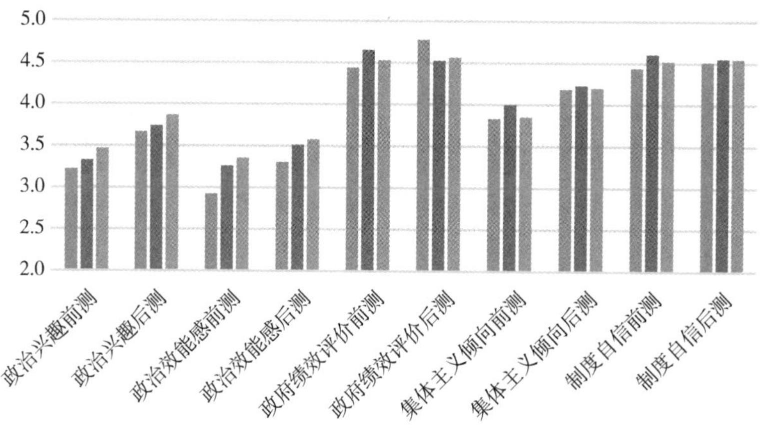

图 5 -8　小组政治讨论不同威权人格特征青年政治态度对比示意图

为进一步呈现小组政治讨论中不同威权人格特征对青年政治态度变化程度的具体影响，对不同威权人格特征青年政治态度变化程度进行差异分析，结果详见表 5 -9、图 5 -9。差异分析结果显示，政治讨论中不同威权人格特征群体青年政治兴趣、政治效能感、政府绩效评价和制度自信的变化程度均不存在显著差异，但在集体主义倾向上的变化程度存在显著差异。低威权人格特征青年的集体主义倾向改变程度显著高于中威权人格和高威权人格特征的青年（$p = 0.017$）。研究假设 H5a、H5b、

H5c、H5e 均未能得以验证，H5d 得以验证，H5 得以部分验证通过。

表 5－9　小组政治讨论不同威权人格特征青年政治态度变化程度差异分析

	1 低威权人格	2 中威权人格	3 高威权人格	*F*	*p*	*LSD*
政治兴趣变化	0. 352 ±0. 534	0. 404 ±0. 624	0. 467 ±0. 547	0. 282	0. 754	
政治效能感变化	0. 247 ±0. 503	0. 303 ±0. 559	0. 204 ±0. 619	0. 372	0. 690	
政府绩效评价变化	0. 093 ±0. 311	－0. 026 ±0. 540	－0. 048 ±0. 435	0. 755	0. 472	
集体主义倾向变化	0. 586 ±0. 892	0. 278 ±0. 590	0. 118 ±0. 388	4. 189	0. 017	1 >2，3
制度自信变化	－0. 012 ±0. 375	－0. 017 ±0. 486	0. 054 ±0. 345	0. 305	0. 738	

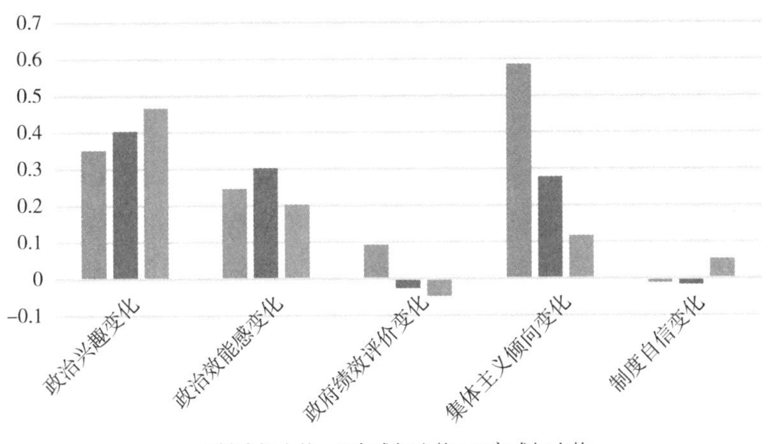

图 5－9　小组政治讨论不同威权人格特征青年政治态度变化程度对比示意图

第四节　讨论

一　小组政治讨论与青年积极政治态度的生成

个体的政治态度并非一成不变，小组讨论作为一种信息传播机制，可以帮助个体在与他人的对话与互动过程中相互碰撞、融合从而建构其积极的政治认知、情感和行为倾向①②。配对检验结果也显示出与以往研究结果的基本一致性：在小组讨论后，青年政治兴趣、政治效能感和集体主义倾向得分均有显著提高，小组讨论能有效激活青年政治兴趣和政治效能感，也能一定程度直接促进青年受众对集体主义价值观的认同。

如在“疫情中的中美国际争端”的小组讨论中，“然后我觉得也有可能就是跟每个国家的一些文化有关系……前段时间香港的那个暴动、内乱，好多人都认为，香港它是一个独立的地方，其实我当时也关注了这个问题，可能也跟那个教科书有关，它上面所罗列的一些东西其实也有一些影响很不好的成分，但是我相信我们中国的体制，我是非常喜欢的，就以前不能够深刻地感受到，特别是在这一次疫情期间，中国的这种集众方之力去援武汉的精神。然后那种统一的精神，你在家的时候，你能感受到那种对我们普通人民群众生命的一个重视度，所以我觉得我们这种体制，对于现在我们发展中的国家是非常好的，我是非常拥护它的。我相信，这种问题就早晚会解决，我觉得台湾回归也是一个迟早的事，因为他们当时做的其实也不太那个，对吧，就是当时发生这件事的时候，我看到一个新闻就说台湾也是不太会，就是说不能把口罩都给我们，但是我觉得中国是很大度的，有一种大国的风范和风度，我觉得中国很好，我很喜欢。真的很庆幸生在中国”。

“贵州安顺一公交车坠入水库”的议题讨论中，在经历最初的“政府是否作为”等质疑、讨论和不满之后，参与讨论的青年能理性思考政府、国家、民众之间的关系，并表达对国家和政府的肯定和支持。“一个国家主旋律肯定是往上走的，肯定是一个很好的方向。就比如你思想都垮掉了，你怎么可能会支撑起所有人的思想。大家肯定还是心里说我们国家肯定是最强，这是每个人思想上必须拥有的东西。就哪怕是抛开社会上的一些问题，思想肯定是得往上走，肯定是一个主旋律，然后你再融入社会环境中，你会发现出现这些问题，或者你说到假大空的这些问题，

① 唐嘉仪：《场景与对话：微信群讨论如何影响态度？——基于对比实验的微观解释框架》，《新闻记者》2019 年第 11 期。

② Carol M. Werner, Carol Sansone, Barbara B. Brown, “Guided Group Discussion and Attitude Change: The Roles of Normative and Informational Influence”, *Journal of Environmental Psychology*, Vol. 28, No. 1, March 2008.

都是很正常的存在，我不相信资本主义国家它就不存在这些东西，而且可能会更严重。这个东西如果能搬到明面上来，搬到台面上来，我们国家就能够把这个问题给很好地解决。”“我也不能很直接说，就并没有他讲到的那些东西，其实你真正走近当地他们国家的公民，你会发现就是他们其实归属感远没有我们中国人这么强烈，就会觉得我会为我是一个中国人而骄傲，他们不会想说我会因为我是一个美国人而骄傲，他们就是人少钱多，仅此而已。”

在“武汉疫情中的政府应对”这一议题中，青年受众的对话充分显示出对中国政府积极应对的态度和所展现的强有力的应对能力的高度认同。例如：“就是刚刚××也说到我们国家就是应对那个疫情比较快速，这就让我想到了，在刚开始疫情暴发的时候，就是他们那些人修雷神山、火神山的，让我感触挺大的。因为当时疫情暴发，病床不够嘛。当时有很多工人，大家都很积极主动，很团结，就是这个是在2008年之后给我感触最深的地方。”“嗯，国家啊，让我感受到了温暖。……我感觉我们这个国家每个人都很关心这个事情。微博天天都挂在热搜上，没有掉下来过。就是那么团结，那么温暖，那种集体的力量。这是成为一个全民关注的事情。下面一个词就是勇敢，能做下武汉封城这么勇敢的一个决定，那是集大家的智慧。国家领导、党员全民出动，所以我觉得他们下这个决定是很勇敢的。然后像那些奔赴一线的战士们就不用说了嘛，唉，还是可以提一提的。他们真的很勇敢，明知山有虎，偏向虎山行。还有那些家人也是很勇敢的，既然能够让自己的妻子、儿子都向那个火坑里去，觉得他们也是一方是大家一方是小家，为了大家而舍小家。这种精神，鼓励，赞！”

二　信息影响还是规范影响：小组政治讨论中的态度改变

对小组政治讨论不同议题类型、参与程度和受众特性态度改变程度的差异分析结果表明：议题类型、参与程度、威权人格和文化程度均可一定程度有效预测小组政治讨论中的青年政治态度改变程度，信息影响与规范影响共同作用于青年最终政治态度。

1. 不同议题类型影响的差异性

不同议题类型对受众政治态度的影响差异结果显示了小组政治讨论

中信息影响的作用，参与社会议题讨论的青年受众在制度自信变化程度上与参与国际事务讨论的青年受众间存在显著差异，究其原因主要是两者对受众制度自信的影响存在方向上的不一致：参与社会议题讨论的青年受众制度自信水平有所降低，而参与国际事务讨论的青年其制度自信水平则有所提高。以往研究结果显示，国际民族议题比较易于激活中国青年的爱国主义和民族主义情绪[①②]。小组讨论实验结果显示，在“疫情中的中美国际争端”这一国际议题讨论中，无论是研究生群体还是本科生群体均展示了对于祖国日新月异的变化和愈加强大的自豪和荣耀感，对中国外交部在处理国际贸易争端中的强硬话语表示了高度的肯定和赞赏，强化了对国家和民族的认同，并获得了安全感。

“我觉得这样挺好的，外交部每次都发言，每一次我都觉得他有力地维护了我们的尊严，同时也告诉别人我们也不是那么好欺负的……总之还是在那个合则两利的这一条线上，保持一个平衡。”

“我觉得那个外交部的做法也反映了我们改革开放这三四十年以来，我们的国力强盛了。然后他们在说话那方面也可以比较强硬，比起我们之前近代史的那种时候，确实就是至少态度上面我们都已经可以跟别人抗衡了。当然在具体的措施上面也没有说因为意气用事怎么怎么样，让我们人民蒙受太多太多损失之类的，所以我还是挺满意的。”

在参与“贵州安顺一公交车坠入水库”这一社会事件的小组政治讨论后，青年制度自信水平有所降低，“社会矛盾”这类议题讨论对青年政治认同具有一定的消解作用，主要原因有二。

其一，这类话题与普通民众的日常生活密切相关，极易触动受众的敏感神经，如对受害者的深切同情和对肇事司机的谴责：“作为一个成年人了吧，就是你肯定知道你最大的责任就是安全，安全重于泰山，你肯定要把乘客和你自己的生命放在第一位，你就算是发生了天大的事情，你一定要控制自己的情绪。其实就不止他一个人吧，就有那种对比性，有的人就比如说中国机长，就是那个四川航空的，人家在发生那么高空

① 战泓玮、魏宝涛：《从中美贸易争端看中国青年的民族主义话语表达——以B站“〈新闻联播〉关于中美贸易争端报道”的相关视频为考察视角》，《中国青年研究》2021年第2期。

② 马得勇、陆屹洲：《复杂舆论议题中的媒体框架效应——以中美贸易争端为案例的实验研究》，《国际新闻界》2020年第5期。

危险的时候，就可以解救人民群众的生命财产安全。但他这种……他就算是发生了家庭的变故，或者什么的，别人那种做手术，突然接到父母去世的消息，都可以镇定自如，他这完全就是没有，怎么说呢，他明知道，自己还要去开车，还要去喝酒，这明显……”

其二，此类社会矛盾议题讨论中往往容易出现“泛政治化”的现象，并转向对政府行为的质疑。“我觉得这个公交车的司机吧，他主要是因为他的自身的一个经历吧，然后才造成了他有这样的一个报复社会的心理。如果说，这里面说到了，他是因为就是打那个政务热线，但是却没有得到相应的回复，这样子呢，这个事件作为一个导火索吧，激发了他内心的一些怨恨。然后激发这样一些怨恨之后呢，所以他做出了报复社会的这样一个行动，所以我觉得除了他自身的个人因素之外，政府部门也需要对这样的一些事情引起重视。就是比如说有人打热线电话过来了，说明他确实是有问题，然后才找到了这个热线。”“其实这件事情是本来是可以避免的。因为他本来就是，趁着对社会的一种报复心理，选择了带酒，然后就相当于一个醉酒事件，公安机关明明这些机构是在查醉酒之类的，可以多设防，对这些事情多加监控。工作人员上岗之前为什么不进行排查？为什么会让酒这种非常危险的东西带上去？”

2. 主动参与还是被动接受？

无论是精细加工理论还是参与民主理论都强调传播过程中个体的积极参与对于政治态度形塑与改变的重要意义，在小组讨论过程中，尽管参与者和观察者听到的是相同的信息和观点，但是一旦参与者用自己的话语表达该观点时，言语的使用会扩大这种信息影响的作用。但本书研究结果并未显示出小组政治讨论过程中个体参与程度对态度变化程度的影响差异，主要原因可能是与第五章所提及的实验效应密切相关，本书研究的研究对象均来自公开招募自愿参与的研究对象，对于参与研究和相关主题比较感兴趣，信息卷入度自然普遍较高，均处于积极参与过程中，并可能对小组讨论中别人的观点在中枢路径进行深层次的加工，如前所述，态度的改变并不仅来自所听到的信息，更来自对信息的深层次加工程度，因此基于被试发言的次数所评量的个体参与程度差异可能并不能准确反映出被试积极参与过程的实际信息卷入程度，从而导致个体参与程度对态度变化程度影响微弱。

3. 威权人格、文化程度的影响

对不同威权人格特征和文化程度青年态度变化差异分析发现，政治讨论中个体态度变化程度受不同威权人格特征和文化程度的影响。

威权人格上的态度差异体现了规范影响：相较于中高威权人格特征的青年，低威权人格特征青年在集体主义倾向这一政治态度上的变化更为显著，这一结论与以往研究结果较为一致，威权人格者偏爱保守和维护现状、偏爱集体的特质[①]，高威权人格者由于其追随和崇拜权威，倾向于按照自己的信念来判断问题而拒绝接受异于自身信念的事实，低威权人格者虽然对权威持批评和拒斥的态度，但在接触到不同观点的信息时也更愿意改变态度[②]。

本科生与研究生在政治兴趣和制度自信上变化程度差异则呈现了两种不同的状况：尽管本科生和研究生小组讨论后政治兴趣均显著增强，但本科生变化的幅度显著高于研究生；在制度自信上，本科生得分有所降低，研究生则有所增强，且研究生群体变化的幅度高于本科生群体。这一结果的出现可能与文化程度和年龄差异均有一定的相关，且同时体现了信息影响和规范影响的复杂交互作用：其一，文化程度会导致个体在信息处理上的偏好差异，对于本科生而言，可能更偏好简洁易懂的单面信息，小组讨论中通常会出现对立形式的双面信息，这种双面信息一方面可能会使论旨变得比较复杂，理解难度增加，导致本科生制度自信表现有所降低；另一方面可能会给偏好复杂信息的研究生一种“公平”感，消除其对于正面信息的反感心理，从而增强了其制度自信的表现[③]。霍夫兰的实验也表明，受教育程度较高的人更容易接受那种看上去综合考虑了所有因素后才得出结论的观点，对于受教育程度较低的人而言，对立冲突的两面信息反而会削弱其传播效果[④]。其二，相较于制度自信，政治兴

---

① 马得勇：《威权人格的起源与演变——一个社会演化论的解释》，《清华大学学报》（哲学社会科学版）2022 年第 2 期。

② 马得勇：《“匹配效应”——政治谣言的心理及意识形态根源》，《政治学研究》2018 年第 5 期。

③ 郭庆光：《传播学教程》，中国人民大学出版社 2011 年版，第 184—185 页。

④ ［美］卡尔·霍夫兰、［美］欧文·贾尼斯、［美］哈罗德·凯利：《传播与劝服：关于态度转变的心理学研究》，张建中、李雪晴、曾苑等译，中国人民大学出版社 2015 年版，第 107—108 页。

趣的生成更易于受到规范影响。无论是研究生还是本科生都非常年轻，处于思想相对开放的时期，小组讨论的团体不仅仅有对立冲突，更有互动带来的温暖、包容和支持，相较而言，更有助于为本科生青年提供政治认知的团体认同感，唤起其政治兴趣。

小　结

本章内容旨在通过现场焦点小组控制实验的研究方法，探讨政治讨论对青年政治认同的具体影响，在检验分析了小组政治讨论前后青年政治兴趣、政治效能感、政治认同（政府绩效评价、集体主义倾向和制度自信）的差异，小组政治讨论中的议题类型、个体参与程度、文化程度、威权人格对青年政治兴趣、政治效能感、政治认同（政府绩效评价、集体主义倾向和制度自信）影响的具体差异后，可以发现如下结论。

首先，政治讨论与青年政治认同之间具有较强的关联，政治讨论能有效激活青年政治兴趣和政治效能感，也能一定程度地直接促进青年受众对集体主义价值观的认同。

其次，小组讨论并非对所有参与对象的影响都是一致的，信息影响和规范影响共同影响个体的态度改变，从而使小组讨论个体政治态度变化程度存在一定的差异。从信息影响来看，信息传播中信息内容性质一定程度地影响青年政治认同，参与国际事务类议题讨论会增强青年制度自信水平，参与社会类议题的讨论会降低青年的制度自信水平。从规范影响来看，信息传播中受众个性也会影响青年政治认同的最终结果，如文化程度和威权人格特征高的个体往往较为自信，一致性和坚持性较高，在群体讨论中可能存在一定程度的认知固化，其政治认知和评价在长期政治社会化过程中逐渐定型，信息影响和规范影响均难以通过一次政治讨论发生变化。

值得注意的是，尽管小组讨论能有效激活青年政治兴趣和政治效能感，但被激活的政治兴趣和政治效能感是否都能促进青年受众的政治认同？被激活的政治效能感和政治兴趣是否可以通过影响集体主义倾向，从而影响制度自信的结果？从政治讨论到政治效能的上升到集体主义倾向提升，再到制度自信水平的提高，是不是一个一环扣一环的过程，并具有顺序性和逐级传递效应？与此同时，研究结果显示信息内容、威权人格、文化程度之间也可能相互作用，共同影响政治认同的最终发展结果。更为重要的是，就网络政治传播中的参与互动机制而言，政治讨论仅是其中一种体现形式，其他类型的参与互动又将如何影响青年政治认同？

第六章 网络政治传播场域中青年政治认同的来源与形成机制

第四、第五章分别基于调查实验和现场控制实验初步探讨了网络政治传播场域中信息传播和参与互动机制对青年政治认同的具体影响。基于媒体框架效应的考察发现，在信息传播机制中，媒体框架能一定程度地影响青年政治认同，威权人格在这一过程中起重要的中介作用；基于小组政治讨论的实验结果显示，在参与互动机制中，小组讨论可以有效激活青年政治兴趣和政治效能感，也能一定程度地直接促进青年受众对集体主义价值观的认同，信息接触类型、威权人格和文化程度会一定程度地影响政治讨论对青年受众的影响效果。可见，网络政治传播场域中网络信源特征、网络参与互动、个体政治心理特征均可能影响青年政治认同的发展，那么现实情境下，网络政治传播场域中青年政治认同发展过程中网络信源特征、网络参与互动、个体政治心理特征各要素的具体影响和作用强度如何？这些影响因素之间存在怎样的相互作用机制？如何相互影响，共同形塑青年政治认同？基于此，本章将分别从网络信源特征、网络参与互动类型和个体政治心理特征三个方面对网络政治传播场域中青年政治认同形成来源进行梳理，并在此基础上构建综合模型呈现网络信源特征、网络参与互动、个体政治心理特征对青年政治认同的动态作用过程。

第一节 文献梳理与分析框架

一 网络信源特征与青年政治认同

在网络政治传播通过信息传播机制影响青年政治认同的过程中，媒介接触的“媒介抑郁论”“良性循环论”“媒介类型论”均具有一定的解释力：媒介抑郁论认为网络政治传播的信息多元化和舆论两极化的空间，可能会增加青年接触关于政府腐败、社会伦理道德等大量负面新闻报道的可能性，从而导致青年对政府及政治人物产生消极评价，降低青年政治认同水平，孙源南、吴玥、钱兵等①通过对国内部分网民的调查研究也发现负面新闻接触对公众现有政治信任具有显著的负向影响。良性循环论则认为媒体的新闻曝光有助于增强青年的政治认知、促进政治参与，提升政治支持，其关键在于青年的既有政治态度，积极公众会选择促进其行动的正面新闻而过滤掉负面信息的影响，从而使其更加相信政治过程，实现二者良性互动，消极公众则因其政治疏离与效能感低可能导致对政治信息的免疫②。媒介类型论则认为应该对不同信源类网络传播渠道的作用进行区别研究，针对我国政治传播的双重场域特征，部分学者从官方媒介和非官方媒介对网络传播渠道进行区分考察其政治效果，薛可等③研究发现：官方媒介接触对网民政府信任具有显著正向影响，而非官方媒介接触对网民政府信任具有显著负向影响；叶杰④、王法硕和丁海恩⑤的研究结果也显示出媒体类型的政治效果差异：非官方媒体对政治信任具有解构功能，体现出民众的实用主义政治认同逻辑，官方媒体对政治信任具有论证与辩解功能，是政府信任向制度自信转化的“催化剂”。

由此可见，网络政治传播信源特征对青年政治认同的具体影响，既有政治信息内容差异的作用，也有一定程度的信息渠道及媒介框架偏好的作用（详见第三、第四章相关内容）。厘清中国语境下的网络政治传播

① 孙源南、吴玥、钱兵：《反转中的社会信任——基于新闻接触与受众特性的实证研究》，《新闻记者》2019年第12期。

② 刘元贺、肖唐镖、孟威：《媒介接触如何影响民众地方治理评价——基于民众政府观的中介效应分析》，《新闻界》2020年第9期。

③ 薛可、余来辉、余明阳：《媒介接触对政府信任的影响：基于中国网民群体的检验》，《现代传播（中国传媒大学学报）》2017年第4期。

④ 叶杰：《非官方媒体使用对制度自信的影响机制——以网民为分析对象的实证研究》，《经济社会体制比较》2019年第1期。

⑤ 王法硕、丁海恩：《官方媒体使用如何影响制度自信？——爱国主义的中介作用与政治知识的调节作用》，《东北大学学报》（社会科学版）2020年第3期。

信源如何通过信息传播机制影响青年政治认同，需要同时引入受众接受的信息接触类型和媒体偏好类型两个变量考察网络政治传播信源特征。基于以上分析，提出如下一组研究假设：

研究假设 H1：正面信息对青年政治认同有显著正向影响。

研究假设 H1a：正面信息对青年政府绩效评价有显著正向影响。

研究假设 H1b：正面信息对青年集体主义倾向有显著正向影响。

研究假设 H1c：正面信息对青年制度自信有显著正向影响。

研究假设 H2：负面信息对青年政治认同有显著负向影响。

研究假设 H2a：负面信息对青年政府绩效评价有显著负向影响。

研究假设 H2b：负面信息对青年集体主义倾向有显著负向影响。

研究假设 H2c：负面信息对青年制度自信有显著负向影响。

研究假设 H3：官方媒体关注对青年政治认同有显著正向影响。

研究假设 H3a：官方媒体关注对青年政府绩效评价有显著正向影响。

研究假设 H3b：官方媒体关注对青年集体主义倾向有显著正向影响。

研究假设 H3c：官方媒体关注对青年制度自信有显著正向影响。

研究假设 H4：公众媒体关注对青年政治认同有显著负向影响。

研究假设 H4a：公众媒体关注对青年政府绩效评价有显著负向影响。

研究假设 H4b：公众媒体关注对青年集体主义倾向有显著负向影响。

研究假设 H4c：公众媒体关注对青年制度自信有显著负向影响。

二　网络参与互动类型与青年政治认同

网络政治传播既是政治传播的重要载体，也是普通青年民众互动表达和参与公共事务的平台。小组政治讨论实验结果显示，小组讨论可以帮助个体在与他人的对话与互动过程中相互碰撞、融合，从而建构其积极的政治认知、情感和行为倾向。那么，网络政治传播场域广泛存在的互动表达和公共参与等行为又将怎样影响青年政治认同？

张明新、刘伟基于政治态度表达和行为范畴区分了三种网络参与互动行为：通过浏览、转发和讨论与网友进行政治信息和观点交流的政治互动；以网络为媒介表达对政治或公共事务观点的政治表达；通过网络检举、监督、曝光、与相关人士对话、建议或投票等方式影响公共事务决策的政治参与[①]。郭凤林、严洁则基于与他人互动程度对网络政治讨论方式区分为“围观式讨论”和“集体式讨论”：围观式讨论以个体接受信息为主，包括新闻浏览、点赞、转发、评论等；集体式讨论则以网民之间的互动和组织为特点，形成对事件的分析、争论、相互分享信息和观点[②]。相关研究结果表明，网络参与互动行为类型具有不同的政治效果：网络政治互动和网络公共参与均对政治信任有显著负向影响，网络政治表达则有助于提高其政治信任水平[③④]。也有研究显示，网络公共事务参与对主流政治态度的认可度方面没有显著影响[⑤]。基于以上分析，采用张明新、刘伟划分的网络参与类型标准，将网络参与互动区分为网络政治互动、网络政治表达和网络公共参与，并提出如下一组研究假设：

研究假设 H5：网络政治互动对青年政治认同有显著负向影响。

研究假设 H5a：网络政治互动对青年政府绩效评价有显著负向影响。

研究假设 H5b：网络政治互动对青年集体主义倾向有显著负向影响。

研究假设 H5c：网络政治互动对青年制度自信有显著负向影响。

研究假设 H6：网络政治表达对青年政治认同有显著正向影响。

研究假设 H6a：网络政治表达对青年政府绩效评价有显著正向影响。

研究假设 H6b：网络政治表达对青年集体主义倾向有显著正向影响。

研究假设 H6c：网络政治表达对青年制度自信有显著正向影响。

研究假设 H7：网络公共参与对青年政治认同有显著负向影响。

研究假设 H7a：网络公共参与对青年政府绩效评价有显著负向影响。

研究假设 H7b：网络公共参与对青年集体主义倾向有显著负向影响。

研究假设 H7c：网络公共参与对青年制度自信有显著负向影响。

---

① 张明新、刘伟：《互联网的政治性使用与我国公众的政治信任——一项经验性研究》，《公共管理学报》2014 年第 1 期。

② 郭凤林、严洁：《网络议程设置与政治参与：基于一项调查实验》，《清华大学学报》（哲学社会科学版）2016 年第 4 期。

③ 王国华、闵晨、钟声扬等：《微博的政治性使用对政治态度影响的实证研究——以武汉地区大学生为例》，《情报杂志》2015 年第 8 期。

④ 张明新、刘伟：《互联网的政治性使用与我国公众的政治信任——一项经验性研究》，《公共管理学报》2014 年第 1 期。

⑤ 赵联飞：《网络对青年大学生的政治态度影响：以微博为例——基于全国 12 所高校调查数据的实证分析》，《社会科学战线》2014 年第 6 期。

三　政治心理特征与青年政治认同

已有研究显示，青年对权力和政治系统的疏离和怀疑态度不利于培养政治认同，阿尔蒙德等的研究表明，政治兴趣和政治效能感对于公民政治态度具有直接的影响作用，政治兴趣和能力意识越强的人，对于政治过程的满意度也越高，更相信提供参与机会的政治系统，也更易于产生对自己所处政治系统的自豪感，个体参与政治的能力感有助于加强系统的合法性，促进政治稳定，对于青年政治认同的形成具有十分重要的意义①。与我国传统的儒家历史文化以及制度环境相关，威权人格也是影响中国人政治价值观的重要因素，针对中国民众的相关实证研究也发现了威权人格对个体政治态度的积极形塑作用，如李路路等②基于世界价值观和中国综合社会调查的数据分析，认为中国人存在较为一致的甚至是主导性的价值观念，即偏好、信任并顺从权威政府；张海良、许伟③基于2010年的中国综合社会调查数据分析也发现，威权主义价值观对中国居民的政府信任具有显著的积极作用，对权威越服从的人，对政府的信任度越高。据此，提出如下一组研究假设：

研究假设H8：政治兴趣对青年政治认同有显著正向影响。

研究假设H8a：政治兴趣对青年政府绩效评价有显著正向影响。

研究假设H8b：政治兴趣对青年集体主义倾向有显著正向影响。

研究假设H8c：政治兴趣对青年制度自信有显著正向影响。

研究假设H9：政治效能感对青年政治认同有显著正向影响。

研究假设H9a：政治效能感对青年政府绩效评价有显著正向影响。

研究假设H9b：政治效能感对青年集体主义倾向有显著正向影响。

研究假设H9c：政治效能感对青年制度自信有显著正向影响。

研究假设H10：威权人格对青年政治认同有显著正向影响。

---

① ［美］加布里埃尔·A.阿尔蒙德、［美］西德尼·维巴：《公民文化——五个国家的政治态度和民主制》，徐湘林等译，东方出版社2008年版，第222—232页。

② 李路路、钟智锋：《“分化的后权威主义”——转型期中国社会的政治价值观及其变迁分析》，《开放时代》2015年第1期。

③ 张海良、许伟：《人际信任、社会公平与政府信任的关系研究——基于数据CGSS 2010的实证分析》，《理论与改革》2015年第1期。

研究假设 H10a：威权人格对青年政府绩效评价有显著正向影响。

研究假设 H10b：威权人格对青年集体主义倾向有显著正向影响。

研究假设 H10c：威权人格对青年制度自信有显著正向影响。

四 网络政治传播场域中青年政治认同发展过程

综上可见，网络政治传播场域中青年政治认同发展与其所处环境形成了一个整体的、动态的系统，网络信源特征、网络参与互动共同构成了影响青年政治认同发展的生态环境。然而，在青年政治认同发展过程中，个体并非消极、被动接受外在环境的影响，而是作为一个积极的、有目的的行动者与周围环境系统相互作用的过程。马得勇等认为，在从政治信息接触到个体政治态度影响过程中，一定存在某种个体内在特性，如威权人格作为中间变量发挥作用，从而导致在当代中国，具有相似历史记忆和文化认同、接受相似信息的个体表现出不同的政治态度和行为：在政治信息传播过程中，威权人格是联结媒介信息与受众政治认同的重要中间变量，媒介信息首先影响的应该是受众的威权价值观，或激发，或形成，或转换，继而才影响政府绩效评价、集体主义倾向和制度自信[①]。由此可见，在信息对青年政治认同产生影响的过程中，个体的心理人格和一般性政治态度起到了重要的中介作用。对于小组政治讨论的现场实验结果也显示，政治讨论有助于激活个体政治兴趣和政治效能感，而政治兴趣与政治效能感又是影响中国民众政治态度的重要变量，政治兴趣、政治效能感可能是实现网络参与互动与青年政治认同联结的重要中介变量。此外，小组政治讨论中不同威权人格的青年受众集体主义倾向变化程度存在显著差异，威权人格可能在网络参与互动过程中起调节作用，减弱或增强不同类型参与互动行为对政治认同的具体影响。

基于以上分析，网络政治传播中青年政治认同形成于一个复杂的多重网络关系之中，网络政治传播中信源特征、参与互动与个体政治心理特征动态交互作用于青年政治认同（政府绩效评价、集体主义倾向、制度自信）的发展结果。个体结构性资源和生活满意度也会一定程度影响

① 马得勇、陆屹洲：《信息接触、威权人格、意识形态与网络民族主义——中国网民政治态度形成机制分析》，《清华大学学报》（哲学社会科学版）2019 年第 3 期。

和制约着网络政治传播场域中青年政治认同的发展。

如图6-1所示，在信息传播机制中，信源特征（信息接触类型、媒体偏好类型）、网络参与互动（网络政治互动、网络政治表达、网络公共参与）以及个体政治心理特征（政治兴趣、政治效能感、威权人格）会直接作用于青年政治认同（政府绩效评价、集体主义倾向、制度自信）结果；信源特征（信息接触类型、媒体偏好类型）或网络参与互动（网络政治互动、网络政治表达、网络公共参与）还会通过作用于个体政治心理特征（政治兴趣、政治效能感、威权人格）而影响青年政治认同（政府绩效评价、集体主义倾向、制度自信）的发展，即个体政治心理特征（政治兴趣、政治效能感、威权人格）在其中起中介效应；同时网络参与互动（网络政治互动、网络政治表达、网络公共参与）与青年政治认同发展（政府绩效评价、集体主义倾向、制度自信）之间的关系还要受个体政治心理特征（威权人格）、结构性资源和生活满意度的调节。

网络政治传播对青年政治认同（政府绩效评价、集体主义倾向、制度自信）发展结果的影响存在两种基本机制：基于信源特征（信息接触类型、媒体偏好类型）的信息传播机制和基于网络参与互动（网络政治互动、网络政治表达、网络公共参与）的参与互动机制。网络政治传播对青年政治认同（政府绩效评价、集体主义倾向、制度自信）发展结果的作用方式也主要有两种：直接效应和间接效应。前者指信源特征（信息接触类型、媒体偏好类型）或网络参与互动（网络政治互动、网络政治表达、网络公共参与）对青年政治认同（政府绩效评价、集体主义倾向、制度自信）的直接作用；后者指信源特征（信息接触类型、媒体偏好类型）或网络参与互动（网络政治互动、网络政治表达、网络公共参与）借助于个体政治心理特征（政治兴趣、政治效能感、威权人格）来影响青年政治认同（政府绩效评价、集体主义倾向、制度自信）。其中网络政治传播的间接效应又可进一步分为两种：中介效应和调节效应。由此形成了网络政治传播对青年政治认同（政府绩效评价、集体主义倾向、制度自信）的多种中介作用路径：信源特征（信息接触类型、媒体偏好类型）—个体政治心理特征（政治兴趣、政治效能感、威权人格）—青年政治认同（政府绩效评价、集体主义倾向、制度自信）、网络参与互动（网络政治互动、网络政治表达、网络公共参与）—个体政治心理特征

（政治兴趣、政治效能感、威权人格）—青年政治认同（政府绩效评价、集体主义倾向、制度自信）。此外，如图 6－1 中虚线所示，威权人格、结构性资源和生活满意度还可能作为调节变量，影响网络参与互动与青年政治认同之间的关系。

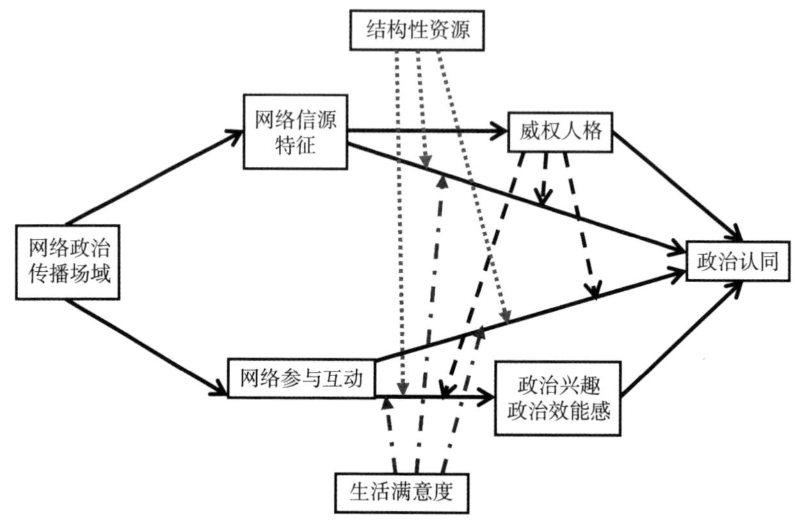

图 6－1 网络政治传播场域中青年政治认同发展过程示意图

第二节 研究对象、测量内容与分析方法

一 研究对象

本阶段问卷调查于 2020 年 9—11 月由调查人员主要通过线上和线下两种方式同时进行采集，问卷具体内容详见附录七。研究共发放问卷约 1700 份，为提高回收问卷的真实性和有效性，将连续 6 题选择同一回答者，设定为无效问卷，经过清理后获得有效问卷 1647 份，被试年龄范围为 18—39 岁，其中女性 826 人，占 50. 2%，男性 821 人，占 49. 8%；在学历分布上，本科及以上学历 1001 人，占 60. 8%，本科以下学历 646 人，占 39. 2%。基本人口学资料详见表 6－1。

表 6－1　**被试人口学基本信息**

类别		频率（人）	百分比（%）
性别	男性	821	49.8
	女性	826	50.2
年龄分段	18—29 岁	651	39.5
	30—39 岁	996	60.5
政治面貌	中共党员（含预备党员）	387	23.5
	其他	1260	76.5
职业	务农人员	56	3.4
	工商业人员	1143	69.4
	专业技术人员	174	10.6
	公务员	55	3.3
	学生	135	8.2
	其他职业人员	84	5.1
家庭平均年收入	4 万元及以下	233	14.1
	4.1 万—10 万元	674	40.9
	10.1 万—20 万元	563	34.2
	20.1 万—50 万元	163	9.9
	50 万元以上	14	0.9
文化程度	初中及以下	82	5.0
	高中	151	9.2
	专科及本科	1282	77.8
	硕士及以上	132	8.0
地区	都会区	420	25.5
	东部沿海地区	571	34.7
	西部地区	250	15.2
	中部地区	290	17.6
	东北地区	116	7.0

二　测量工具与检验

本章问卷测量内容包括政治认同（政府绩效评价、集体主义倾向、制度自信）、网络信源特征（信息接触类型、媒体偏好类型）、网络参与互动（网络政治互动、网络政治表达、网络公共参与）和个体政治心理特征（政治兴趣、政治效能感、威权人格）。此外，将性别、年龄、文化程度、职业、收入等人口学变量及个体生活满意度变量纳入测量，作为分析的协变量。其中政治认同、媒体偏好类型、政治兴趣、政治效能感、威权人格、生活满意度和人口学变量的测量和赋值具体详见前面相关章节，本次测量政治认同 7 个题项 α 系数为 0.765，媒体偏好类型 7 个题项 α 系数为 0.738，威权人格 2 个题项 α 系数为 0.658，政治兴趣 2 个题项 α 系数为 0.666，政治效能感 3 个题项 α 系数为 0.676。

1. 信息接触类型

通过询问“当你上网时，主要关注什么”考察中国青年群体信息接触类型，备选项包括“两会”/中央党政机关与工作人员的相关报道、社会伦理道德社会纠纷、强调社会和谐稳定/拥护党和政府的各种报道、娱乐体育新闻报道、党政机关腐败和违法乱纪报道、与自身利益密切相关的事件报道。被试可在上述备选中任意选择，最多可选 5 个。参考已有研究①，将信息接触类型细化为正面信息、负面信息、中性信息。其中“两会”/中央党政机关与工作人员的相关报道、强调社会和谐稳定/拥护党和政府的各种报道有助于行为对政府绩效的积极认知，这两个备选项被视为正面新闻信息；社会伦理道德社会纠纷、党政机关腐败和违法乱纪报道这些事件大多以舆情事件或反转新闻的方式出现，在一定程度上消解了民众的政治信任，这两个选项可被视为负面新闻信息；娱乐体育新闻报道、与自身利益密切相关的事件报道两个备选项所涉及的信息对于政府认知没有明确的正向或负向指向，故这两个备选项视为中性新闻信息。从正面信息、负面信息、中性信息三种类型对上述选项的出现次数分值进行汇总统计，“1 = 出现，0 = 不出现”，最后形成 0—2 分的正面

① 董毅：《基层民众的媒介接触与政治信任》，复旦大学博士学位论文，2011 年，第 173—175 页。

信息、负面信息、中性信息得分，得分越高，代表此类型信息接触越频繁。

2. 网络参与互动

通过“浏览朋友推荐的新闻链接”等14个题项测量中国青年网络参与互动行为①，按照发生频率多少给予“从不”“很少”“一般”“比较多”到“非常多”的评价，并分别赋予1—5的分值，得分越高，则表示该类型行为越频繁。

采用总分相关法、内部一致性效标法等对问卷进行项目分析。统计结果详见表6－2。

表6－2　**“网络参与互动”项目分析结果**

题号	决断值 CR	题项与总分相关	信度（删除题项后）
1	26.439***	0.594***	0.906
2	30.544***	0.653***	0.904
3	32.782***	0.678***	0.903
4	37.658***	0.694***	0.902
5	41.236***	0.756***	0.899
6	42.537***	0.756***	0.899
7	45.296***	0.784***	0.898
8	33.025***	0.680***	0.903
9	45.300***	0.781***	0.898
10	26.799***	0.554***	0.907
11	37.223***	0.529***	0.909
12	27.013***	0.685***	0.903
13	37.033***	0.586***	0.906
14	23.332***	0.706***	0.902

注：* 表示 $p<0.05$，** 表示 $p<0.01$，*** 表示 $p<0.001$。

表6－2结果显示，14道题目用内部一致性效标法检验的结果，所有

① 张明新、刘伟：《互联网的政治性使用与我国公众的政治信任——一项经验性研究》，《公共管理学报》2014年第1期。

题项均达到显著性水平，区分度比较理想；采用题目总分相关法计算题目得分与问卷总分的相关系数，14 道题目的区分度在 0.529—0.784，所有题项区分度均高于 0.40，达到可以接受的标准；同质性检验结果显示，所有题删除后问卷信度系数均低于 0.908，参照标准，保留 14 题。

对 14 个题项进行因子分析，检验 14 个题项的共同构念，排除测量误差的影响。本次数据中 14 个题项 KMO 值为 0.937，卡方值为 10610.311，Bartlett's 球形检验显示变量间的相关概率 $p<0.000$，适合进行因子分析，利用主成分分析法进行因子分析，转轴方法为直交转轴的最大变异法。参照理论设计，提取了三个公因子，可解释 62.509% 的变异量，旋转后的成分矩阵详见表 6－3。

表 6－3 **“网络参与互动”删题前的各题项因子载荷值**

题项	成分		
	1	2	3
1	0.790	0.142	0.035
3	0.754	0.205	0.174
4	0.734	0.228	0.203
2	0.690	0.235	0.160
6	0.624	0.462	0.188
5	0.576	0.458	0.251
8	0.258	0.766	0.110
9	0.344	0.743	0.243
7	0.386	0.681	0.272
14	0.185	0.535	0.533
12	0.181	0.523	0.507
13	0.124	0.212	0.760
11	0.220	0.018	0.746
10	0.091	0.274	0.679

14 个题项的因子载荷数值处于 0.507—0.790 之间，均高于 0.4 的一般建议标准，三个因子至少包含三个条目，但题项 5、6 同时在因子 1 和

因子2上具有较大的负荷，题项12、14同时在因子2和因子3上具有较大的负荷，荷载系数均高于0.4，说明这4个条目区分度不强，依次删除5、6、12、14题“在QQ群、微信群、博客、个人空间、朋友圈发表对某一时事或新闻的评论”“在QQ群、微信群、博客、个人空间、朋友圈转发自己感兴趣的新闻链接”“在网上参与政府相关部门的调研”“就某一政策或事件在政府相关门户网站表达意见，提出建议”。

删题后再进行因子分析的结果详见表6－4。结果表明，KMO值为0.890，卡方值为6502.486，Bartlett's球形检验结果显著（$p=0.000$），表明数据适合进行因子分析。因子分析共提取出三个特征根大于1的因子，共解释了66.407%的方差。

表6－4　**“网络参与互动”删题后各题项因子载荷值**

题号及具体条目	因子1	因子2	因子3
1 浏览朋友推荐的新闻链接	0.814	0.165	0.018
3 给朋友推荐自己感兴趣的新闻链接	0.760	0.238	0.172
4 给好友群推荐自己感兴趣的新闻链接	0.728	0.244	0.207
2 浏览网友推荐的新闻链接	0.698	0.266	0.157
8 点击同意或不同意参与对某新闻的投票	0.249	0.799	0.116
9 在相关论坛参与时事热点的讨论	0.310	0.776	0.267
7 去相关论坛发帖或跟帖表达自己对某一时事或新闻的看法	0.331	0.728	0.311
13 与政策相关人士进行网络对话	0.133	0.193	0.763
11 就某一时事发起网络投票	0.192	0.060	0.762
10 在网上曝光政府部门或官员的不良作为	0.055	0.300	0.762
方差贡献率（%）	45.246	13.047	8.114
累积方差贡献率（%）	45.246	58.292	66.407

10个题项的因子载荷数值处于0.698—0.814，均高于0.4的一般建议标准，能有效反映“网络参与互动”同一构念。其中第一个因子包含“浏览朋友推荐的新闻链接”“浏览网友推荐的新闻链接”“给朋友推荐自己感兴趣的新闻链接”“给好友群推荐自己感兴趣的新闻链接”4个题项，主要涉及网络信息获取和互动，故命名为“网络政治互动”。第二个因子包含“去相关论坛发帖或跟帖表达自己对某一时事或新闻的看法”

“在相关论坛参与时事热点的讨论”“点击同意或不同意参与对某新闻的投票”3个题项，主要涉及政治态度表达范畴，故命名为“网络政治表达”。第三个因子包含“与政策相关人士进行网络对话”“在网上曝光政府部门或官员的不良作为”“就某一时事发起网络投票”3个题项，主要涉及个体试图影响政府决策和公共事务的活动，故命名为“网络公共参与”。“网络公共参与”“网络政治互动”“网络政治表达”三个因子能较好地反映中国语境下网络政治传播场域中青年网络参与互动类型，采用克伦巴赫α系数进行信度校验，分析结果显示，10个题项的α系数为0.864。

三　分析步骤与研究方法

数据分析主要包括两个部分。第一部分主要采用相关分析和多元回归分析厘清网络政治传播场域中青年政治认同形成的主要来源。首先，对数据进行共同偏差检验；其次，通过相关分析简要呈现网络信源特征、网络参与互动、个体政治心理特征与青年政治认同之间的大致关联；最后在相关分析基础上，使用多元回归分析分别估计网络信源特征、网络参与互动、个体政治心理特征对青年政治认同的具体影响和作用强度，厘清网络政治传播场域中青年政治认同的具体来源和重要性。第二部分主要包括采用结构方程模型和多元回归分析呈现网络政治传播场域中青年政治认同发展过程。首先，通过结构方程模型对个体政治心理特征的多重中介作用进行检验；其次，通过多元回归分析对个体政治心理特征可能存在的调节效应和群体异质性进行检验。

第三节　网络政治传播场域中青年政治认同的主要来源

一　数据共同方法偏差检验与相关分析

考虑到本书数据来源相同，可能存在共同方法偏差，在数据分析之前先采用Harman单因素检验方法进行共同方法偏差检验①。对所有项目

① Philip M. Podsakoff, Scott B. MacKenzie, Jeong-Yeon Lee et al., “Common Method Biases in Behavioral Research: A Critical Review of the Literature and Recommended Remedies”, *Journal of Applied Psychology*, Vol. 88, No. 5, Octember 2003.

进行未旋转的因素分析，特征根大于1的公因子有6个，第一个公因子解释的变异量只有25.252%，所有项目抽取公因子的数量大于1，第一个公因子解释的变异量小于40%的临界标准，说明本书共同方法偏差问题在允许范围内，研究结果没有受到严重干扰。

对政治认同（政府绩效评价、集体主义倾向、制度自信）、网络信源特征（信息接触类型、媒体偏好类型）、网络参与互动类型（网络政治互动、网络政治表达、网络公共参与）、个体政治心理特征（政治兴趣、政治效能感、威权人格）之间进行相关分析。

表6-5相关分析结果显示，网络信源特征中的正面信息与负面信息、官方媒体关注、网络政治互动、网络政治表达、网络公共参与、政治兴趣、政治效能感、威权人格、政府绩效评价、集体主义倾向和制度自信均显著正相关；网络信源特征中的负面信息与官方媒体关注、网络政治互动、网络政治表达、网络公共参与、政治兴趣、政治效能感均显著正相关，与政府绩效评价、集体主义倾向和制度自信之间的相关均不显著；网络信源特征中的官方媒体关注与公众媒体关注、网络政治互动、网络政治表达、网络公共参与、政治兴趣、政治效能感、威权人格、政府绩效评价、集体主义倾向和制度自信均显著正相关；网络信源特征中的公众媒体关注与网络政治互动、网络政治表达、网络公共参与、政治兴趣、政治效能感、威权人格均显著正相关，与政府绩效评价、集体主义倾向和制度自信之间的相关均不显著；网络政治互动与网络政治表达、网络公共参与、政治兴趣、政治效能感、威权人格、政府绩效评价、集体主义倾向和制度自信均显著正相关；网络政治表达与网络公共参与、政治兴趣、政治效能感、威权人格、政府绩效评价、集体主义倾向和制度自信均显著正相关；网络公共参与与政治兴趣、政治效能感、威权人格、集体主义倾向之间均显著正相关，与政府绩效评价、制度自信相关不显著；政治兴趣、政治效能感、威权人格、政府绩效评价、集体主义倾向和制度自信之间两两显著正相关。

二　网络信源特征、网络参与互动、政治心理特征与青年政治认同

1. 网络信源特征对青年政治认同的回归分析

为了考察网络信源特征的正面信息、负面信息、官方媒体关注和公

表 6－5 **各主要变量的相关分析结果**

	1	2	3	4	5	6	7	8	9	10	11	12	13
1 正面信息	1	—	—	—	—	—	—	—	—	—	—	—	—
2 负面信息	0.083***	1	—	—	—	—	—	—	—	—	—	—	—
3 官方媒体关注	0.398***	0.211***	1	—	—	—	—	—	—	—	—	—	—
4 公众媒体关注	0.165***	0.194***	0.432***	1	—	—	—	—	—	—	—	—	—
5 网络政治互动	0.288***	0.253***	0.506***	0.384***	1	—	—	—	—	—	—	—	—
6 网络政治表达	0.280***	0.226***	0.491***	0.417***	0.623***	1	—	—	—	—	—	—	—
7 网络公共参与	0.209***	0.155**	0.278***	0.287***	0.391***	0.519***	1	—	—	—	—	—	—
8 政治兴趣	0.334***	0.210***	0.440***	0.272***	0.421***	0.482***	0.219***	1	—	—	—	—	—
9 政治效能感	0.314***	0.171***	0.439***	0.265***	0.423***	0.491***	0.294***	0.552***	1	—	—	—	—
10 威权人格	0.138***	0.056*	0.139***	0.096***	0.165***	0.180***	0.219***	0.080***	0.197***	1	—	—	—
11 政府绩效评价	0.170***	−0.035	0.166***	0.002	0.094***	0.058*	0.014	0.131***	0.151***	0.096***	1	—	—
12 集体主义倾向	0.148***	0.004	0.178***	0.022	0.168***	0.097***	0.069**	0.099**	0.146***	0.318***	0.330***	1	—
13 制度自信	0.187***	0.009	0.183***	0.013	0.135***	0.064**	0.040	0.119***	0.142***	0.089**	0.546***	0.438***	1

注：* 表示 $p<0.05$，** 表示 $p<0.01$，*** 表示 $p<0.001$。

众媒体关注对青年政治认同系统可能存在的具体影响及其作用强度，在控制性别、年龄、政治面貌、收入、职业、文化程度等人口学变量及个体生活满意度的情况下，分别以政府绩效评价、集体主义倾向和制度自信作为因变量，以正面信息、负面信息、官方媒体关注和公众媒体关注作为预测变量，进行分层回归分析，结果详见表6-6，其中，年龄、文化程度均视为连续变量，家庭收入中因50万元以上样本较少，与20.1万—50万元一组进行合并，以下同。

表6-6　**网络信源特征对青年政治认同系统的多元回归分析结果**

变量	政府绩效评价			集体主义倾向			制度自信		
	A1	A2	A3	B1	B2	B3	C1	C2	C3
正面信息	0.122***	0.069**	0.085***	0.092***	0.063*	0.063*	0.136***	0.084***	0.102***
负面信息	-0.065*	-0.060*	-0.051*	-0.029	-0.026	-0.019	-0.023	-0.017	-0.013
官方媒体关注	0.164***	0.106***	0.128***	0.174***	0.143***	0.148***	0.167***	0.110***	0.147***
公众媒体关注	-0.076**	-0.073**	-0.077**	-0.063*	-0.061*	-0.060*	-0.077**	-0.074**	-0.078**
生活满意度	—	0.327***	0.327***	—	0.175***	0.188***	—	0.315***	0.322***
性别：男[a]	—	—	-0.039	—	—	0.000	—	—	0.003
年龄	—	—	0.016	—	—	0.023	—	—	0.017
政治面貌：党员[b]	—	—	-0.043	—	—	-0.002	—	—	0.000
职业[c]	—	—	—	—	—	—	—	—	—
务农人员	—	—	0.016	—	—	0.018	—	—	-0.006
工商业人员	—	—	-0.004	—	—	-0.032	—	—	-0.053
专业技术人员	—	—	-0.052	—	—	-0.052	—	—	-0.022
公务员	—	—	-0.004	—	—	0.013	—	—	-0.016
学生	—	—	0.008	—	—	0.040	—	—	0.097*
家庭平均年收入[d]	—	—	—	—	—	—	—	—	—
4万元及以下	—	—	0.057	—	—	-0.027	—	—	0.046
4.1万—10万元	—	—	0.010	—	—	0.038	—	—	0.029
10.1万—20万元	—	—	0.006	—	—	0.010	—	—	0.009
文化程度	—	—	-0.004	—	—	-0.069*	—	—	-0.088**
R^2	0.050	0.146	0.151	0.043	0.068	0.073	0.055	0.144	0.161

续表

变量	政府绩效评价			集体主义倾向			制度自信		
	A1	A2	A3	B1	B2	B3	C1	C2	C3
ΔR^2	0.050	0.098	0.011	0.043	0.028	0.012	0.055	0.092	0.023
F	21.684***	57.291***	18.178***	18.441***	25.146***	8.641***	23.754***	56.204***	19.557***
ΔF	21.684***	189.747***	1.750*	18.441***	49.775**	1.709	23.754***	175.887***	3.807***

注：a 表示以女性作为参照组；b 表示以非党员作为参照组；c 表示以其他职业作为参照组；d 表示以 20 万元以上作为参照组；* 表示 p 在 0.05 的显著性水平，** 表示 p 在 0.01 的显著性水平，*** 表示 p 在 0.001 的显著性水平。

第一，信源特征的信息接触类型对青年政治认同系统有显著影响，模型 A1、B1、C1 结果表明，正面信息对政府绩效评价、集体主义倾向和制度自信均有显著的正向影响，负面信息对政府绩效评价有显著的负向影响，对集体主义倾向和制度自信的影响存在负向的可能性，但并未达统计学上的显著性。模型 A2、B2、C2、A3、B3、C3 结果提示，信息接触类型对青年政治认同系统各要素的影响力具有一定的稳定性，在将生活满意度及各人口学变量逐步纳入模型后，正面信息对青年政治认同（政府绩效评价、集体主义倾向、制度自信）的影响力有所减弱，但依然达到统计学上的显著性，但负面信息对政府绩效评价的负向影响力逐渐减弱，但依然显著。研究假设 H1、H1a、H1b、H1c、H2a 均得以验证，研究假设 H2 得以部分验证通过，研究假设 H2b、H2c 未能得以验证。

第二，网络信源特征的媒体偏好类型对青年政治认同系统有一定的显著影响，模型 A1、B1、C1 结果表明，官方媒体关注对政府绩效评价、集体主义倾向和制度自信均有显著的正向影响；公众媒体关注对政府绩效评价、集体主义倾向和制度自信则呈现显著的负向影响。模型 A2、B2、C2 结果显示，在将生活满意度纳入模型后，官方媒体关注对青年政治认同（政府绩效评价、集体主义倾向、制度自信）的影响力均有所减弱，但依然具有统计学上的显著性，同时模型 A3、B3、C3 结果表明，在考虑性别、年龄、政治面貌、职业、收入、文化程度等人口学变量的影响后，官方媒体关注对青年政治认同，尤其政府绩效评价和制度自信方面的影响力有所增强，这一结果显示个体生活满意度及部分人口学可能会一定程度调节官方媒体关注对青年政治认同的具体影响。模型 A2、

B2、C2、A3、B3、C3 结果显示，在考虑生活满意度和性别、年龄、政治面貌、职业、收入、文化程度等人口学变量的影响后，信源特征的公众媒体关注对政府绩效评价、集体主义倾向和制度自信的负向影响依然显著。综上，研究假设 H3、H3a、H3b、H3c、H4、H4a、H4b、H4c 均得以验证。

2. 网络参与互动对青年政治认同的回归分析

同上，为了考察网络参与互动类型对青年政治认同系统可能存在的具体影响及其作用强度，在控制性别、年龄、政治面貌、收入、职业、文化程度等人口学变量及个体生活满意度的情况下，分别以政府绩效评价、集体主义倾向和制度自信作为因变量，以网络政治互动、网络政治表达、网络公共参与作为预测变量，进行分层回归分析，结果详见表 6－7。

表 6－7　**网络参与互动对青年政治认同系统的多元回归分析结果**

变量	政府绩效评价			集体主义倾向			制度自信		
	A1	A2	A3	B1	B2	B3	C1	C2	C3
网络政治互动	0.097**	0.040	0.050	0.174***	0.143***	0.146***	0.156***	0.101***	0.107***
网络政治表达	0.014	－0.005	0.001	－0.015	－0.025	－0.032	－0.031	－0.049	－0.030
网络公共参与	－0.031	－0.047	－0.047	0.009	0.000	－0.005	－0.004	－0.020	－0.016
生活满意度	—	0.358***	0.361***	—	0.191***	0.205**	—	0.343***	0.354***
性别：男[a]	—	—	－0.024	—	—	0.012	—	—	0.021
年龄	—	—	0.022	—	—	0.032	—	—	0.024
政治面貌：党员[b]	—	—	－0.035	—	—	0.001	—	—	0.009
职业[c]	—	—	—	—	—	—	—	—	—
务农人员	—	—	0.030	—	—	0.030	—	—	0.009
工商业人员	—	—	0.020	—	—	－0.015	—	—	－0.030
专业技术人员	—	—	－0.043	—	—	－0.047	—	—	－0.012
公务员	—	—	0.016	—	—	0.036	—	—	0.009
学生	—	—	0.004	—	—	0.036	—	—	0.092*
家庭平均年收入[d]	—	—	—	—	—	—	—	—	—
4 万元及以下	—	—	0.036	—	—	－0.025	—	—	0.031
4.1 万—10 万元	—	—	0.001	—	—	0.043	—	—	0.024

续表

变量	政府绩效评价			集体主义倾向			制度自信		
	A1	A2	A3	B1	B2	B3	C1	C2	C3
10.1万—20万元	—	—	-0.007	—	—	0.009	—	—	0.004
文化程度	—	—	0.008	—	—	-0.044	—	—	-0.069*
R^2	0.008	0.129	0.130	0.028	0.061	0.066	0.019	0.129	0.138
ΔR^2	0.008	0.122	0.007	0.028	0.035	0.012	0.019	0.112	0.015
F	5.242***	62.056***	16.336***	15.893***	27.568***	8.212***	10.563***	61.908***	17.419***
ΔF	5.242***	230.303***	1.083	15.893***	60.854***	1.712	10.563***	211.876***	2.381**

注：a表示以女性作为参照组；b表示以非党员作为参照组；c表示以其他职业作为参照组；d表示以20万元以上作为参照组；*表示 p 在0.05的显著性水平，**表示 p 在0.01的显著性水平，***表示 p 在0.001的显著性水平。

多元回归分析结果显示，网络参与互动类型对青年政治认同系统的影响具有一定的差异。首先，模型A1、B1、C1结果表明，网络政治互动对政府绩效评价、集体主义倾向和制度自信均有显著的正向影响，网络政治表达和网络公共参与对政府绩效评价、集体主义倾向和制度自信的影响均未达统计学上的显著性。其次，模型A2、B2、C2、A3、B3、C3结果显示，在将生活满意度及各人口学变量逐步纳入模型后，网络政治互动对青年政治认同（政府绩效评价、集体主义倾向、制度自信）的影响力总体上逐步减弱，网络政治互动对政府绩效评价的影响由显著变为不再显著，这一结果显示，网络政治互动对青年政治认同（政府绩效评价、集体主义倾向、制度自信）的影响中可能存在一定的群体异质性。

研究假设H5、H5a、H5b、H5c、H6、H6a、H6b、H6c、H7、H7a、H7b、H7c均未能得以验证。

3. 个体政治心理特征对青年政治认同的回归分析

同上，为了考察个体政治心理特征对青年政治认同系统可能存在的具体影响及其作用强度，在控制性别、年龄、政治面貌、收入、职业、文化程度等人口学变量及个体生活满意度的情况下，分别以政府绩效评价、集体主义倾向和制度自信作为因变量，以政治兴趣、政治效能感和威权人格作为预测变量，进行分层回归分析，结果详见表6-8。

表6-8　个体政治心理特征对青年政治认同系统的多元回归分析结果

变量	政府绩效评价			集体主义倾向			制度自信		
	A1	A2	A3	B1	B2	B3	C1	C2	C3
政治兴趣	0.071 *	0.056 *	0.074 **	0.038	0.031	0.041	0.061 *	0.046	0.067 *
政治效能感	0.098 ***	0.030	0.044	0.066 *	0.035	0.044	0.096 ***	0.029	0.049
威权人格	0.071 **	0.030	0.042	0.302 ***	0.283 ***	0.290 ***	0.065 **	0.024	0.043
生活满意度	—	0.337 ***	0.339 ***	—	0.156 ***	0.168 ***	—	0.335 ***	0.342 ***
性别：男[a]	—	—	-0.031	—	—	0.003	—	—	0.017
年龄	—	—	0.012	—	—	0.013	—	—	0.012
政治面貌：党员[b]	—	—	-0.044	—	—	-0.014	—	—	0.003
职业[c]	—	—	—	—	—	—	—	—	—
务农人员	—	—	0.018	—	—	0.018	—	—	-0.004
工商业人员	—	—	-0.005	—	—	-0.044	—	—	-0.052
专业技术人员	—	—	-0.054	—	—	-0.049	—	—	-0.002
公务员	—	—	0.011	—	—	0.025	—	—	0.000
学生	—	—	0.003	—	—	0.061	—	—	0.090 *
家庭平均年收入[d]	—	—	—	—	—	—	—	—	—
4万元及以下	—	—	0.055	—	—	-0.023	—	—	0.036
4.1万—10万元	—	—	0.007	—	—	0.047	—	—	0.022
10.1万—20万元	—	—	-0.009	—	—	-0.001	—	—	-0.002
文化程度	—	—	0.001	—	—	-0.054 *	—	—	-0.083 **
R^2	0.031	0.134	0.138	0.108	0.130	0.136	0.025	0.128	0.141
ΔR^2	0.031	0.105	0.010	0.108	0.023	0.012	0.025	0.103	0.020
F	17.453 ***	64.558 ***	17.470 ***	67.346 ***	62.463 ***	17.175 ***	14.930 ***	61.261 ***	17.934 ***
ΔF	17.453 ***	199.545 ***	1.669	67.346 ***	42.688 ***	1.937 *	14.930 ***	194.968 ***	3.168 ***

注：a表示以女性作为参照组；b表示以非党员作为参照组；c表示以其他职业作为参照组；d表示以20万元以上作为参照组；* 表示 p 在0.05的显著性水平，** 表示 p 在0.01的显著性水平，*** 表示 p 在0.001的显著性水平。

多元回归分析结果显示，个体政治心理特征（政治兴趣、政治效能感、威权人格）对青年政治认同系统的影响具有一定的差异。首先，模型A1、B1、C1结果表明，政治兴趣对政府绩效评价和制度自信均有显著的正向影响；政治效能感、威权人格对政府绩效评价、集体主义倾向和制度自信均有显著的正向影响，政治兴趣对集体主义的影响未达统计学上的显著性。其次，模型 A2、B2、C2 结果显示，在将生活满意度逐步纳入模型后，政治兴趣、政治效能感、威权人格对青年政治认同（政府绩效评价、集体主义倾向、制度自信）的影响力均有所减弱，政治兴趣对政府绩效评价、威权人格对集体主义倾向的影响力依然显著，但政治兴趣对制度自信、政治效能感对政府绩效评价、政治效能感对制度自信、威权人格对政府绩效评价、威权人格对制度自信的正向影响皆由显著变为不再显著。模型 A3、B3、C3 结果显示，在性别、年龄、职业、文化程度等人口学纳入模型后，政治兴趣对政府绩效评价、政治兴趣对制度自信、威权人格对集体主义倾向影响力有所增加，政治兴趣对制度自信的正向影响力由不显著变为显著，这一结果提示，政治兴趣、政治效能感、威权人格对青年政府绩效评价、集体主义倾向和制度自信的影响中可能受到个体生活满意度及部分人口学变量的调节，从而呈现一定的群体异质性。

三 网络信源特征、网络参与互动、个体政治心理特征对青年政治认同的回归分析

为比较三组因素（网络信源特征、网络参与互动、个体政治心理特征）对青年政治认同的重要性，建立对青年政治认同的最佳预测方程，分别以政府绩效评价、集体主义倾向和制度自信为因变量，正面信息、负面信息、官方媒体关注、公众媒体关注、网络政治关注、网络政治表达、网络公共参与、政治兴趣、政治效能感和威权人格为自变量进行逐步回归分析，结果详见表 6－9、表 6－10 和表 6－11。

1. 网络信源特征、网络参与互动、个体政治心理特征对政府绩效评价的回归分析结果

网络信源特征、网络参与互动、个体政治心理特征对政府绩效评价逐步回归分析结果显示，十个自变量中，正面信息、官方媒体关注、公众媒体关注、政治效能感、负面信息、威权人格和网络公共参与七个变量进入模型，网络政治互动、网络政治表达和政治兴趣三个变量未能进入模型。第一个进入的变量是网络信源特征的正面信息，这一变量可以自解释青年政府绩效评价 2.9% 的变异量（$F=48.830$，$p=0.000$），以调整后的 R^2 来表示，仍有 2.8% 的解释力。第二个进入的变量为网络信源特征的官方媒体关注，该变量可以单独解释青年政府绩效评价 1.2% 的变异

量，F 改变量为 19.874（$p = 0.000$）。随后公众媒体关注、政治效能感、负面信息、威权人格和网络公共参与五个变量也依次进入方程。最后得到的模型 A7 共有正面信息、官方媒体关注、公众媒体关注、政治效能感、负面信息、威权人格和网络公共参与七个自变量，总计解释青年政府绩效评价 6.3% 的变异量，调整后的解释力为 5.9%。

表 6-9　**网络信源特征、网络参与互动、个体政治心理特征对政府绩效评价的回归分析结果**

	A1	A2	A3	A4	A5	A6	A7
正面信息	0.170***	0.123***	0.122***	0.108***	0.107***	0.102***	0.107***
官方媒体关注	—	0.117***	0.154***	0.125***	0.134***	0.133***	0.137***
公众媒体关注	—	—	-0.084**	-0.092***	-0.084**	-0.086***	-0.076**
政治效能感	—	—	—	0.087**	0.093***	0.084**	0.092***
负面信息	—	—	—	—	-0.072**	-0.072**	-0.069**
威权人格	—	—	—	—	—	0.059**	0.067**
网络公共参与	—	—	—	—	—	—	-0.056*
R^2	0.028	0.039	0.044	0.050	0.054	0.057	0.059
ΔR^2	0.029	0.012	0.006	0.006	0.005	0.003	0.003
F	48.830***	34.632***	26.535***	22.528***	19.771***	17.495***	15.671***
ΔF	48.830***	19.874***	9.962**	10.069**	8.340**	5.826*	4.500*

注：* 表示 $p < 0.05$，** 表示 $p < 0.01$，*** 表示 $p < 0.001$。

2. 网络信源特征、网络参与互动、个体政治心理特征对集体主义倾向的回归分析结果

网络信源特征、网络参与互动、个体政治心理特征对集体主义倾向逐步回归分析结果显示，十个自变量中，威权人格、官方媒体关注、公众媒体关注、网络政治互动、正面信息、网络政治表达六个变量进入模型，负面信息、网络政治参与、政治兴趣和政治效能感均未能进入模型。第一个进入的变量是个体政治心理特征的威权人格，这一变量可以自解释青年集体主义倾向 10.1% 的变异量（$F = 185.280$，$p = 0.000$），以调整后的 R^2 来表示，仍有 10.1% 的解释力。第二个进入的变量为官方媒体关注，该变量可以单独解释青年集体主义倾向 1.8% 的变异量，F 改变量为

33.788（$p = 0.000$）。随后公众媒体关注、网络政治互动、正面信息和网络政治表达四个变量也依次进入方程。最后得到的模型A6共有威权人格、官方媒体关注、公众媒体关注、网络政治互动、正面信息、网络政治表达六个自变量，总计解释青年集体主义倾向13.5%的变异量，调整后的解释力为13.2%。

表6-10 **网络信源特征、网络参与互动、个体政治心理特征对集体主义倾向的回归分析结果**

	A1	A2	A3	A4	A5	A6
威权人格	0.318***	0.299***	0.302***	0.294***	0.290***	0.294***
官方媒体关注	—	0.136***	0.170***	0.134***	0.115***	0.127***
公众媒体关注	—	—	-0.080**	-0.098***	-0.096***	-0.085***
网络政治互动	—	—	—	0.089***	0.083**	0.114***
正面信息	—	—	—	—	0.054*	0.058*
网络政治表达	—	—	—	—	—	-0.069*
R^2	0.101	0.118	0.123	0.128	0.130	0.132
ΔR^2	0.101	0.018	0.005	0.006	0.002	0.003
F	185.280***	111.381***	77.918***	61.398***	50.140***	42.711***
ΔF	185.280***	33.788***	9.801**	10.487***	4.574*	4.961*

注：* 表示 $p < 0.05$，** 表示 $p < 0.01$，*** 表示 $p < 0.001$。

3. 网络信源特征、网络参与互动、个体政治心理特征对制度自信的回归分析结果

网络信源特征、网络参与互动、个体政治心理特征对制度自信的逐步回归分析结果显示，十个自变量中，正面信息、官方媒体关注、公众媒体关注、威权人格、政治效能感、网络政治表达和网络政治互动七个变量进入模型，负面信息、政治兴趣和网络公共参与三个变量未能进入模型。第一个进入的变量是网络信源特征的正面信息，这一变量可以自解释青年制度自信3.5%的变异量（$F = 59.910$，$p = 0.000$）。第二个进入的变量为官方媒体关注，该变量可以单独解释青年政治认同1.4%的变异量，F 改变量为42.413（$p = 0.000$）。随后公众媒体关注、威权人格、政治效能感、网络政治表达和网络政治互动五个变量也依次进入方程。最

后得到的模型 A7 共有正面信息、官方媒体关注、公众媒体关注、威权人格、政治效能感、网络政治表达和网络政治互动七个自变量，总计解释青年政治认同 6.6% 的变异量，调整后的解释力为 6.2%。

表 6-11　**网络信源特征、网络参与互动、个体政治心理特征对制度自信的回归分析结果**

	A1	A2	A3	A4	A5	A6	A7
正面信息	0.187***	0.136***	0.136***	0.130***	0.121***	0.124***	0.120***
官方媒体关注	—	0.129***	0.163***	0.159***	0.141***	0.156***	0.138***
公众媒体关注	—	—	-0.080**	-0.082**	-0.087***	-0.73**	-0.080**
威权人格	—	—	—	0.056*	0.050*	0.054*	0.051*
政治效能感	—	—	—	—	0.055*	0.074**	0.067*
网络政治表达	—	—	—	—	—	-0.063*	-0.101**
网络政治互动	—	—	—	—	—	—	0.087**
R^2	0.035	0.048	0.052	0.055	0.057	0.059	0.062
ΔR^2	0.035	0.014	0.005	0.003	0.002	0.002	0.004
F	59.910***	42.413***	31.398***	24.813***	20.813***	18.100***	16.609***
ΔF	59.910***	24.076***	8.956**	5.395*	4.041*	4.324*	7.248**

注：* 表示 $p<0.05$，** 表示 $p<0.01$，*** 表示 $p<0.001$。

四　谁更重要：网络信源特征、网络参与互动、个体政治心理特征

1. 网络政治传播中青年政治认同形成的主要来源

从网络信源特征来看，网络信息接触类型和网络媒体关注类型都能一定程度影响青年政治认同，无论是对政府绩效评价、集体主义倾向还是制度自信而言，都是如此。从表 6-6 的分析结果中可以看出，网络信源特征各因素对青年政治认同的影响是截然不同的。首先从影响强度来看，网络信源特征对青年政治认同的影响主要体现在正面信息、官方媒体关注和公众媒体关注三个变量上，在生活满意度和人口学变量逐渐纳入模型之后，正面信息、官方媒体关注和公众媒体关注对青年政府绩效评价、集体主义倾向和制度自信的影响始终都是稳健和显著的，负面信息对政府绩效评价的影响也显著且稳定，但负面信息对集体主义倾向和制度自信的影响并不

显著。其次，从影响方向来看，网络政治传播中正面信息内容和官方媒体的接触促进了青年政府绩效评价、集体主义倾向和制度自信的生成，负面信息内容的接触一定程度降低了青年政府绩效评价，对公众媒体的接触则不同程度降低了青年政府绩效评价、集体主义倾向和制度自信水平。这一结果的呈现与以往相关研究较为一致，相较于公众媒体，官方媒体更有利于正面信息的传播，从而有利于青年政治认同的发展，网络政治传播场域中正面信息和官方媒体偏好是青年政治认同生成的主要来源，负面信息和公众媒体偏好则会一定程度阻碍青年政治认同的生成。表6－6回归分析模型A2、B2、C2、A3、B3、C3结果也显示，生活满意度、人口学变量可能与不同信息接触类型和媒体关注类型交互影响青年政治认同系统各要素：在将生活满意度及各人口学变量逐步纳入模型后，正面信息、负面信息、官方媒体关注、公众媒体关注对青年政治认同（政府绩效评价、集体主义倾向、制度自信）的影响力皆有所变化。

表6－6、表6－9、表6－10和表6－11的分析结果可见，网络参与互动不同类型对青年政治认同均具有一定显著的影响力，但网络参与互动不同类型对青年政治认同（政府绩效评价、集体主义倾向和制度自信）并未呈现较为一致的积极促进作用，存在一定的差异：首先，从影响方向来看，网络政治互动对青年政府绩效评价、集体主义倾向和制度自信均有显著的正向影响力，网络政治表达对青年集体主义倾向和制度自信存在负向的影响力，网络公共参与对青年绩效评价的显著影响力也为负向，这一结果的呈现可能与当前网络参与互动的类型性质有关，事实上，中国语境下的网络政治互动多为基于个体本身的政治兴趣，发生于朋友或好友之间网络政治信息浏览和转发行为，通常与自身利益没有直接关系，而网络政治表达和网络公共参与多基于对自身现实境遇和政府治理的不满，从而借助于试图影响公共事务决策的政治参与行为，经常表现为与自身利益受损密切相关的维权行为，并指向生活满意度较低的个体，可能会呈现较低的政治认同水平。其次，从影响程度来看，网络政治互动是政府绩效评价、集体主义倾向和制度自信的主要来源，其影响力较为稳健；网络政治表达对集体主义倾向和制度自信均有一定的负向影响，但其影响力比较弱；网络政治参与仅对制度自信有一定的负向影响，但影响力也比较弱。此外，表6－5回归分析模型A2、B2、C2、A3、B3、

C3 结果也显示，生活满意度、人口学变量可能与网络政治互动交互影响青年政治认同系统各要素：在将生活满意度及各人口学变量逐步纳入模型后，网络政治互动对青年政治认同（政府绩效评价、集体主义倾向、制度自信）的影响力皆有所变化，部分影响力由显著变为不再显著。

综合表 6-8、表 6-9、表 6-10 和表 6-11 的分析结果可见，个体政治心理特征政治兴趣、政治效能感和威权人格均对青年政治认同有一定的影响力。从影响方向来看，政治兴趣、政治效能感和威权人格对青年政治认同的影响具有较为一致的积极促进作用。从影响程度来看，威权人格和政治效能感是促进青年政府绩效评价、集体主义倾向和制度自信形成的最为重要因素，对青年政治认同系统始终具有稳健和显著的影响力；威权人格对青年集体主义倾向的增益尤为显著，是影响青年集体主义倾向最为重要的因素，其影响力超过了生活满意度的影响。值得注意的是，在将生活满意度和各人口学变量逐步纳入模型后，政治效能感、威权人格对青年政治认同（政府绩效评价、集体主义倾向和制度自信）的影响在人口学变量纳入后均有所减弱，部分影响由显著变为不显著，政治兴趣对制度自信的影响则减弱后又有所增强，影响系数由显著变为不显著后又再次变得显著。这一结果显示，政治兴趣、政治效能感和威权人格对青年政治认同（政府绩效评价、集体主义倾向和制度自信）的影响与生活满意度和部分人口学变量之间存在一定的交互作用。

2. 谁更重要

尽管网络信源特征、网络参与互动和个体政治心理特征因素都显著地影响了青年政治认同系统，但是对于政治认同系统各因子的发展而言，这些因素的重要性排序有所不同。

首先，对于政府绩效评价而言，网络信源特征的作用最为重要，影响力最大，正面信息、官方媒体关注、公众媒体关注和负面信息四个变量解释力为 4.9%；但公众媒体关注和负面信息对政府绩效评价的影响均为负向，一定程度降低了青年的政府绩效评价；政治心理特征的重要性次之，政治效能感和威权人格的共同解释力为接近 1%；网络公共参与则对政府绩效评价也有负向的显著影响，抑制了青年政府绩效评价的提升。

其次，对于集体主义倾向而言，个体政治心理特征的促进作用最为重要，威权人格作用最强，影响力最大，单独解释力为 10.1%；网络信源特征的重要性可排第二，官方媒体关注、公众媒体关注和正面信息的联合解释力约为2.5%，但其中公众媒体关注对青年集体主义倾向的影响为负，公众媒体关注越频繁，反而会一定程度降低了青年的集体主义价值认同水平；网络参与互动的重要性可排第三，其影响力接近1%，且网络政治表达对集体主义倾向的影响为负，网络政治表达行为越频繁，越会抑制青年集体主义倾向的形成。

最后，对制度自信发展而言最为重要的因素为网络信源特征，正面信息、官方媒体关注均能显著促进青年制度自信的发展，其中正面信息对制度自信有3.5%的单独解释力，官方媒体关注有1.4%的单独解释力；个体政治心理特征中的威权人格和政治效能感对制度自信虽然也具有显著的正向影响，但其联合解释力不足1%；网络政治表达和网络政治互动对制度自信也具有一定的显著影响，但网络政治表达的影响为负，在一定程度上网络政治表达行为越频繁，越会抑制青年制度自信的发展。

3. 分析与思考

综上可见，网络信源特征、个体政治心理特征和网络参与互动类型对青年政治认同的发展均有一定的影响，网络信源特征中正面信息和官方媒体关注对青年政治认同的生成更为重要。青年对权力和政治系统的疏离和怀疑态度不利于培养青年政治认同，在网络政治传播过程中促进青年的政治效能感和威权人格对于青年政治认同的形成与发展至关重要，此外，网络参与互动对青年政治认同发展的贡献可能不仅体现在对青年政治认同的直接促进作用上，还可能来自激发青年的政治心理特征倾向，从而间接促进青年政治认同的提升。

表6－9、表6－10、表6－11与表6－6、表6－7、表6－8中三组因素对青年政治认同影响的结果略有出入，在考虑到网络信源特征、网络参与互动和个体政治心理特征的共同影响时，部分变量对青年政治认同的影响不再显著，部分变量的影响力则有所增强，这一结果显示，网络信源特征、网络参与互动和个体政治心理特征各影响因素之间可能存在着共同影响，个体生活满意度和人口学变量也影响着网络政治传播场域中青年政治认同的最终发展结果。尽管在理论分析上我们从任一角度可以对各种影响因素的作用进行区分性的单独探讨，然而现实情境中任一因素对青年政治认同的影响从来不是一种单独作用，而是一种联合作用，

因此，在对网络政治传播与青年政治认同之间关系的解读中，将网络信源特征、网络参与互动、个体政治心理特征、个体生活满意度及人口学变量共同纳入分析，采用综合的视角考察多种来源的共同影响更为准确。

第四节　网络政治传播场域中青年政治认同发展过程

如前所述，网络政治传播场域与青年政治认同之间的关系是复杂的，网络信源特征、网络参与互动和个体政治心理特征均可以显著影响青年政治认同，且在青年政治形成过程中，三组因素的影响力存在一定的差异，有些变量的作用更直接，影响力更大，有些变量的影响可能相对较小，也可能需要通过其他变量发挥作用，各变量不仅与青年政治认同间存在一定的因果关系，各自变量之间乃至青年政治认同系统各变量之间也可能相互作用，并存在一定的因果联系。因此，需要通过对网络政治传播场域影响青年政治认同的具体作用机制进行考察，呈现网络政治传播场域中青年政治认同发展过程，才能更为准确地回答网络政治传播场域如何影响青年政治认同系统这一问题。

一　政治兴趣、政治效能感、威权人格的多重中介过程模型检验

为考察网络政治传播场域中网络信源特征、网络参与互动、个体政治心理特征与青年政治认同的最终发展结果之间的动态作用过程，探讨网络信源特征、网络参与互动对青年政治认同可能存在的直接影响和间接影响，与此同时，基于青年政治认同系统中政府绩效评价、集体主义倾向和制度自信的因果关系，将正面信息、负面信息、官方媒体关注、公众媒体关注、网络政治互动、网络政治表达和网络公共参与并列作为自变量，制度自信作为因变量，政治兴趣、政治效能感、威权人格、政府绩效评价和集体主义倾向作为中介变量纳入模型，因为模型涉及的变量多，路径复杂，且各中介变量间表现出顺序性特征、形成中介链，采用结构方程模型进行分析①②，同前，选取以下指标对模型的拟合程度进

① 柳士顺、凌文轮：《多重中介模型及其应用》，《心理科学》2009 年第 2 期。

② 温忠麟、叶宝娟：《中介效应分析：方法和模型发展》，《心理科学进展》2014 年第 5 期。

行评估：χ^2/df、NFI、CFI、GFI、IFI、TLI、RMSEA、RMR。参照图 6－1 构建完整因果模型，根据模型简约性原则，依据模型修正系数对完整路径模型进行修正，逐一删除不显著的路径系数后，得到修正模型，模型拟合指标：$\chi^2/df=1.502$，NFI＝0.993，CFI＝0.998，GFI＝0.996，IFI＝0.998，TLI＝0.993，RMSEA＝0.017，RMR＝0.006。模型拟合良好，该复合多重中介模型能够较好地解释政治兴趣、政治效能感和威权人格在网络信源特征、网络参与互动和青年政治认同最终结果之间的中介作用，具体路径系数详见图 6－2、表 6－12。

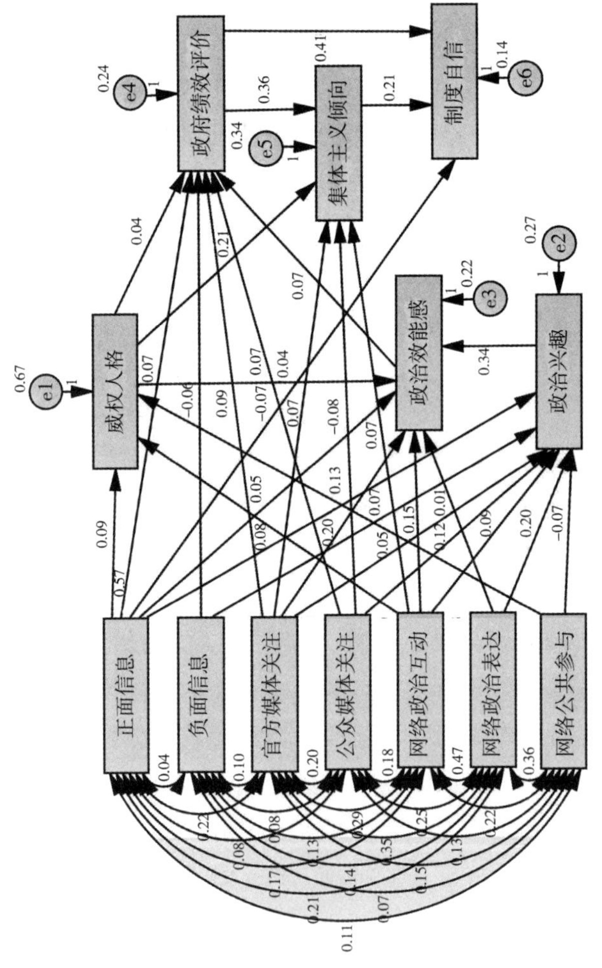

图 6－2　政治兴趣、政治效能感、威权人格的多重中介过程模型

表 6 - 12　**政治兴趣、政治效能感、威权人格的多重中介过程模型中自变量相关系数与路径系数**

	1	2	3	4	5	6	7	8	9	10	11	12	13
1 正面信息	1	—	—	—	—	—	—	0. 081 ***	0. 156 ***	0. 064 **	0. 103 ***	—	0. 071 ***
2 负面信息	0. 083	1	—	—	—	—	—	—	0. 076 ***	—	-0. 072 **	—	—
3 官方媒体关注	0. 398	0. 211	1	—	—	—	—	—	0. 179 ***	0. 122 ***	0. 133 ***	0. 082 **	—
4 公众媒体关注	0. 165	0. 194	0. 432	1	—	—	—	—	—	—	-0. 086 ***	-0. 072 **	—
5 网络政治互动	0. 288	0. 253	0. 506	0. 384	1	—	—	0. 074 **	0. 105 ***	0. 062 *	—	0. 082 **	—
6 网络政治表达	0. 280	0. 226	0. 491	0. 417	0. 623	1	—	—	0. 308 ***	0. 187 ***	—	—	—
7 网络公共参与	0. 209	0. 155	0. 278	0. 287	0. 391	0. 519	1	0. 173 ***	-0. 076 ***	—	—	—	—
8 威权人格	—	—	—	—	—	—	—	—	—	0. 099 ***	0. 059 *	0. 273 ***	—
9 政治兴趣	—	—	—	—	—	—	—	—	—	0. 353 ***	—	—	—
10 政治效能感	—	—	—	—	—	—	—	—	—	—	0. 084 **	—	—
11 政府绩效评价	—	—	—	—	—	—	—	—	—	—	—	0. 283 ***	0. 441 ***
12 集体主义倾向	—	—	—	—	—	—	—	—	—	—	—	—	0. 282 ***
13 制度自信	—	—	—	—	—	—	—	—	—	—	—	—	—

注:1—7 为自变量,8—13 为中间变量与因变量。1—7 左下半角为自变量相关系数,右侧 8—13 框内数据为横坐标指向纵坐标的路径系数及显著性大小。* 表示 $p<0.05$, ** 表示 $p<0.01$, *** 表示 $p<0.001$。

使用 Amos 无偏校正百分位的 Bootstrap 检验多重中介效应，重复取样 1000 次，计算 95% 的置信区间。正面信息至制度自信包含的中介路径有："正面信息—威权人格—集体主义倾向—制度自信""正面信息—威权人格—政府绩效评价—集体主义倾向—制度自信""正面信息—威权人格—政府绩效评价—制度自信""正面信息—威权人格—政治效能感—政府绩效评价—集体主义倾向—制度自信""正面信息—威权人格—政治效能感—政府绩效评价—制度自信""正面信息—政治效能感—政府绩效评价—集体主义倾向—制度自信""正面信息—政治效能感—政府绩效评价—制度自信""正面信息—政治兴趣—政治效能感—政府绩效评价—集体主义倾向—制度自信""正面信息—政治兴趣—政治效能感—政府绩效评价—制度自信""正面信息—政府绩效评价—制度自信""正面信息—政府绩效评价—集体主义倾向—制度自信"，其中介效应值为 0.064，95% 置信区间为［0.044，0.090］（$p = 0.006 < 0.01$）。负面信息至制度自信包含的中介路径有："负面信息—政府绩效评价—制度自信""负面信息—政府绩效评价—集体主义倾向—制度自信""负面信息—政治兴趣—政治效能感—政府绩效评价—集体主义倾向—制度自信""负面信息—政治兴趣—政治效能感—政府绩效评价—制度自信"，其中介效应值为 -0.037，95% 置信区间为［-0.066，-0.020］（$p = 0.005 < 0.01$）。官方媒体关注至制度自信包含的中介路径有："官方媒体关注—政府绩效评价—制度自信""官方媒体关注—政府绩效评价—集体主义倾向—制度自信""官方媒体关注—集体主义倾向—制度自信""官方媒体关注—政治效能感—政府绩效评价—集体主义倾向—制度自信""官方媒体关注—政治效能感—政府绩效评价—制度自信""官方媒体关注—政治兴趣—政治效能感—政府绩效评价—集体主义倾向—制度自信""官方媒体关注—政治兴趣—政治效能感—政府绩效评价—制度自信"，其中介效应值为 -0.102，95% 置信区间为［0.073，0.129］（$p = 0.010 < 0.05$）。公众媒体关注至制度自信包含的中介路径有："公众媒体关注—政府绩效评价—制度自信""公众媒体关注—政府绩效评价—集体主义倾向—制度自信""公众媒体关注—集体主义倾向—制度自信"，其中介效应值为 -0.066，95% 置信区间为［-0.101，-0.041］（$p = 0.006 < 0.01$）。网络政治互动至制度自信包含的中介路径有："网络政治互动—威权人格—集体主义

倾向—制度自信”“网络政治互动—威权人格—政府绩效评价—集体主义倾向—制度自信”“网络政治互动—威权人格—政府绩效评价—制度自信”“网络政治互动—威权人格—政治效能感—政府绩效评价—集体主义倾向—制度自信”“网络政治互动—威权人格—政治效能感—政府绩效评价—制度自信”“网络政治互动—集体主义倾向—制度自信”“网络政治互动—政治效能感—政府绩效评价—集体主义倾向—制度自信”“网络政治互动—政治效能感—政府绩效评价—制度自信”“网络政治互动—政治兴趣—政治效能感—政府绩效评价—集体主义倾向—制度自信”“网络政治互动—政治兴趣—政治效能感—政府绩效评价—制度自信”，其中介效应值为0.033，95%置信区间为［0.019，0.049］（$p=0.008<0.01$）。网络政治表达至制度自信包含的中介路径有：“网络政治表达—政治效能感—政府绩效评价—集体主义倾向—制度自信”“网络政治表达—政治效能感—政府绩效评价—制度自信”“网络政治表达—政治兴趣—政治效能感—政府绩效评价—集体主义倾向—制度自信”“网络政治表达—政治兴趣—政治效能感—政府绩效评价—制度自信”，其中介效应值为0.013，95%置信区间为［0.004，0.019］（$p=0.021<0.05$）。网络公共参与至制度自信包含的中介路径有：“网络公共参与—威权人格—集体主义倾向—制度自信”“网络公共参与—威权人格—政府绩效评价—集体主义倾向—制度自信”“网络公共参与—威权人格—政府绩效评价—制度自信”“网络公共参与—威权人格—政治效能感—政府绩效评价—集体主义倾向—制度自信”“网络公共参与—威权人格—政治效能感—政府绩效评价—制度自信”“网络公共参与—政治兴趣—政治效能感—政府绩效评价—集体主义倾向—制度自信”“网络公共参与—政治兴趣—政治效能感—政府绩效评价—制度自信”，其中介效应值为0.009，95%置信区间为［0.003，0.016］（$p=0.026<0.05$）。

七个自变量到政府绩效评价、集体主义倾向或威权人格、政治兴趣、政治效能感等中介变量所包含的中介路径具体结果详见表6-13。这些中介路径的置信区间均不包含0，即威权人格、政治兴趣和政治效能感的多重中介效应显著，且表现出一定的顺序性，链式中介效应显著。但是网络公共参与至政治效能感中介路径：“网络公共参与—政治兴趣—政治效能感”，其中介效应值为-0.010，95%置信区间为［-0.024，0.005］，下限和上限之间包含0，$p=0.283>0.05$，说明两个变量之间的中介效应不成立，其中介效应应受到更多因素的影响。

表6－13　**多重中介过程模型中标准化直接效应、间接效应与总效应**

自变量	因变量	直接效应估计值	95%的置信区间		间接效应估计值	95%的置信区间		总效应估计值	95%的置信区间	
			下限	上限		下限	上限		下限	上限
正面信息	政治兴趣	0.156	0.119	0.192	0	0	0	0.156	0.119	0.192
	威权人格	0.081	0.048	0.115	0	0	0	0.081	0.048	0.115
	政治效能感	0.064	0.030	0.100	0.063	0.048	0.081	0.127	0.088	0.166
	政府绩效评价	0.103	0.064	0.150	0.015	0.009	0.025	0.118	0.081	0.164
	集体主义倾向	0	0	0	0.055	0.043	0.076	0.055	0.043	0.076
	制度自信	0.077	0.041	0.108	0.064	0.044	0.090	0.140	0.100	0.176
负面信息	政治兴趣	0.076	0.043	0.116	0	0	0	0.074	0.043	0.116
	威权人格	0	0	0	0	0	0	0	0	0
	政治效能感	0	0	0	0.027	0.015	0.043	0.027	0.015	0.043
	政府绩效评价	-0.072	-0.125	-0.042	0.002	0.001	0.004	-0.070	-0.127	-0.042
	集体主义倾向	0	0	0	-0.020	-0.037	-0.011	-0.020	-0.037	-0.011
	制度自信	0	0	0	-0.037	-0.066	-0.020	-0.037	-0.066	-0.020
官方媒体关注	政治兴趣	0.179	0.138	0.223	0	0	0	0.179	0.138	0.223
	威权人格	0	0	0	0	0	0	0	0	0
	政治效能感	0.122	0.069	0.153	0.063	0.047	0.085	0.185	0.130	0.220
	政府绩效评价	0.133	0.087	0.184	0.015	0.004	0.023	0.148	0.104	0.198
	集体主义倾向	0.082	0.029	0.120	0.042	0.027	0.059	0.124	0.078	0.164
	制度自信	0	0	0	0.102	0.073	0.129	0.102	0.073	0.129
公众媒体关注	政治兴趣	0	0	0	0	0	0	0	0	0
	威权人格	0	0	0	0	0	0	0	0	0
	政治效能感	0	0	0	0	0	0	0	0	0
	政府绩效评价	-0.086	-0.134	-0.041	0	0	0	-0.086	-0.134	-0.041
	集体主义倾向	-0.072	-0.117	-0.039	-0.024	-0.038	-0.011	-0.096	-0.146	-0.062
	制度自信	0	0	0	-0.066	-0.101	-0.041	-0.066	-0.101	-0.041

续表

自变量	因变量	直接效应估计值	95%的置信区间		间接效应估计值	95%的置信区间		总效应估计值	95%的置信区间	
			下限	上限		下限	上限		下限	上限
网络政治互动	政治兴趣	0.105	0.052	0.154	0	0	0	0.105	0.052	0.154
	威权人格	0.074	0.023	0.120	0	0	0	0.074	0.023	0.120
	政治效能感	0.062	0.014	0.110	0.044	0.021	0.063	0.106	0.051	0.161
	政府绩效评价	0	0	0	0.013	0.007	0.023	0.013	0.007	0.023
	集体主义倾向	0.82	0.039	0.125	0.024	0.009	0.038	0.106	0.061	0.155
	制度自信	0	0	0	0.033	0.019	0.049	0.033	0.019	0.049
网络政治表达	政治兴趣	0.308	0.258	0.354	0	0	0	0.308	0.258	0.354
	威权人格	0	0	0	0	0	0	0	0	0
	政治效能感	0.187	0.138	0.230	0.109	0.083	0.128	0.295	0.249	0.342
	政府绩效评价	0	0	0	0.025	0.009	0.036	0.025	0.009	0.036
	集体主义倾向	0	0	0	0.007	0.002	0.010	0.007	0.002	0.010
	制度自信	0	0	0	0.013	0.004	0.019	0.013	0.004	0.019
网络公共参与	政治兴趣	-0.076	-0.119	-0.045	0	0	0	-0.076	-0.119	-0.045
	威权人格	0.173	0.1300	0.216	0	0	0	0.173	0.1300	0.216
	政治效能感	0	0	0	-0.010	-0.024	0.005	-0.010	-0.024	0.005
	政府绩效评价	0	0	0	0.009	0.001	0.019	0.009	0.001	0.019
	集体主义倾向	0	0	0	0.050	0.037	0.067	0.050	0.037	0.067
	制度自信	0	0	0	0.009	0.003	0.016	0.009	0.003	0.016
威权人格	政治兴趣	0	0	0	0	0	0	0	0	0
	威权人格	0	0	0	0	0	0	0	0	0
	政治效能感	0.099	0.069	0.136	0	0	0	0.099	0.069	0.136
	政府绩效评价	0.059	0.016	0.105	0.008	0.012	0.044	0.067	0.026	0.0111
	集体主义倾向	0.273	0.233	0.306	0.019	0.003	0.013	0.292	0.257	0.326
政治兴趣	政治兴趣	0	0	0	0	0	0	0	0	0
	威权人格	0	0	0	0	0	0	0	0	0
	政治效能感	0.353	0.322	0.401	0	0	0	0.353	0.322	0.401
	政府绩效评价	0	0	0	0.030	0.012	0.044	0.030	0.012	0.044

续表

自变量	因变量	直接效应估计值	95%的置信区间		间接效应估计值	95%的置信区间		总效应估计值	95%的置信区间	
			下限	上限		下限	上限		下限	上限
政治兴趣	集体主义倾向	0	0	0	0.008	0.003	0.013	0.008	0.003	0.013
	制度自信	0	0	0	0.016	0.006	0.024	0.016	0.006	0.024
政治效能感	政治兴趣	0	0	0	0	0	0	0	0	0
	威权人格	0	0	0	0	0	0	0	0	0
	政治效能感	0	0	0	0	0	0	0	0	0
	政府绩效评价	0.084	0.033	0.122	0	0	0	0.084	0.033	0.122
	集体主义倾向	0	0	0	0.024	0.008	0.035	0.024	0.008	0.035
	制度自信	0	0	0	0.044	0.016	0.064	0.044	0.016	0.064
政府绩效评价	政治兴趣	0	0	0	0	0	0	0	0	0
	威权人格	0	0	0	0	0	0	0	0	0
	政治效能感	0	0	0	0	0	0	0	0	0
	政府绩效评价	0	0	0	0	0	0	0	0	0
	集体主义倾向	0.283	0.247	0.318	0	0	0	0.283	0.247	0.318
	制度自信	0.440	0.408	0.481	0.085	0.072	0.100	0.525	0.494	0.563
集体主义倾向	政治兴趣	0	0	0	0	0	0	0	0	0
	威权人格	0	0	0	0	0	0	0	0	0
	政治效能感	0	0	0	0	0	0	0	0	0
	政府绩效评价	0	0	0	0	0	0	0	0	0
	集体主义倾向	0	0	0	0	0	0	0	0	0
	制度自信	0.301	0.266	0.340	0	0	0	0.301	0.266	0.340

二　威权人格的调节效应检验

如图6－1所示，威权人格作为调节变量，可能在网络信源特征（正面信息、负面信息、官方媒体关注、公众媒体关注）、网络参与互动（网络政治互动、网络政治表达、网络公共参与）与青年政治认同（政府绩效评价、集体主义倾向、制度自信）之间的关系起调节作用，还可能对政治兴趣、政治效能感的中介效应的前半路径具有调节作用。基于中介效应模型的分析结果，采用分层回归分析分别对网络信源特征（正面信息、负面信息、官方媒体关注、公众媒体关注）、网络参与互动（网络政治互动、网络政治表达、网络公共参与）与政府绩效评价、集体主义倾向、制度自信与政治效能感的关系中可能存在的调节效应进行检验。为避免共线性效应，将正面信息、负面信息、官方媒体关注、公众媒体关注、网络政治互动、网络政治表达、网络公共参与、威权人格、政府绩效评价、政治效能感、集体主义倾向、制度自信均进行中心化处理。

1. 网络信源特征与政府绩效评价关系中的调节作用

根据图 6－2 的分析结果，探讨威权人格在正面信息、负面信息、官方媒体关注、公众媒体关注与政府绩效评价关系中存在的调节作用。以政府绩效评价为因变量，首先将自变量正面信息、负面信息、官方媒体关注、公众媒体关注纳入模型 A1，然后将调节变量威权人格纳入模型 A2，最后将正面信息 × 威权人格、负面信息 × 威权人格、官方媒体关注 × 威权人格、公众媒体关注 × 威权人格四个交互项纳入模型 A3，具体分析过程及结果详见表 6－14。

表 6－14　**网络信源特征、威权人格对政府绩效评价的回归分析结果**

预测变量	A1	A2	A3
正面信息	0.123***	0.118***	0.091
负面信息	－0.067**	－0.067**	－0.308***
官方媒体关注	0.158***	0.156***	0.260*
公众媒体关注	－0.074**	－0.073**	0.027
威权人格	—	0.075**	0.269*
正面信息 × 威权人格	—	—	0.029
负面信息 × 威权人格	—	—	0.275**
官方媒体关注 × 威权人格	—	—	－0.177
公众媒体关注 × 威权人格	—	—	－0.165
R^2	0.048	0.053	0.057
ΔR^2	0.048	0.005	0.008
F	21.684***	12.510***	7.678***
ΔF	21.684***	9.259**	2.089*

注：* 表示 $p<0.05$，** 表示 $p<0.01$，*** 表示 $p<0.001$。

回归分析结果显示，正面信息、负面信息、官方媒体关注、公众媒体关注对青年政府绩效评价的主效应均显著，威权人格对青年政府绩效评价的主效应也达统计学上的显著性，负面信息×威权人格的交互项对青年政府绩效评价的影响达显著性（$p = 0.003$），正面信息×威权人格、官方媒体关注×威权人格、公众媒体关注×威权人格的交互项对青年政府绩效评价的影响均未达显著性。综合模型中，负面信息与青年政府绩效评价关系受到个体威权人格的调节作用的影响。

为更加直观地显示威权人格对负面信息与青年政府绩效评价间的调节作用，按照平均值±1个标准差对威权人格进行分组，负面信息以0分为低分组、2分为高分组，进行事后简单效果检验并绘制趋势图6-3。

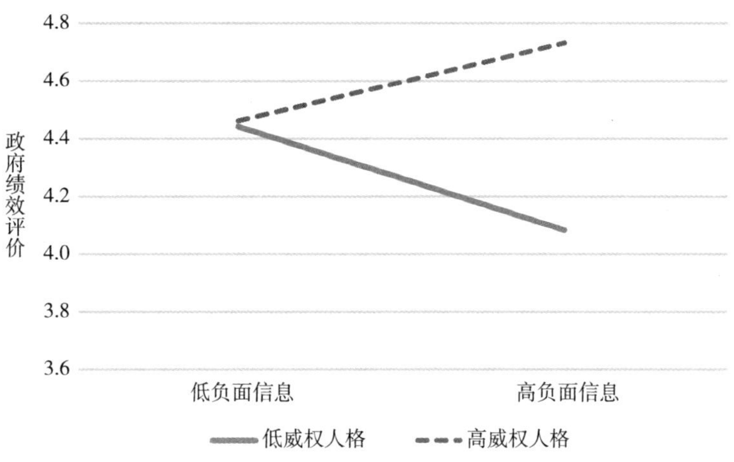

图6-3　负面信息与政府绩效评价关系中威权人格调节趋势示意图

事后简单效果检验发现，在威权人格的不同水平下，负面信息对青年政府绩效评价的解释力不同：对高威权人格的青年而言，负面信息约能解释目前青年政府绩效评价变异的3%（$F = 5.983$，$p = 0.015$）；对低威权人格的青年而言，负面信息对青年政府绩效评价的影响并不显著。在其他因素保持不变的情况下，负面信息每增加1个单位，高威权人格青年的政府绩效评价水平会增加0.128个单位，低威权人格青年的政府绩效评价水平则会降低0.084个单位，两者的解释力分别为高威权人格青年的$\beta = 0.173$（$t = 2.446$，$p = 0.015$）与低威权人格青年的$\beta = -0.084$

（$t=-1.088$，$p=0.278$）。图6－3也显示，对于不同威权人格水平的青年而言，负面信息对其政府绩效评价影响不同：对于低威权人格青年而言，负面信息接触频率增多，会一定程度降低其政府绩效评价水平；对于高威权人格青年而言，负面信息接触频率增多，会显著增加其政府绩效评价水平。

2. 媒体偏好类型、网络政治互动与集体主义倾向关系中的调节作用

根据图6－2的分析结果，探讨威权人格在官方媒体关注、公众媒体关注、网络政治互动与集体主义倾向关系中的调节作用。以集体主义倾向为因变量，首先将自变量官方媒体关注、公众媒体关注、网络政治互动分别纳入模型A1，然后将调节变量威权人格纳入模型A2，最后将官方媒体关注×威权人格、公众媒体关注×威权人格、网络政治互动×威权人格三个交互项纳入模型A3，具体分析过程及结果详见表6－15。

表6－15　**媒体偏好类型、网络政治互动、威权人格对集体主义倾向回归分析结果**

预测变量	A1	A2	A3
官方媒体关注	0.154***	0.134***	0.311***
公众媒体关注	－0.092***	－0.098***	－0.099
网络政治互动	0.125***	0.089***	0.209*
威权人格	—	0.294***	0.657***
官方媒体关注×威权人格	—	—	－0.296
公众媒体关注×威权人格	—	—	0.025
网络政治互动×威权人格	—	—	－0.235
R^2	0.045	0.128	0.133
ΔR^2	0.045	0.084	0.006
F	26.569***	61.398***	36.930***
ΔF	26.569***	158.257***	3.877**

注：* 表示 $p<0.05$，** 表示 $p<0.01$，*** 表示 $p<0.001$。

回归分析结果显示，官方媒体关注、公众媒体关注、网络政治互动、威权人格对青年集体主义倾向的主效应均显著，但官方媒体关注×威权人格、公众媒体关注×威权人格、网络政治互动×威权人格三个交互项对青年集体主义倾向的影响均未达统计学上的显著性；综合模型中，官

方媒体关注、公众媒体关注、网络政治互动与集体主义倾向的关系中威权人格的调节作用并不显著。

3. 正面信息与制度自信关系中的调节作用

根据图6－2的分析结果，探讨威权人格在正面信息与制度自信关系中的调节作用。以制度自信为因变量，首先将自变量正面信息纳入模型A1，然后将调节变量威权人格纳入模型A2，最后将正面信息×威权人格交互项纳入模型A3，具体分析过程及结果详见表6－16。

表6－16 **正面信息、威权人格对制度自信回归分析结果**

预测变量	A1	A2	A3
正面信息	0.187***	0.179***	0.492***
威权人格	—	0.064**	0.214***
正面信息×威权人格	—	—	－0.378***
R^2	0.035	0.038	0.047
ΔR^2	0.035	0.004	0.009
F	59.910***	33.500***	27.857***
ΔF	59.910***	6.875**	15.962***

注：*表示 $p<0.05$，**表示 $p<0.01$，***表示 $p<0.001$。

回归分析结果显示，正面信息、威权人格对青年制度自信的主效应均显著，正面信息×威权人格交互项对青年制度自信的主效应也达统计学上的显著性；综合模型中，正面信息与青年制度自信关系中威权人格的调节作用显著。

同上，为更加直观地显示威权人格对正面信息与青年制度自信间的调节作用，进行事后简单效果检验并绘制趋势图6－4。

事后简单效果检验发现，在威权人格的不同水平下，正面信息对青年制度自信的解释力不同：对高威权人格的青年而言，正面信息对青年制度自信变异没有显著的解释力（$F=0.269$，$p=0.604$）；对低威权人格的青年而言，正面信息对青年制度自信变异的解释力达10.2%。在其他因素保持不变的情况下，正面信息指数每增加1个单位，低威权人格青年的制度自信水平就会增加0.252个单位，高威权人格青年的制度自信水平仅增加0.020个单位，两者的解释力分别为低威权人格青年的 $\beta=$

0.328（$t=4.485$，$p=0.000$）与低威权人格青年的$\beta=0.037$（$t=0.519$，$p=0.604$）。图6－4也显示，对于不同威权人格水平的青年而言，正面信息接触频率对其制度自信的影响截然不同：对于高威权人格青年而言，正面信息接触行为的增减，并不会使其制度自信水平有明显变化；对于低威权人格青年而言，正面信息接触行为的增多，则会显著提升其制度自信水平。

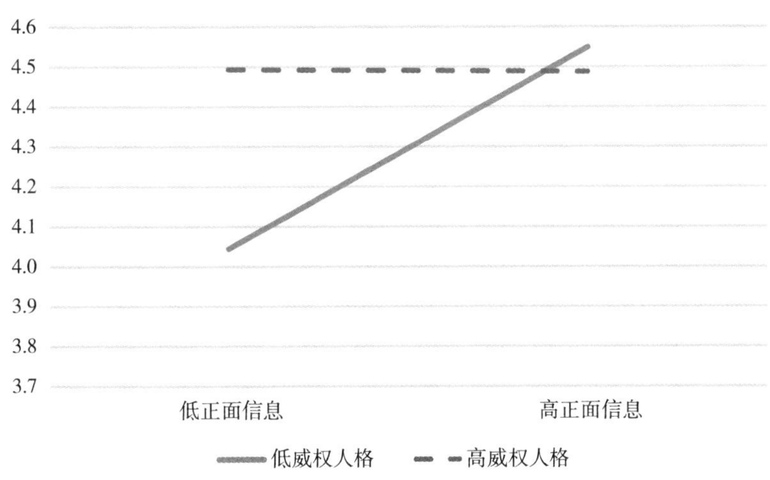

图6－4　正面信息与制度自信关系中威权人格调节趋势示意图

4. 网络信源特征、网络参与互动与政治兴趣关系中的调节作用

以政治兴趣为因变量，首先将自变量正面信息、负面信息、官方媒体关注、网络政治互动、网络政治表达纳入模型A1，然后将调节变量威权人格纳入模型A2，最后将正面信息×威权人格、负面信息×威权人格、官方媒体关注×威权人格、网络政治互动×威权人格、网络政治表达×威权人格五个交互项纳入模型A3，具体分析过程及结果详见表6－17。

表6－17　**网络信源特征、网络参与互动、威权人格对政治兴趣的回归分析结果**

预测变量	A1	A2	A3
正面信息	0.156***	0.158***	0.268***
负面信息	0.076***	0.076***	0.247***

续表

预测变量	A1	A2	A3
官方媒体关注	0.179***	0.180***	0.312***
网络政治互动	0.105***	0.106***	-0.050
网络政治表达	0.308***	0.309***	0.186
威权人格	—	-0.028	-0.069***
正面信息×威权人格	—	—	-0.134
负面信息×威权人格	—	—	-0.194*
官方媒体关注×威权人格	—	—	-0.218
网络政治互动×威权人格	—	—	0.298
网络政治表达×威权人格	—	—	0.182
R^2	0.320	0.324	0.325
ΔR^2	0.320	0.001	0.007
F	130.306***	111.995***	61.912***
ΔF	130.306***	1.766	2.680*

注：* 表示 $p<0.05$，** 表示 $p<0.01$，*** 表示 $p<0.001$。

回归分析结果显示，正面信息、负面信息、官方媒体关注、网络政治互动、网络政治表达对青年政治兴趣的主效应均显著，威权人格对青年政治兴趣的主效应未达统计学上的显著性，负面信息×威权人格的交互项对青年政治兴趣的影响达显著性（$p=0.003$），正面信息×威权人格、官方媒体关注×威权人格、网络政治互动×威权人格、网络政治表达×威权人格的交互项对青年政治兴趣的影响均未达显著性。综合模型中，负面信息与青年政治兴趣关系受到个体威权人格的调节作用的影响。

为更加直观地显示威权人格对负面信息与青年政治兴趣间的调节作用，按照平均值±1个标准差对威权人格进行分组，负面信息以0分为低分组、2分为高分组，进行事后简单效果检验并绘制趋势图6-5。

事后简单效果检验发现，在威权人格的不同水平下，负面信息对青年政治兴趣的解释力不同：对低威权人格的青年而言，负面信息约能解释目前青年政治兴趣变异的7%（$F=13.593$，$p=0.000$）；对高威权人格的青年而言，负面信息对青年政治兴趣的影响并不显著。在其他因素保持不变的情况下，负面信息每增加1个单位，低威权人格青年的政治兴趣水平增加0.332个单位，高威权人格青年的政治兴趣水平增加0.066个单位，两者的解释力分别为低威权人格青年的$\beta = 0.274$（$t = 3.687$，$p = 0.000$）与高威权人格青年的$\beta = 0.063$（$t = 0.883$，$p = 0.378$）。图6-5也显示，对于不同威权人格水平的青年而言，网络政治表达行为对其政治兴趣影响不同：对于低威权人格青年而言，负面信息接触频率增多，会一定程度增加其政治兴趣水平；对于高威权人格青年而言，负面信息接触频率增多，其政治兴趣水平增加更快。

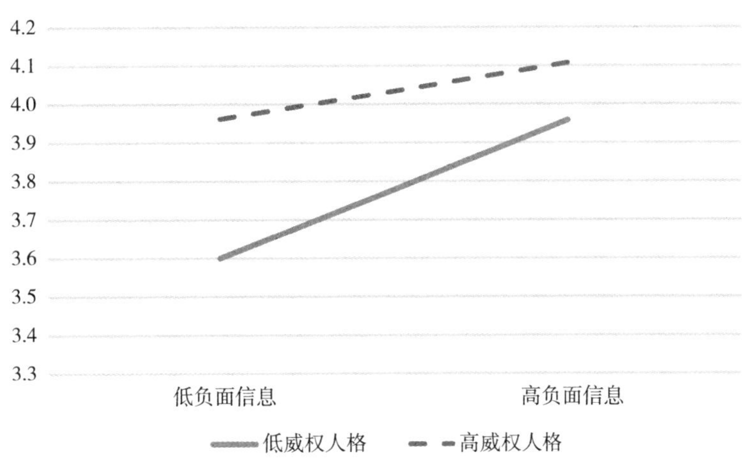

图6-5　负面信息与政治兴趣关系中威权人格调节趋势示意图

5. 网络信源特征、网络参与互动与政治效能感关系中的调节作用

以政治效能感为因变量，首先将自变量正面信息、官方媒体关注、网络政治互动、网络政治表达纳入模型A1，然后将调节变量威权人格纳入模型A2，最后将正面信息×威权人格、官方媒体关注×威权人格、网络政治互动×威权人格、网络政治表达×威权人格四个交互项纳入模型A3，具体分析过程及结果详见表6-18。

表6-18　**网络信源特征、网络参与互动、威权人格对政治效能感的回归分析结果**

预测变量	A1	A2	A3
正面信息	0.125***	0.118***	0.118
官方媒体关注	0.190***	0.188***	0.220**

续表

预测变量	A1	A2	A3
网络政治互动	0.107***	0.101***	-0.118
网络政治表达	0.296***	0.287***	0.386***
威权人格	—	0.086***	-0.079
正面信息×威权人格	—	—	0.001
官方媒体关注×威权人格	—	—	-0.057
网络政治互动×威权人格	—	—	0.419*
网络政治表达×威权人格	—	—	-0.165
R^2	0.312	0.318	0.319
ΔR^2	0.312	0.007	0.003
F	187.296***	154.715***	86.756***
ΔF	187.296***	17.062***	1.549

注：* 表示 $p<0.05$，** 表示 $p<0.01$，*** 表示 $p<0.001$。

回归分析结果显示，正面信息、官方媒体关注、网络政治互动、网络政治表达对政治兴趣的主效应显著，威权人格对政治兴趣的主效应也显著；正面信息×威权人格、官方媒体关注×威权人格、网络政治表达×威权人格的交互项对政治兴趣的影响均未达显著性，但网络政治互动×威权人格的交互项对政治效能感的影响显著（$p=0.017$）。综合模型中，网络政治互动与政治效能感关系中威权人格的调节作用显著。

为更加直观地显示威权人格对网络政治互动与政治效能感间的调节作用，进行事后简单效果检验并绘制趋势图6-6。

事后简单效果检验发现，在威权人格的不同水平下，网络政治互动对青年政治效能感的解释力不同：对低威权人格的青年而言，网络政治互动能解释目前青年政治效能感变异的11.3%（$F=22.331$，$p=0.000$）；对高威权人格的青年而言，网络政治互动能解释目前青年政治效能感变异的20.5%（$F=51.418$，$p=0.000$）。在其他因素保持不变的情况下，网络政治互动指数每增加1个单位，低威权人格青年的政治效能感水平就会增加0.266个单位，高威权人格青年的政治效能感水平会增加0.376个单位，两者的解释力分别为低威权人格青年的 $\beta=0.343$（$t=4.726$，$p=0.000$）与高威权人格青年的 $\beta=0.458$（$t=7.171$，$p=0.000$）。

图6-6也显示，相较于低威权人格青年，高威权人格青年网络政治互动行为的增多，其政治效能感水平会提高更快。

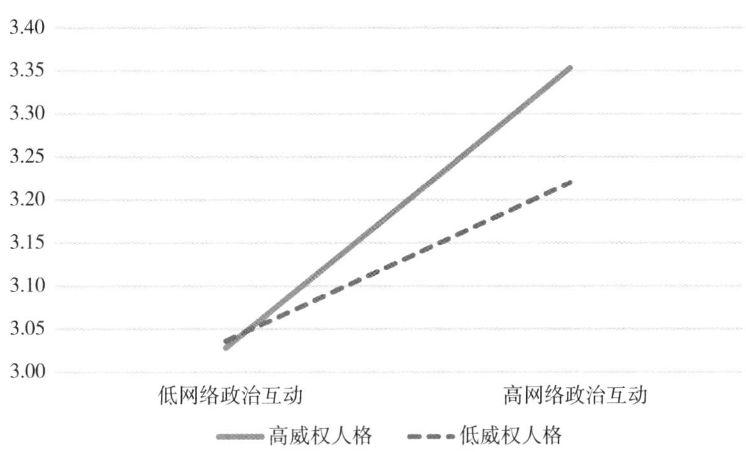

图6-6　网络政治互动与政治效能感关系中威权人格的调节趋势示意图

三　生活满意度的调节效应

前一部分回归方程模型结果显示，在个体生活满意度纳入模型后，网络信源特征（正面信息、负面信息、官方媒体关注、公众媒体关注）、网络参与互动（网络政治互动、网络政治表达、网络公共参与）各因素对青年政治认同（政府绩效评价、集体主义倾向、制度自信）的影响力均有不同程度的变化，须进一步对生活满意度可能在网络信源特征、网络参与互动与青年政治认同系统关系中扮演的调节作用进行检验，明确网络政治传播过程中个体生活满意度如何影响青年政治认同的最终发展结果。

基于中介效应模型分析结果，采用分层回归分析分别对网络信源特征（正面信息、负面信息、官方媒体关注、公众媒体关注）、网络参与互动（网络政治互动、网络政治表达、网络公共参与）与政府绩效评价、集体主义倾向、制度自信与政治效能感的关系中可能存在的调节效应进行检验。为避免共线性效应，将正面信息、负面信息、官方媒体关注、公众媒体关注、网络政治互动、网络政治表达、网络公共参与、政治兴趣、政治效能感、威权人格、生活满意度、政府绩效评价、集体主义倾向、制度自信均进行中心化处理。

1. 网络信源特征与政府绩效评价关系中的调节作用

根据图 6－2 的分析结果，探讨生活满意度在正面信息、负面信息、官方媒体关注、公众媒体关注与政府绩效评价关系中存在的调节作用。以政府绩效评价为因变量，首先将自变量正面信息、负面信息、官方媒体关注、公众媒体关注纳入模型 A1，然后将调节变量生活满意度纳入模型 A2，最后将正面信息×生活满意度、负面信息×生活满意度、官方媒体关注×生活满意度、公众媒体关注×生活满意度四个交互项纳入模型 A3，具体分析过程及结果详见表 6－19。

表 6－19 **网络信源特征、生活满意度对政府绩效评价的回归分析结果**

预测变量	A1	A2	A3
正面信息	0.123***	0.069**	0.136
负面信息	－0.067**	－0.060*	－0.548***
官方媒体关注	0.158***	0.106***	0.207
公众媒体关注	－0.074**	－0.073**	－0.180
生活满意度	—	0.327***	0.241*
正面信息×生活满意度	—	—	－0.066
负面信息×生活满意度	—	—	0.508***
官方媒体关注×生活满意度	—	—	－0.136
公众媒体关注×生活满意度	—	—	0.134
R^2	0.048	0.146	0.152
ΔR^2	0.048	0.098	0.008
F	21.684***	57.291***	33.705***
ΔF	21.684***	189.747***	3.744**

注：* 表示 $p<0.05$，** 表示 $p<0.01$，*** 表示 $p<0.001$。

回归分析结果显示，正面信息、负面信息、官方媒体关注、公众媒体关注对青年政府绩效评价的主效应均显著，生活满意度对青年政府绩效评价的主效应也达统计学上的显著性，负面信息×生活满意度的交互项对青年政府绩效评价的影响达显著性（$p=0.000$），正面信息×生活满意度、官方媒体关注×生活满意度、公众媒体关注×生活满意度的交互项对青年政府绩效评价的影响均未达显著性。综合模型中，负面信息与青年政府绩效评价关系受到个体生活满意度调节作用的影响。

为更加直观地显示生活满意度对负面信息与青年政府绩效评价间的调节作用，按照平均值 ±1 个标准差对生活满意度进行分组，负面信息以 0 分为低分组、2 分为高分组，进行事后简单效果检验并绘制趋势图 6－7。

事后简单效果检验发现，在生活满意度的不同水平下，负面信息对青年政府绩效评价的解释力不同：对低生活满意度的青年而言，负面信息约能解释目前青年政府绩效评价变异的 2.2%（$F = 8.396$，$p = 0.004$）；对高生活满意度的青年而言，负面信息对青年政府绩效评价的影响并不显著。在其他因素保持不变的情况下，负面信息每增加 1 个单位，低生活满意度青年的政府绩效评价水平会降低 0.156 个单位，高生活满意度青年的政府绩效评价水平则会增加 0.030 个单位，两者的解释力分别为低生活满意度青年的 $\beta = -0.159$（$t = -2.898$，$p = 0.004$）与高生活满意度青年的 $\beta = 0.049$（$t = 0.831$，$p = 0.407$）。图 6－7 也显示，对于不同生活满意度水平的青年而言，负面信息对其政府绩效评价影响不同：对于低生活满意度青年而言，负面信息接触频率增多，会显著降低其政府绩效评价水平；对于高生活满意度青年而言，负面信息接触频率增多，对其政府绩效评价水平并没有显著影响。

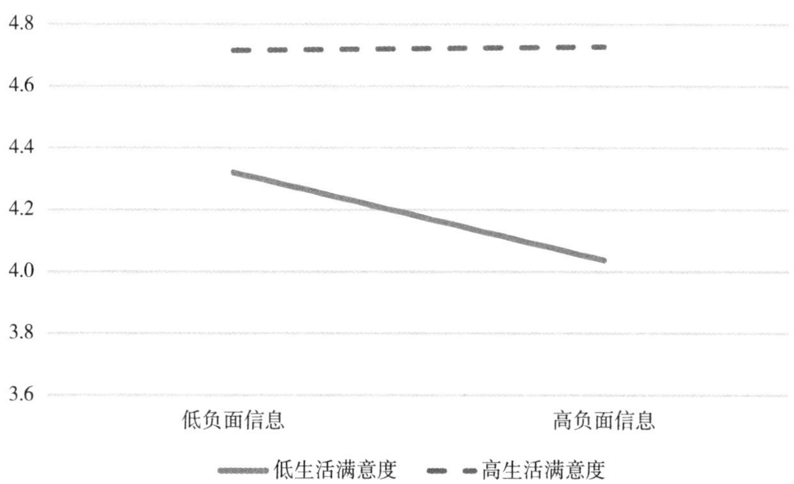

图 6－7　负面信息与政府绩效评价关系中生活满意度的调节趋势示意图

2. 媒体偏好类型、网络政治互动与集体主义倾向关系中的调节作用

根据图6-2的分析结果，探讨生活满意度在官方媒体关注、公众媒体关注、网络政治互动与集体主义倾向关系中的调节作用。以集体主义倾向为因变量，首先将自变量官方媒体关注、公众媒体关注、网络政治互动分别纳入模型A1，然后将调节变量生活满意度纳入模型A2，最后将官方媒体关注×生活满意度、公众媒体关注×生活满意度、网络政治互动×生活满意度三个交互项纳入模型A3，具体分析过程及结果详见表6-20。

表6-20 **媒体偏好类型、网络政治互动、生活满意度对集体主义倾向回归分析结果**

预测变量	A1	A2	A3
官方媒体关注	0.154***	0.121***	0.179
公众媒体关注	-0.092***	-0.086***	-0.164
网络政治互动	0.125***	0.102***	0.153
生活满意度	—	0.174***	0.198
官方媒体关注×生活满意度	—	—	-0.075
公众媒体关注×生活满意度	—	—	0.097
网络政治互动×生活满意度	—	—	-0.069
R^2	0.045	0.072	0.072
ΔR^2	0.045	0.028	0.000
F	26.569***	33.101***	18.949***
ΔF	26.569***	50.305***	0.149

注：*表示 $p<0.05$，**表示 $p<0.01$，***表示 $p<0.001$。

回归分析结果显示，官方媒体关注、公众媒体关注、网络政治互动、生活满意度对青年集体主义倾向的主效应均显著，但官方媒体关注×生活满意度、公众媒体关注×生活满意度、网络政治互动×生活满意度三个交互项对青年集体主义倾向的影响均未达统计学上的显著性；综合模型中，官方媒体关注、公众媒体关注、网络政治互动与集体主义倾向的关系中生活满意度的调节作用并不显著。

3. 正面信息与制度自信关系中的调节作用

根据图 6－2 的分析结果，探讨生活满意度在正面信息与制度自信关系中的调节作用。以制度自信为因变量，首先将自变量正面信息纳入模型 A1，然后将调节变量生活满意度纳入模型 A2，最后将正面信息 × 生活满意度交互项纳入模型 A3，具体分析过程及结果详见表 6－21。

表 6－21　**正面信息、生活满意度对制度自信的回归分析结果**

预测变量	A1	A2	A3
正面信息	0.187***	0.112***	0.434***
生活满意度	—	0.327***	0.404***
正面信息 × 生活满意度	—	—	-0.353**
R^2	0.035	0.136	0.138
ΔR^2	0.035	0.102	0.003
F	59.910***	130.111***	89.056***
ΔF	59.910***	193.309***	6.133**

注：* 表示 $p<0.05$，** 表示 $p<0.01$，*** 表示 $p<0.001$。

回归分析结果显示，正面信息、生活满意度对青年制度自信的主效应均显著，正面信息 × 生活满意度交互项对青年制度自信的主效应也达统计学上的显著性；综合模型中，正面信息与青年制度自信关系中生活满意度的调节作用显著。

为更加直观地显示生活满意度对正面信息与青年制度自信间的调节作用，进行事后简单效果检验并绘制趋势图 6－8。

事后简单效果检验发现，在生活满意度的不同水平下，正面信息对青年制度自信的解释力不同：对低生活满意度的青年而言，正面信息对青年制度自信变异的解释力为 4.7%（$F=17.020$，$p=0.000$）；对高生活满意度的青年而言，正面信息对青年制度自信变异的解释力为 1.3%（$F=4.842$，$p=0.029$）。在其他因素保持不变的情况下，正面信息指数每增加 1 个单位，低生活满意度青年的制度自信水平就会增加 0.171 个单位，高生活满意度青年的制度自信水平仅增加 0.069 个单位，两者的解释力分别为低生活满意度青年的 $\beta=0.224$（$t=4.125$，$p=0.000$）与低生活满意度青年的 $\beta=0.128$（$t=2.200$，$p=0.029$）。图 6－8 也显示，对于不同生活满意度水平的青年而言，正面信息接触频率对其制度自信的影响不同：相较于高生活满意度青年，正面信息接触行为的增加使低生活满意度青年制度自信水平提升更快。

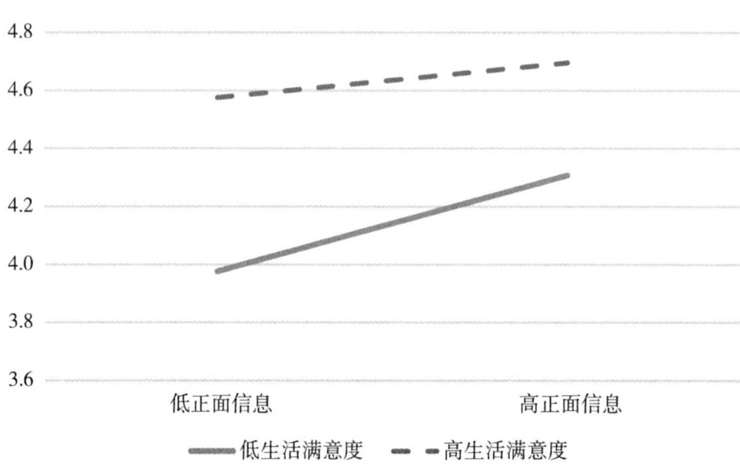

图6－8 正面信息与制度自信关系中生活满意度的调节趋势示意图

4. 网络信源特征、网络参与互动与政治兴趣关系中的调节作用

以政治兴趣为因变量，首先将自变量正面信息、负面信息、官方媒体关注、网络政治互动、网络政治表达纳入模型 A1，然后将调节变量生活满意度纳入模型 A2，最后将正面信息×生活满意度、负面信息×生活满意度、官方媒体关注×生活满意度、网络政治互动×生活满意度、网络政治表达×生活满意度五个交互项纳入模型 A3，具体分析过程及结果详见表6－22。

表6－22 **网络信源特征、网络参与互动、生活满意度对政治兴趣的回归分析结果**

预测变量	A1	A2	A3
正面信息	0.156***	0.153***	0.154
负面信息	0.076***	0.076***	0.224
官方媒体关注	0.179***	0.176***	0.474***
网络政治互动	0.105***	0.103***	0.144
网络政治表达	0.308***	0.308***	－0.260

续表

预测变量	A1	A2	A3
生活满意度	—	0.020	-0.137
正面信息×生活满意度	—	—	-0.001
负面信息×生活满意度	—	—	-0.151
官方媒体关注×生活满意度	—	—	0.396*
网络政治互动×生活满意度	—	—	-0.062
网络政治表达×生活满意度	—	—	0.696***
R^2	0.320	0.320	0.329
ΔR^2	0.320	0.000	0.011
F	130.306***	111.815***	63.170***
ΔF	130.306***	0.915	4.667***

注：* 表示 $p<0.05$，** 表示 $p<0.01$，*** 表示 $p<0.001$。

回归分析结果显示，正面信息、负面信息、官方媒体关注、网络政治互动、网络政治表达对青年政治兴趣的主效应均显著，生活满意度对青年政治兴趣的主效应未达统计学上的显著性，官方媒体关注×生活满意度、网络政治表达×生活满意度的交互项对青年政治兴趣的影响均达显著性（$p=0.039$，$p=0.000$），正面信息×生活满意度、负面信息×生活满意度、网络政治互动×生活满意度的交互项对青年政治兴趣的影响均未达显著性。综合模型中，官方媒体关注、网络政治表达与青年政治兴趣关系受到个体生活满意度的调节作用的影响。

为更加直观地显示生活满意度对官方媒体关注、网络政治表达与青年政治兴趣关系的调节作用，进行事后简单效果检验并绘制趋势图6-9和图6-10。

事后简单效果检验发现，在生活满意度的不同水平下，官方媒体关注对青年政治兴趣的解释力不同：对低生活满意度的青年而言，官方媒体关注约能解释目前青年政治兴趣变异的13.1%（$F=49.639$，$p=0.000$）；对高生活满意度的青年而言，官方媒体关注对青年政治兴趣的解释力为20.8%（$F=271.697$，$p=0.000$）。在其他因素保持不变的情况下，官方媒体关注指数每增加1个单位，低生活满意度青年的政治兴趣水平增加0.326个单位，高生活满意度青年的政治兴趣水平增加0.383个单位，两者的解释力分别为低生活满意度青年的 $\beta = 0.365$（$t = 7.045$，$p = 0.000$）与高生活满意度青年的 $\beta = 0.457$（$t = 16.483$，$p = 0.000$）。图6－9也显示，对于不同生活满意度水平的青年而言，官方媒体关注对其政治兴趣影响不同：相较于低生活满意度青年，官方媒体关注越多，高生活满意度青年政治兴趣水平提升更快。

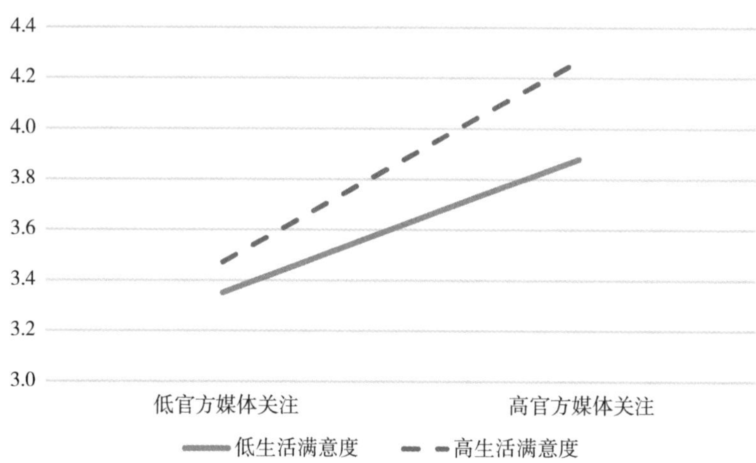

图6－9 官方媒体关注与政治兴趣关系中生活满意度的调节趋势示意图

事后简单效果检验发现，在生活满意度的不同水平下，网络政治表达对青年政治兴趣的解释力不同：对低生活满意度的青年而言，网络政治表达约能解释目前青年政治兴趣变异的 9.4%（$F = 34.566$，$p = 0.000$）；对高生活满意度的青年而言，网络政治表达对青年政治兴趣的解释力为 28.3% 并不显著（$F = 114.716$，$p = 0.000$）。在其他因素保持不变的情况下，网络政治表达指数每增加 1 个单位，低生活满意度青年的政治兴趣水平增加 0.204 个单位，高生活满意度青年的政治兴趣水平增加 0.390 个单位，两者的解释力分别为低生活满意度青年的 $\beta = 0.311$（$t = 5.879$，$p = 0.000$）与高生活满意度青年的 $\beta = 0.532$（$t = 10.711$，$p = 0.000$）。图 6－10 也显示，对于不同生活满意度水平的青年而言，网络政治表达对其政治兴趣影响不同：相较于低生活满意度青年，网络政治表达行为越频繁，高生活满意度青年政治兴趣水平提升更快。

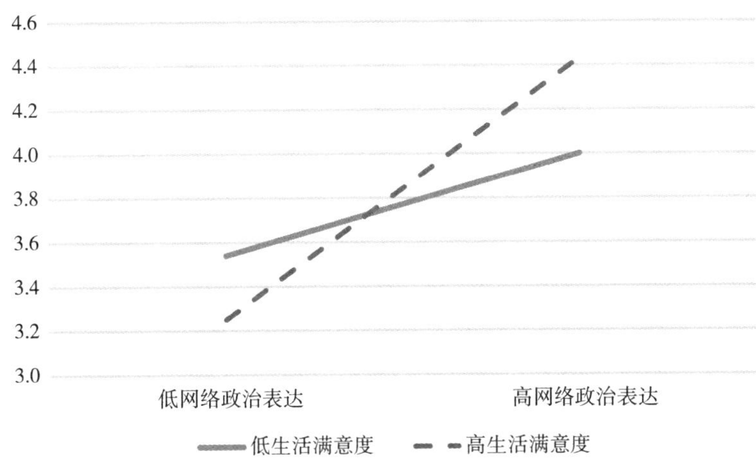

图6－10 网络政治表达与政治兴趣关系中生活满意度的调节趋势示意图

5. 网络信源特征、网络参与互动与政治效能感关系中的调节作用

以政治效能感为因变量，首先将自变量正面信息、官方媒体关注、网络政治互动、网络政治表达纳入模型A1，然后将调节变量生活满意度纳入模型A2，最后将正面信息×生活满意度、官方媒体关注×生活满意度、网络政治互动×生活满意度、网络政治表达×生活满意度四个交互项纳入模型A3，具体分析过程及结果详见表6－23。

表6－23 **网络信源特征、网络参与互动、生活满意度对政治效能感的回归分析结果**

预测变量	A1	A2	A3
正面信息	0. 125 ***	0. 108 ***	0. 186
官方媒体关注	0. 190 ***	0. 177 ***	0. 279
网络政治互动	0. 107 ***	0. 096 ***	0. 017
网络政治表达	0. 296 ***	0. 295 ***	－0. 047
生活满意度	—	0. 110 ***	－0. 043
正面信息×生活满意度	—	—	－0. 085
官方媒体关注×生活满意度	—	—	－0. 138
网络政治互动×生活满意度	—	—	0. 109
网络政治表达×生活满意度	—	—	0. 417 *

续表

预测变量	A1	A2	A3
R^2	0. 312	0. 322	0. 324
ΔR^2	0. 312	0. 011	0. 004
F	187. 296 ***	157. 596 ***	88. 792 ***
ΔF	187. 296 ***	26. 955 ***	2. 207

注：* 表示 $p<0.05$，** 表示 $p<0.01$，*** 表示 $p<0.001$。

回归分析结果显示，正面信息、官方媒体关注、网络政治互动、网络政治表达对政治兴趣的主效应显著，生活满意度对政治兴趣的主效应也显著；正面信息×生活满意度、官方媒体关注×生活满意度、网络政治互动×生活满意度的交互项对政治兴趣的影响均未达显著性，但网络政治表达×生活满意度的交互项对政治效能感的影响显著（$p=0.022$）。综合模型中，网络政治表达与政治效能感关系中生活满意度的调节作用显著。

为更加直观地显示生活满意度对网络政治表达与政治效能感间的调节作用，进行事后简单效果检验并绘制趋势图 6－11。

事后简单效果检验发现，在生活满意度的不同水平下，网络政治表达对青年政治效能感的解释力不同：对低生活满意度的青年而言，网络政治表达能解释目前青年政治效能感变异的 8. 7%（$F=31.901$，$p=0.000$）；对高生活满意度的青年而言，网络政治表达能解释目前青年政治效能感变异的 24. 4%（$F=91.110$，$p=0.000$）。在其他因素保持不变的情况下，网络政治表达指数每增加 1 个单位，低生活满意度青年的政治效能感水平就会增加 0. 225 个单位，高生活满意度青年的政治效能感水平会增加 0. 398 个单位，两者的解释力分别为低生活满意度青年的 $\beta=0.300$（$t=5.648$，$p=0.000$）与高生活满意度青年的 $\beta=0.497$（$t=9.752$，$p=0.000$）。图 6－11 也显示，相较于低生活满意度青年，高生活满意度青年网络政治表达行为增多，其政治效能感水平会提高更快。

四　学生身份、文化程度的调节作用检验

前一部分回归方程模型结果显示，在个体人口学变量纳入模型后，网络信源特征（正面信息、负面信息、官方媒体关注、公众媒体关注）、

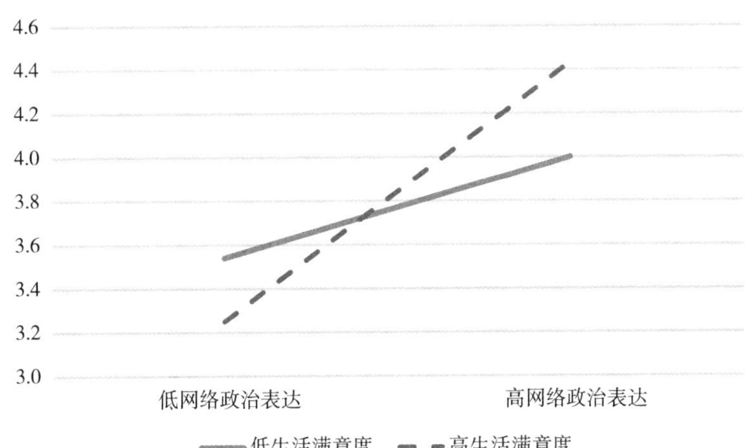

图6－11　网络政治表达与政治效能感关系中生活满意度的调节趋势示意图

网络参与互动（网络政治互动、网络政治表达、网络公共参与）各因素对青年政治认同（政府绩效评价、集体主义倾向、制度自信）的影响力均有不同程度的变化，须进一步对人口学变量可能在网络信源特征、网络参与互动、个体政治心理特征与青年政治认同系统关系中扮演的调节作用进行检验，明确网络政治传播过程中个体人口学变量如何影响青年政治认同的最终发展结果。

基于表6－6、表6－7、表6－8和图6－2的分析结果，采用分层回归分析对学生身份、文化程度在网络信源特征、网络参与互动、个体政治心理特征与青年政治认同系统关系中可能存在的调节效应进行检验。为避免共线性效应，将正面信息、负面信息、官方媒体关注、公众媒体关注、网络政治互动、网络政治表达、网络公共参与、生活满意度、政治兴趣、政治效能感、威权人格、政府绩效评价、集体主义倾向、制度自信均进行中心化处理，学生身份和文化程度分别赋值为：1＝学生，0＝非学生；1＝专科及本科以上，0＝高中及以下。

1. 网络信源特征、个体政治心理特征与青年政府绩效评价关系中的调节作用

以政府绩效评价为因变量，首先将自变量正面信息、负面信息、官方媒体关注、公众媒体关注、政治效能感、威权人格纳入模型A1，然后将调节变量学生身份、文化程度纳入模型A2，最后将正面信息×学生身

份、负面信息×学生身份、官方媒体关注×学生身份、公众媒体关注×学生身份、政治效能感×学生身份、威权人格×学生身份、正面信息×文化程度、负面信息×文化程度、官方媒体关注×文化程度、公众媒体关注×文化程度、政治效能感×文化程度、威权人格×文化程度十二个交互项纳入模型 A3，具体分析过程及结果详见表 6－24。

表 6－24　网络信源特征、学生身份、文化程度对政府绩效评价的回归分析结果

预测变量	A1	A2	A3
正面信息	0.102***	0.107***	−0.087
负面信息	−0.072**	−0.072**	0.005
官方媒体关注	0.133***	0.149***	0.061
公众媒体关注	−0.086***	−0.088***	−0.116
政治效能感	0.084**	0.093***	0.137*
威权人格	0.059*	0.074**	0.002
学生身份	—	0.087***	0.304
文化程度	—	−0.027	−0.289
正面信息×学生身份	—	—	−0.043
负面信息×学生身份	—	—	−0.072*
官方媒体关注×学生身份	—	—	−0.041
公众媒体关注×学生身份	—	—	0.110
政治效能感×学生身份	—	—	−0.153
威权人格×学生身份	—	—	−0.043
正面信息×文化程度	—	—	0.252**
负面信息×文化程度	—	—	−0.063
官方媒体关注×文化程度	—	—	0.160
公众媒体关注×文化程度	—	—	0.042
政治效能感×文化程度	—	—	−0.089
威权人格×文化程度	—	—	0.123
R^2	0.057	0.063	0.071
ΔR^2	0.057	0.007	0.015
F	17.495***	14.725***	7.267***
ΔF	17.495***	6.090**	2.208**

注：* 表示 $p<0.05$，** 表示 $p<0.01$，*** 表示 $p<0.001$。

回归分析结果显示，正面信息、负面信息、官方媒体关注、公众媒体关注、政治效能感、威权人格对青年政府绩效评价的主效应均显著，学生身份对青年政府绩效评价的主效应也达统计学上的显著性，文化程度对青年政府绩效评价的主效应并不显著；负面信息×学生身份、正面信息×文化程度两个交互项对青年政府绩效评价的影响达显著性（$p=0.038$，$p=0.003$），其余交互项对青年政府绩效评价的影响均未达显著性。综合模型中，负面信息与青年政府绩效评价、正面信息与青年政府绩效评价关系分别受个体学生身份、文化程度调节作用的影响。

为更加直观显示学生身份、文化程度对负面信息与青年政府绩效评价、正面信息与青年政府绩效评价关系的调节作用，进行事后简单效果检验并绘制趋势图6－12和图6－13。

事后简单效果检验发现，在学生身份这一变量的不同水平上，负面信息对青年政府绩效评价的解释力不同：对学生身份的青年而言，负面信息约能解释目前青年政府绩效评价变异的4.2%（$F=6.898$，$p=0.010$）；对非学生身份的青年而言，负面信息对其政府绩效评价的影响并不显著。在其他因素保持不变的情况下，负面信息每增加1个单位，学生身份青年的政府绩效评价水平会降低0.176个单位，非学生身份青年的政府绩效评价水平则仅降低0.013个单位，两者的解释力分别为学生身份青年的$\beta=-0.222$（$t=-2.626$，$p=0.010$）与非学生身份青年的$\beta=-0.016$（$t=-0.614$，$p=0.539$）。图6－12也显示，负面信息接触频率增多会显著降低学生身份青年的政府绩效评价水平，对于非学生身份的青年而言，负面信息接触频率增多，对其政府绩效评价水平并没有显著影响。

事后简单效果检验发现，在文化程度这一变量的不同水平上，正面信息对青年政府绩效评价的解释力不同：对接受过高等教育的青年而言，正面信息约能解释目前青年政府绩效评价变异的3.9%（$F=57.788$，$p=0.000$），对没有接受过高等教育的青年而言，正面信息对其政府绩效评价的影响并不显著。在其他因素保持不变的情况下，正面信息每增加1个单位，接受过高等教育的青年政府绩效评价水平会增加0.136个单位，没有接受过高等教育的青年政府绩效评价水平则降低0.016个单位，两者的解释力分别为接受过高等教育青年的$\beta=0.198$（$t=7.602$，$p=0.000$）

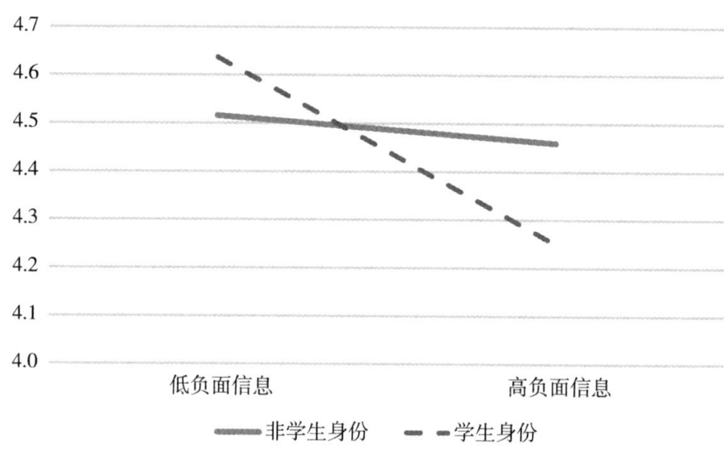

图6－12　负面信息与政府绩效评价关系中学生身份的调节趋势示意图

与没有接受过高等教育青年的 $\beta=-0.027$（$t=-0.403$，$p=0.687$）。图6－13也显示，相较于没有接受过高等教育的青年，正面信息接触频率增多，对接受过高等教育青年的政府绩效评价水平提升显著。

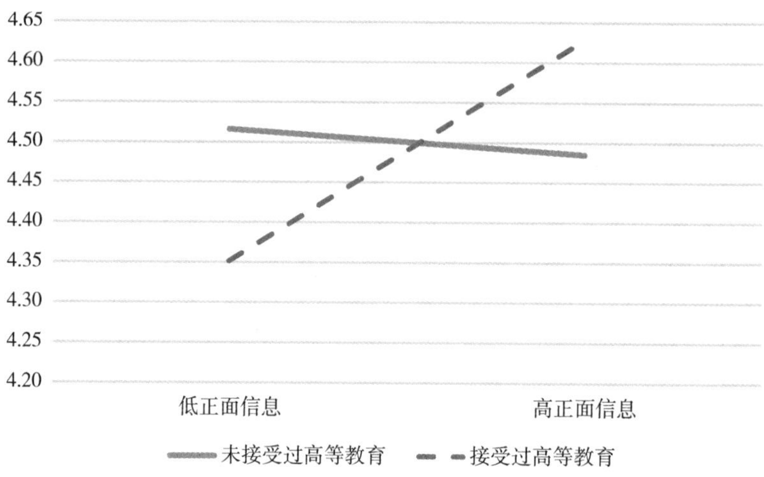

图6－13　正面信息与政府绩效评价关系中文化程度的调节趋势示意图

2. 网络信源特征、网络政治互动、威权人格与青年集体主义倾向关系中的调节作用

以集体主义倾向为因变量，首先将自变量官方媒体关注、公众媒体

关注、网络政治互动、威权人格纳入模型 A1，然后将调节变量学生身份、文化程度纳入模型 A2，最后将官方媒体关注×学生身份、公众媒体关注×学生身份、网络政治互动×学生身份、威权人格×学生身份、官方媒体关注×文化程度、公众媒体关注×文化程度、网络政治互动×文化程度、威权人格×文化程度八个交互项纳入模型 A3，具体分析过程及结果详见表6－25。

表6－25　**网络信源特征、网络政治互动、威权人格、学生身份、文化程度对集体主义倾向的回归分析结果**

预测变量	A1	A2	A3
官方媒体关注	0.134***	0.159***	0.143
公众媒体关注	－0.098***	－0.100***	0.055
网络政治互动	0.089***	0.092***	0.100
威权人格	0.294***	0.307***	0.390***
学生身份	—	0.068**	0.285
文化程度	—	－0.040	0.285*
官方媒体关注×学生身份	—	—	－0.055
公众媒体关注×学生身份	—	—	－0.072
网络政治互动×学生身份	—	—	－0.067
威权人格×学生身份	—	—	－0.033
官方媒体关注×文化程度	—	—	0.015
公众媒体关注×文化程度	—	—	－0.275*
网络政治互动×文化程度	—	—	－0.013
威权人格×文化程度	—	—	－0.143
R^2	0.128	0.132	0.134
ΔR^2	0.128	0.005	0.006
F	61.398***	42.752***	19.166***
ΔF	61.398***	4.879**	1.412

注：* 表示 $p<0.05$，** 表示 $p<0.01$，*** 表示 $p<0.001$。

回归分析结果显示，官方媒体关注、公众媒体关注、网络政治互动、威权人格对青年集体主义倾向的主效应均显著，学生身份对青年集体主义倾向的主效应也达统计学上的显著性，文化程度对青年集体主义倾向的主效应并不显著；公众媒体关注×文化程度交互项对青年集体主义倾向的影响达统计学上的显著性（$p=0.035$），其余交互项对青年集体主义倾向的影响均未达显著性。综合模型中，公众媒体关注与青年集体主义倾向关系受个体文化程度调节作用的影响。

为更加直观地显示文化程度对公众媒体关注与青年集体主义倾向关系的调节作用，进行事后简单效果检验并绘制趋势图6-14。

事后简单效果检验发现，在文化程度这一变量的不同水平上，公众媒体关注对青年集体主义倾向的解释力不同：对未接受过高等教育的青年而言，公众媒体关注约能解释目前青年集体主义倾向变异的3.3%（$F=8.914$，$p=0.003$）；对接受过高等教育的青年而言，公众媒体关注对其集体主义倾向的影响并不显著。在其他因素保持不变的情况下，公众媒体关注每增加1个单位，未接受过高等教育的青年集体主义倾向水平会增加0.234个单位，接受过高等教育青年的集体主义倾向水平则降低0.005个单位，两者的解释力分别为未接受过高等教育青年的$\beta=0.193$（$t=2.986$，$p=0.003$）与接受过高等教育青年的$\beta=-0.004$（$t=-0.162$，$p=0.872$）。图6-14也显示，相较于接受过高等教育的青年，公众媒体关注增加使未接受过高等教育青年的集体主义倾向水平得以显著提升。

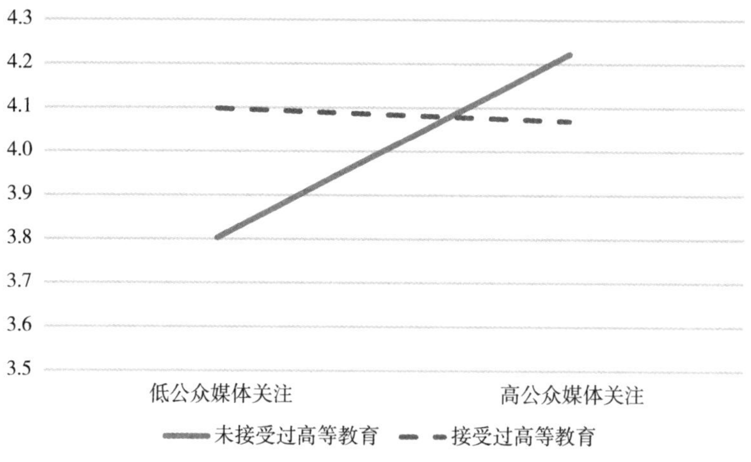

图6-14 公众媒体关注与集体主义倾向关系中文化程度的调节趋势示意图

3. 正面信息与青年制度自信关系中的调节作用

以制度自信为因变量，首先将自变量正面信息纳入模型 A1，然后将调节变量学生身份和文化程度纳入模型 A2，最后将正面信息 × 学生身份、正面信息 × 文化程度交互项纳入模型 A3，具体分析过程及结果详见表 6 – 26。

表 6 – 26　正面信息、学生身份、文化程度对制度自信的回归分析结果

预测变量	A1	A2	A3
正面信息	0.179***	0.199***	0.143*
学生身份	—	0.121***	0.210*
文化程度	—	-0.063**	-0.082
正面信息 × 学生身份	—	—	-0.063
正面信息 × 文化程度	—	—	0.083
R^2	0.039	0.055	0.058
ΔR^2	0.039	0.016	0.002
F	35.500***	23.973***	12.493***
ΔF	33.500***	13.920***	1.012

注：* 表示 $p<0.05$，** 表示 $p<0.01$，*** 表示 $p<0.001$。

回归分析结果显示，正面信息、学生身份、文化程度对制度自信的主效应均显著；但正面信息 × 学生身份、正面信息 × 文化程度交互项对制度自信的影响均未达显著性。综合模型中，正面信息与制度自信之间的关系中年龄、文化程度的调节作用均不显著。

4. 网络信源特征、网络参与互动与政治兴趣关系中的调节作用

以政治兴趣为因变量，首先将自变量正面信息、负面信息、官方媒体关注、网络政治互动、网络政治表达纳入模型 A1，然后将调节变量学生身份、文化程度纳入模型 A2，最后将正面信息 × 学生身份、负面信息 × 学生身份、官方媒体关注 × 学生身份、网络政治互动 × 学生身份、网络政治表达 × 学生身份、正面信息 × 文化程度、负面信息 × 文化程度、官方媒体关注 × 文化程度、网络政治互动 × 文化程度、网络政治表达 × 文化程度度十个交互项纳入模型 A3，具体分析过程及结果详见表 6 – 27。

表 6－27　网络信源特征、网络参与互动、学生身份、文化程度对政治兴趣的回归分析结果

预测变量	A1	A2	A3
正面信息	0.156***	0.153***	0.287***
负面信息	0.076***	0.076***	－0.026
官方媒体关注	0.179***	0.172***	0.190**
网络政治互动	0.105***	0.105***	－0.059
网络政治表达	0.308***	0.300***	0.474***
学生身份	—	－0.049*	－0.020
文化程度	—	0.016	－0.214*
正面信息×学生身份	—	—	－0.003
负面信息×学生身份	—	—	0.022
官方媒体关注×学生身份	—	—	0.129
网络政治互动×学生身份	—	—	－0.072
网络政治表达×学生身份	—	—	－0.136
正面信息×文化程度	—	—	－0.169*
负面信息×文化程度	—	—	0.110
官方媒体关注×文化程度	—	—	－0.042
网络政治互动×文化程度	—	—	0.368**
网络政治表达×文化程度	—	—	－0.276*
R^2	0.320	0.322	0.331
ΔR^2	0.320	0.002	0.014
F	130.306***	98.608***	41.711***
ΔF	130.306***	2.702	2.876***

注：* 表示 $p<0.05$，** 表示 $p<0.01$，*** 表示 $p<0.001$。

回归分析结果显示，正面信息、负面信息、官方媒体关注、网络政治互动、网络政治表达、学生身份对青年政治兴趣的主效应均显著，文化程度对青年政治兴趣的主效应未达统计学上的显著性，正面信息×文化程度、网络政治互动×文化程度、网络政治表达×文化程度交互项对青年政治兴趣的影响均达显著性（$p=0.017$；$p=0.009$；$p=0.023$），其余交互项对青年政治兴趣的影响均未达显著性。综合模型中，正面信息、网络政治互动、网络政治表达与青年政治兴趣关系受到个体文化程度的

调节作用的影响。

为更加直观地显示文化程度对正面信息、网络政治互动、网络政治表达与青年政治兴趣关系间的调节作用，进行事后简单效果检验并绘制趋势图6-15、图6-16和图6-17。

事后简单效果检验发现，在文化程度这一变量的不同水平上，正面信息对青年政治兴趣的解释力不同：对未接受过高等教育的青年而言，正面信息约能解释目前青年政治兴趣变异的16.7%（$F=47.628$，$p=0.000$）；对接受过高等教育的青年而言，正面信息对其政治兴趣的解释力为10.1%（$F=160.220$，$p=0.000$）。在其他因素保持不变的情况下，正面信息每增加1个单位，未接受过高等教育的青年政治兴趣会增加0.374个单位，接受过高等教育青年的政治兴趣则增加0.266个单位，两者的解释力分别为未接受过高等教育青年的$\beta=0.413$（$t=6.901$，$p=0.000$）与接受过高等教育青年的$\beta=0.319$（$t=12.658$，$p=0.000$）。图6-15也显示，相较于接受过高等教育的青年，正面信息增加使未接受过高等教育青年的政治兴趣水平提升更快。

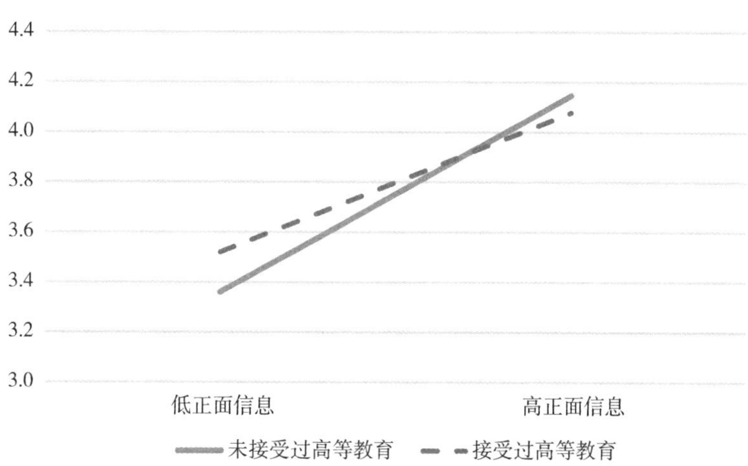

图6-15　正面信息与政治兴趣关系中文化程度的调节趋势示意图

事后简单效果检验发现，在文化程度这一变量的不同水平上，网络政治互动对青年政治兴趣的解释力不同：对未接受过高等教育的青年而言，网络政治互动约能解释目前青年政治兴趣变异的6.8%（$F=17.839$，

$p=0.000$）；对接受过高等教育的青年而言，网络政治互动对其政治兴趣的解释力为20.3%（$F=360.748$，$p=0.000$）。在其他因素保持不变的情况下，网络政治互动指数每增加1个单位，未接受过高等教育的青年政治兴趣会增加0.231个单位，接受过高等教育青年的政治兴趣则增加0.366个单位，两者的解释力分别为未接受过高等教育青年的$\beta=0.268$（$t=4.224$，$p=0.000$）与接受过高等教育青年的$\beta=0.451$（$t=18.993$，$p=0.000$）。图6－16也显示，相较于未接受过高等教育的青年，网络政治互动增加使接受过高等教育青年的政治兴趣水平提升更快。

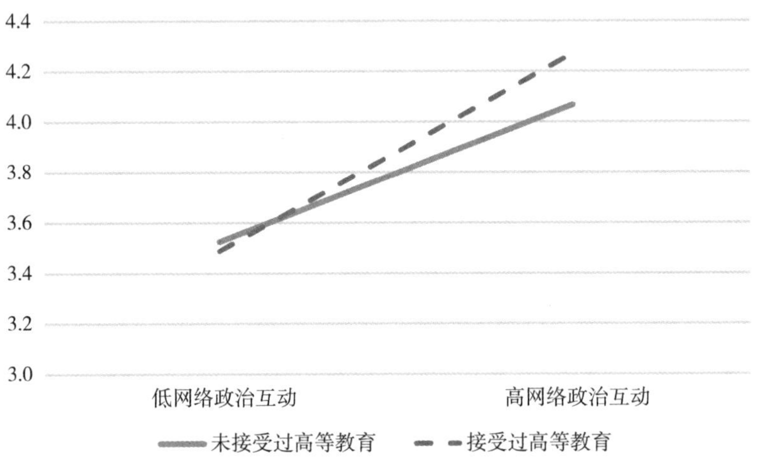

图6－16　网络政治互动与政治兴趣关系中文化程度的调节趋势示意图

事后简单效果检验发现，在文化程度这一变量的不同水平上，网络政治表达对青年政治兴趣的解释力略有不同：对未接受过高等教育的青年而言，网络政治表达约能解释目前青年政治兴趣变异的23.3%（$F=429.151$，$p=0.000$）；对接受过高等教育的青年而言，网络政治表达对其政治兴趣的解释力为22.6%（$F=68.657$，$p=0.000$）。在其他因素保持不变的情况下，网络政治表达指数每增加1个单位，未接受过高等教育的青年政治兴趣会增加0.327个单位，接受过高等教育青年的政治兴趣则增加0.312个单位，两者的解释力分别为未接受过高等教育青年的$\beta=0.483$（$t=20.716$，$p=0.000$）与接受过高等教育青年的$\beta=0.479$（$t=8.286$，$p=0.000$）。图6－17也显示，相较于接受过高等教育的青年，网

络政治表达增加使未接受过高等教育青年的政治兴趣水平提升略快。

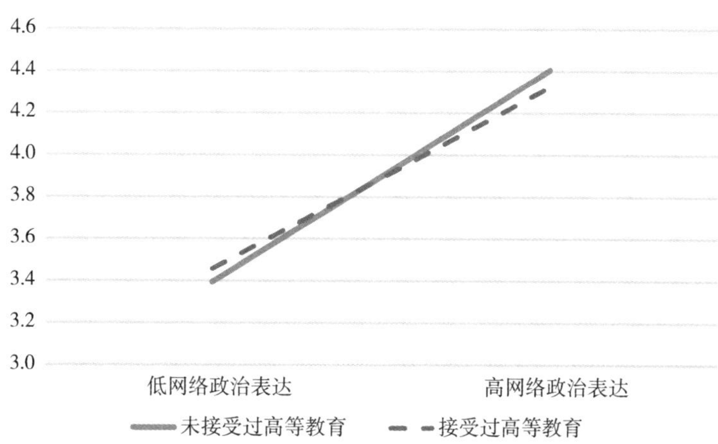

图 6－17　网络政治表达与政治兴趣关系中文化程度的调节趋势示意图

5. 网络信源特征、网络参与互动、个体政治心理特征与政治效能感关系中的调节作用

以政治效能感为因变量，首先将自变量正面信息、官方媒体关注、网络政治互动、网络政治表达、政治兴趣和威权人格纳入模型 A1，然后将调节变量学生身份、文化程度纳入模型 A2，最后将正面信息×学生身份、官方媒体关注×学生身份、网络政治互动×学生身份、网络政治表达×学生身份、政治兴趣×学生身份、威权人格×学生身份、正面信息×文化程度、官方媒体关注×文化程度、网络政治互动×文化程度、网络政治表达×文化程度、政治兴趣×文化程度、威权人格×文化程度十二个交互项纳入模型 A3，具体分析过程及结果详见表 6－28。

表 6－28　**网络信源特征、网络参与互动、个体政治心理特征、学生身份、文化程度对政治效能感的回归分析结果**

预测变量	A1	A2	A3
正面信息	0.064**	0.062**	0.129*
官方媒体关注	0.122***	0.117***	0.091

续表

预测变量	A1	A2	A3
网络政治互动	0.062 *	0.065 **	-0.013
网络政治表达	0.187 ***	0.184 ***	0.305 ***
政治兴趣	0.353 ***	0.351 ***	0.435 ***
威权人格	0.099 ***	0.095 ***	-0.023
学生身份	—	-0.019	0.490 **
文化程度	—	0.031	0.080
正面信息×学生身份	—	—	0.054
官方媒体关注×学生身份	—	—	0.137
网络政治互动×学生身份	—	—	-0.207 *
网络政治表达×学生身份	—	—	-0.109
政治兴趣×学生身份	—	—	-0.160
威权人格×学生身份	—	—	-0.229 **
正面信息×文化程度	—	—	-0.103
官方媒体关注×文化程度	—	—	0.030
网络政治互动×文化程度	—	—	0.212
网络政治表达×文化程度	—	—	-0.194
政治兴趣×文化程度	—	—	-0.246
威权人格×文化程度	—	—	0.215 *
R^2	0.403	0.404	0.416
ΔR^2	0.403	0.001	0.016
F	186.550 ***	140.389 ***	59.574 ***
ΔF	186.550 ***	1.538	3.786 ***

注：* 表示 $p<0.05$，** 表示 $p<0.01$，*** 表示 $p<0.001$。

回归分析结果显示，正面信息、官方媒体关注、网络政治互动、网络政治表达、政治兴趣和威权人格对青年政治效能感的主效应均显著，学生身份、文化程度对青年政治效能感的主效应未达统计学上的显著性，网络政治互动×学生身份、威权人格×学生身份、威权人格×文化程度三个交互项对青年政治效能感的影响均达显著性（$p=0.031$；$p=0.002$；$p=0.011$），其余交互项对青年政治效能感的影响均未达显著性。综合模型中，网络政治互动与青年政治效能感关系受到个体学生身份的调节作用的影响，威权人格与青年政治效能感关系同时受到个体学生身份和文化程度的调节作用的影响。

为更加直观地显示学生身份、文化程度对网络政治互动、威权人格与青年政治效能感关系的调节作用，进行事后简单效果检验并绘制趋势图6－18、图6－19和图6－20。

事后简单效果检验发现，在学生身份这一变量的不同水平上，网络政治互动对青年政治效能感的解释力不同：对非学生身份的青年而言，网络政治互动约能解释目前青年政治效能感变异的17.6%（$F=324.356$，$p=0.000$）；对学生身份的青年而言，网络政治互动对其政治效能感没有显著影响。在其他因素保持不变的情况下，网络政治互动每增加1个单位，非学生身份的青年政治效能感会增加0.332个单位，学生身份青年的政治效能感则仅增加0.008个单位，两者的解释力分别为非学生身份青年的$\beta=0.421$（$t=18.010$，$p=0.000$）与学生身份青年的$\beta=0.010$（$t=0.119$，$p=0.906$）。图6－18也显示，网络政治互动频率的增加并不能使学生身份青年的政治效能感有较大的提升，却可以快速提升非学生身份青年的政治效能感水平。

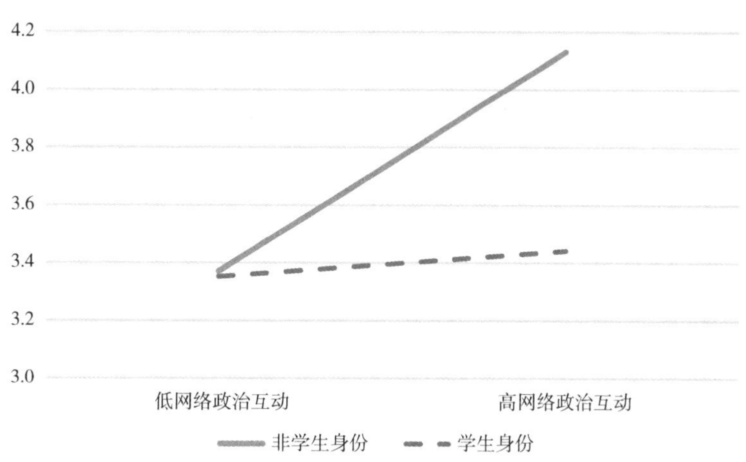

图6－18 网络政治互动与政治效能感关系中学生身份的调节趋势示意图

事后简单效果检验发现，在学生身份这一变量的不同水平上，威权人格对青年政治效能感的解释力不同，影响方向相反：对非学生身份的青年而言，威权人格约能解释目前青年政治效能感变异的 3.2%（$F=51.681$，$p=0.000$）；对学生身份的青年而言，威权人格对其政治效能感解释力为 5.2%（$F=8.344$，$p=0.005$）。在其他因素保持不变的情况下，威权人格每增加 1 个单位，非学生身份的青年政治效能感会增加 0.130 个单位，学生身份青年的政治效能感则降低 0.206 个单位，两者的解释力分别为非学生身份青年的 $\beta=0.182$（$t=7.189$，$p=0.000$）与学生身份青年的 $\beta=-0.243$（$t=-2.889$，$p=0.005$）。图 6－19 也显示，威权人格的增加使学生身份青年的政治效能感水平有所降低，使非学生身份青年的政治效能感水平有所提高。

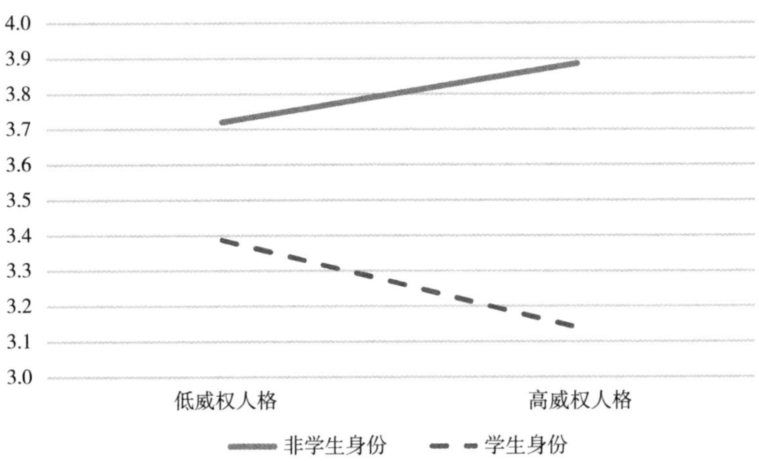

图 6－19　威权人格与政治效能感关系中学生身份的调节趋势示意图

事后简单效果检验发现，在文化程度这一变量的不同水平上，威权人格对青年政治效能感的解释力不同：对没有接受过高等教育的青年而言，威权人格对目前青年政治效能感变异没有显著的解释力；对接受过高等教育的青年而言，威权人格对其政治效能感解释力为 4.5%（$F=23.398$，$p=0.000$）。在其他因素保持不变的情况下，威权人格每增加 1 个单位，没有接受过高等教育的青年政治效能感增加 0.072 个单位，接受过高等教育青年的政治效能感增加 0.151 个单位，两者的解释力分别为没有接受过高等教育青年的 $\beta=0.088$（$t=1.347$，$p=0.179$）与接受过高等教育青年的 $\beta=0.214$（$t=8.247$，$p=0.000$）。图 6－20 也显示，相较于没有接受过高等教育的青年群体，威权人格的增加使接受过高等教育青年的政治效能感水平提高更快。

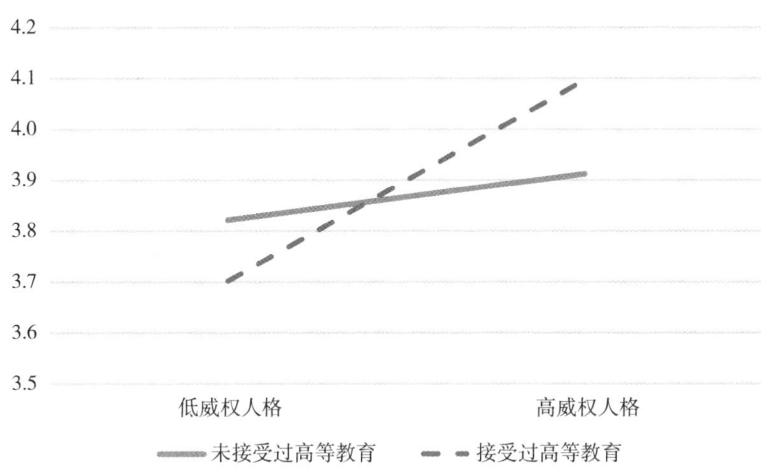

图 6－20　威权人格与政治效能感关系中文化程度的调节趋势示意图

6. 正面信息、网络政治互动、网络公共参与与威权人格关系中的调节作用

以威权人格为因变量，首先将自变量正面信息、网络政治互动、网络公共参与纳入模型 A1，然后将调节变量学生身份、文化程度纳入模型 A2，最后将正面信息×学生身份、网络政治互动×学生身份、网络公共参与×学生身份、正面信息×文化程度、网络政治互动×文化程度、网络公共参与×文化程度六个交互项纳入模型 A3，具体分析过程及结果详见表 6－29。

表 6－29　**正面信息、网络参与互动、学生身份、文化程度对威权人格的回归分析结果**

预测变量	A1	A2	A3
正面信息	0.081***	0.062**	0.081
网络政治互动	0.074**	0.055*	0.066
网络公共参与	0.173***	0.153***	0.154*
学生身份	—	－0.160***	0.055

续表

预测变量	A1	A2	A3
文化程度	—	0.049	0.068
正面信息×学生身份	—	—	-0.025
网络政治互动×学生身份	—	—	-0.072
网络公共参与×学生身份	—	—	-0.133*
正面信息×文化程度	—	—	-0.120
网络政治互动×文化程度	—	—	-0.022
网络公共参与×文化程度	—	—	0.013
R^2	0.059	0.083	0.083
ΔR^2	0.059	0.025	0.003
F	35.669***	30.779***	14.531***
ΔF	35.669***	22.073***	0.992

注：* 表示 $p<0.05$，** 表示 $p<0.01$，*** 表示 $p<0.001$。

回归分析结果显示，正面信息、网络政治互动、网络公共参与、学生身份对青年威权人格的主效应均显著，文化程度对青年威权人格的主效应未达统计学上的显著性，网络公共参与×学生身份交互项对青年威权人格的影响达统计学上的显著（$p=0.047$），其余交互项对青年威权人格的影响均未达显著性。综合模型中，网络公共参与与青年威权人格关系受到个体学生身份的调节作用的影响。

为更加直观地显示学生身份对网络公共参与与青年威权人格关系的调节作用，进行事后简单效果检验并绘制趋势图6-21。

事后简单效果检验发现，在学生身份这一变量的不同水平上，网络公共参与对青年威权人格的解释力不同，作用方向截然不同：对非学生身份的青年而言，网络公共参与约能解释目前青年威权人格变异的3.9%（$F=61.937$，$p=0.000$）；对学生身份的青年而言，网络公共参与对其威权人格的影响并不显著。在其他因素保持不变的情况下，网络公共参与每增加1个单位，非学生身份的青年威权人格会增加0.234个单位，学生身份青年的威权人格则会降低0.071个单位，两者的解释力分别为非学生身份青年的 $\beta=0.198$（$t=7.870$，$p=0.000$）与学生身份青年的 $\beta=-0.066$（$t=-0.761$，$p=0.448$）。图6-21也显示，网络公共参与频率的增加使学生身份青年的威权人格有所降低，却使非学生身份青年的威权人格水平得以快速提升。

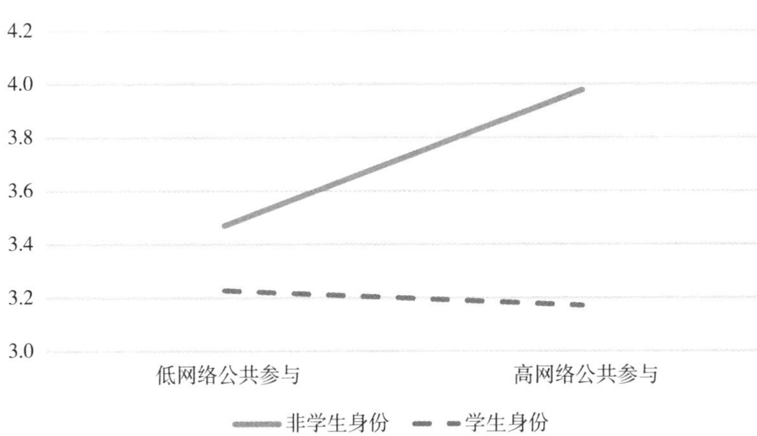

图6－21　网络公共参与与威权人格关系中学生身份的调节趋势示意图

五　网络政治传播场域中青年政治认同的发展过程

综上，可通过图6－22较为详尽勾勒网络政治传播场域中青年政治认同的动态发展过程。

第一，在网络信源特征中，网络政治传播场域中的正面信息、负面信息、官方媒体关注、公众媒体关注均是青年政治认同生成的重要影响因素。从影响路径来看，正面信息、负面信息、官方媒体关注既可以直接影响青年政治认同系统，也可以通过威权人格、政治兴趣、政治效能感间接影响青年政治认同系统，公众媒体关注则主要直接影响青年政治认同系统，但其对青年政治认同系统的影响在一定程度上受到了个体文化程度的调节。

第二，在网络参与互动中，网络政治传播场域中的网络政治互动、网络政治表达、网络公共参与也是青年政治认同生成的重要影响因素。其中网络政治互动既可直接影响青年政治认同系统，也可通过威权人格、政治兴趣、政治效能感间接影响青年政治认同系统，网络政治互动、网络公共参与对青年政治认同系统的影响主要通过影响威权人格间接实现。

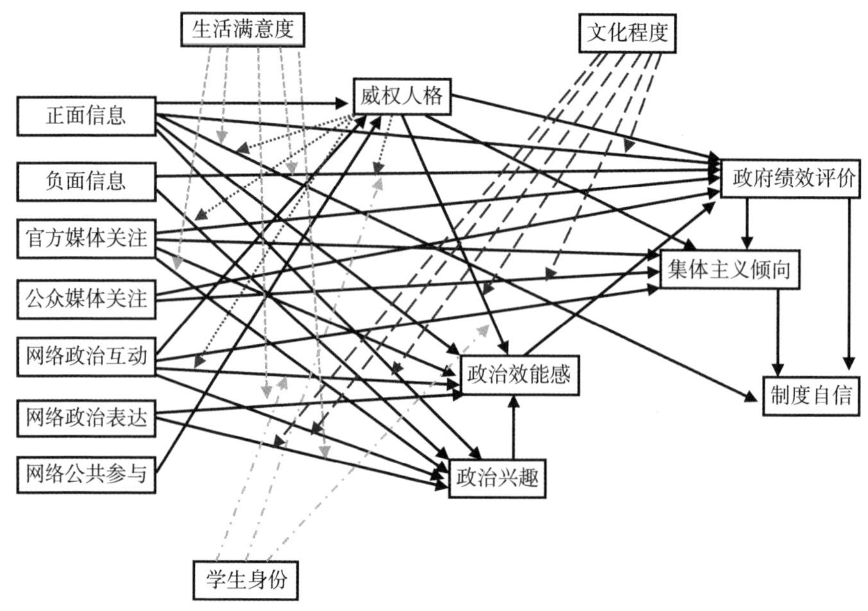

图 6－22　网络政治传播场域中青年政治认同的发展过程修正模型

第三，个体政治心理特征（威权人格、政治兴趣、政治效能感）在网络信源特征、网络参与互动与青年政治认同关系中同时起中介作用和调节作用：作为中介变量，威权人格、政治兴趣、政治效能感在网络信源特征（正面信息、负面信息、官方媒体关注）、网络参与互动（网络政治互动、网络政治表达、网络公共参与）与青年政治认同关系中起中介作用，存在多重链式中介作用路径；作为调节变量，威权人格可增强或减弱正面信息、负面信息、网络政治互动对青年政治认同系统的影响，其作用主要体现在正面信息—制度自信、负面信息—政府绩效评价两条直接路径和负面信息—政治兴趣—政治效能感—政府绩效评价—集体主义倾向—制度自信、网络政治互动—政治效能感—政府绩效评价—集体主义倾向—制度自信两条间接路径上，对间接路径的调节主要位于前半段负面信息—政治兴趣、网络政治互动—政治效能感。

第四，网络信源特征、网络参与互动与青年政治认同的关系模式，受到青年生活满意度这一社会心理基础、职业身份或文化程度等结构性资源的制约。生活满意度可直接增强或减弱正面信息、负面信息对青年政治认同系统的影响，也可通过增强或减弱官方媒体关注、网络政治表达对政治兴趣或政治效能感的影响间接作用于青年政治认同系统；职业身份（学生身份）可以直接增强或减弱负面信息对青年政府绩效评价，也可以通过增强或减弱网络政治互动、威权人格对青年政治效能感的影响间接作用于青年政治认同系统；文化程度可以直接增强或减弱正面信息对青年政府绩效评价、公众媒体关注对青年集体主义倾向的影响，也可以通过增强或减弱正面信息、网络政治互动、网络政治表达、网络公共参与对政治兴趣、威权人格对政治效能感的影响间接作用于青年政治认同系统。

小　结

如前所述，个体的发展是一个以自身为主体，与周围环境系统相互作用的过程，网络政治传播过程中青年政治认同的形成是国家建构、社会塑造（制约/参与）和个体自主三方互动的结果①，网络政治传播是形塑青年政治认同的重要途径与场域。借助生态发展理论和网络政治传播场域概念，在网络政治传播与青年政治认同因果关系的解读中，将网络政治传播看成一个由各种传播关系交织而成的空间，区分不同层次的网络生态环境系统，从网络信源特征、网络参与互动和个体政治心理特征变量对网络政治传播过程中青年政治认同的主要来源进行了梳理，网络信源特征、网络参与互动、个体政治心理特征均是青年政治认同形成的潜在重要解释变量，研究结果证实了网络政治传播与青年政治认同之间的紧密关联，并在此基础上初步厘清了网络政治传播中网络信源特征、网络参与互动、个体政治心理特征、结构性资源、生活满意度等变量影响青年政治认同的最终发展结果的动态作用过程。

一　网络信源特征与青年政治认同发展

网络信源特征对青年政治认同的具体影响主要体现在三个方面：第

① 肖滨：《公民认同国家的逻辑进路与现实图景——兼答对“匹配论”的若干质疑》，《中山大学学报》（社会科学版）2011 年第 4 期。

一，网络信源特征对青年政治认同的发展有显著的直接影响。正面信息、负面信息、官方媒体关注、公众媒体关注均可独立直接影响青年政治认同，其中正面信息、官方媒体关注对青年政治认同的积极建构作用最为明显，网络政治传播场域中的正面信息、官方媒体关注接触能直接增强青年对政府绩效的积极评价，也能直接提升青年集体主义倾向和对中国特色社会主义政治制度系统的自信水平，这一结果与以往研究结果较为一致：官方媒介与正面政治信息接触对民众政治态度有积极的正向影响，会促进其政府满意度、政府信任和权威认同水平[①②]；相较于正面信息和官方媒体关注，负面信息和公众媒体关注对青年政治认同有一定的负向作用，负面信息和公众媒体关注均会一定程度地降低青年政府绩效评价，公众媒体关注也会一定程度地降低青年对集体主义价值观的认同。第二，网络信源特征对青年政治认同的发展不仅有显著的直接影响，也有显著的间接影响。正面信息可通过影响威权人格、政治兴趣、政治效能感三个政治心理特征变量间接提升青年政府绩效评价、集体主义倾向和制度自信水平；官方媒体关注也可通过政治兴趣和政治效能感两个政治心理特征变量间接促进青年政府绩效评价、集体主义倾向和制度自信水平的提升；负面信息对青年政治认同的影响较为复杂，一方面负面信息会直接降低青年政府绩效评价，另一方面却可以通过增强政治兴趣间接促进政治认同的生成。第三，网络信源特征对青年政治认同的具体影响存在一定的群体异质性。本书考察结果提示正面信息、负面信息和公众媒体关注对青年政治认同关系的具体影响存在一定的职业身份和文化程度差异。对于非学生身份的青年群体而言，负面信息接触的增多对其政府绩效评价并没有显著的影响，但会显著降低学生身份的青年政府绩效评价水平；此外，相较于没有接受过高等教育的青年，正面信息接触的增多使接受过高等教育青年的政府绩效评价水平提升更为显著。网络信源特征与青年政治认同发展之间的关系相关结果不仅证实了这些年来政府的

① 薛可、余来辉、王宇澄：《媒介接触对新社会阶层政治态度的影响研究——基于政治社会化的视角》，《新闻大学》2019 年第 3 期。

② 王法硕、丁海恩：《官方媒体使用如何影响制度自信？——爱国主义的中介作用与政治知识的调节作用》，《东北大学学报》（社会科学版）2020 年第 3 期。

国家形象宣传、媒体对正能量的传播是行之有效[①]的，也凸显了高校政治社会化在形塑青年学生政治认同中的重要地位。

二 网络参与互动与青年政治认同发展

个体在国家政治认同建构过程中并非完全被动，而是作为行为主体帮助网络信息环境与个体政治心理实现联结的重要变量，对个体政治认同的形成与发展有重要意义。网络政治传播过程中青年参与互动行为对其政治认同的具体影响主要体现在两个方面：第一，网络政治互动对青年政治认同的发展有一定的直接影响。中国现实语境下网络政治传播场域中的朋友或好友之间网络政治信息浏览和转发行为的增多能直接增强青年集体主义倾向。第二，网络参与互动对青年政治认同的发展不仅有独立的直接影响，也有间接影响。网络政治互动可通过影响政治兴趣、政治效能感、威权人格三个政治心理特征变量间接提升青年政府绩效评价、集体主义倾向和制度自信水平；网络政治表达、网络公共参与也可以通过威权人格、政治兴趣或政治效能感间接影响青年政治认同。

三 个体政治心理特征与青年政治认同发展

网络政治传播场域青年政治认同发展过程中个体政治心理特征的作用主要体现在以下三个方面：第一，政治效能感和威权人格均对青年政治认同的发展有直接的积极正向作用，政治兴趣也可通过政治效能感对青年绩效评价发挥积极作用，研究结果证实了公民文化和政治社会化等经典研究中个体政治兴趣和政治效能感在积极公民养成中的重要作用，也证实了威权人格在中国语境下的形塑青年政治认同感的重要心理基础[②]。在相关政治心理特征变量中威权人格影响最为重要，对青年政府绩效评价、集体主义倾向的形成始终具有稳健和显著的影响力，威权人格越明显的个体政府绩效评价越高，对集体主义价值观的认同也越高；政治效能感对青年政治认同的促进作用则主要体现在政府绩效评价上，个

---

① 邵梓捷、季程远：《政治传播中的认知框架效应分析——基于中国的一项调查实验》，《上海行政学院学报》2018 年第 1 期。

② 马得勇：《威权人格的起源与演变——一个社会演化论的解释》，《清华大学学报》（哲学社会科学版）2022 年第 2 期。

体政治效能感越强，越容易形成对政府的积极评价。第二，政治兴趣、政治效能感和威权认同是实现网络政治传播与青年政治认同的关键中介变量。如前所述，网络政治传播不仅可以通过网络政治信息传播和网络参与互动直接影响青年政治认同的发展，还可以通过个体政治心理特征对青年政治认同产生间接影响。其中网络政治表达和网络公共参与对个体政治认同是否起作用，关键在于两者是否能影响个体的威权人格、政治兴趣或政治效能感，如果无法对个体政治心理特征变量造成影响，则只能成为影响青年政治认同形成的潜在要素，无法实质性影响青年政治认同水平。第三，威权人格在正面信息、负面信息与青年政治认同关系中起重要的调节作用。在正面信息与制度自信的关系中，威权人格会影响正面信息对青年制度自信的解释力，相较于高威权人格，正面信息接触可以显著提升低威权人格青年制度自信水平；在负面信息与政府绩效评价的关系中，威权人格可以有效缓冲甚至改变负面信息对政府绩效评价的负向影响；在网络参与互动与政治效能感的关系中，威权人格则可以有效增强网络参与互动对青年政治效能感的正向影响，从而提升青年政治认同。由此可见，在网络政治传播内容的异质性不断增加的情境下，威权人格是青年政治认同发展的重要保护因素，威权人格不仅可以直接提升青年政治认同水平，也可以一定程度地与正面信息、网络政治互动等因素形成合力，增强其正面影响；更为重要的是，威权人格可以有效缓解负面信息对青年政治认同的消解作用，因此网络政治传播语境下威权主义文化价值观和信念体系是形塑青年政治认同的重要政治文化和心理基础。

四　结构性资源、生活满意度与青年政治认同发展

从表 6－6、表 6－7 和表 6－8 的统计结果来看，性别、年龄、文化程度、职业等结构性资源对青年政治认同的发展也有一定的影响。其中职业身份和文化程度两个变量对青年政治认同的影响较为稳健，但其影响方向存在较大的差异，相较于其他职业，学生身份群体青年其政府绩效评价、集体主义倾向和制度自信得分更高，与此同时，文化程度越高，其政府绩效评价和制度自信的得分也越高。表 6－24、表 6－25 和表 6－26的结果显示，学生身份与负面信息、正面信息与文化程度、公众

媒体关注与文化程度均存在一定的交互作用，学生身份、文化程度作为调节变量一定程度影响着网络信源特征与青年政治认同的关系。事后简单效果检验显示，负面信息接触频率增多并不必然导致非学生身份青年群体的政府绩效评价水平的降低，却会显著降低学生身份青年群体的政府绩效评价水平；正面信息接触频率增多并不必然提升没有接受过高等教育的青年群体的政府绩效评价水平，但可以显著提升接受过高等教育的青年群体的政府绩效评价水平；公众媒体关注增多并不必然提升接受过高等教育的青年群体的集体主义倾向水平，但可以显著提升未接受过高等教育的青年群体的集体主义倾向水平。这一结果再次显示网络政治传播中正面信息引导对于在读学生和高学历青年群体政治认同的重要性，对于接受过高等教育的这一青年群体而言，他们政治知识丰富、不平等意识强，平时善于在网络政治传播中发声表达，负面信息接触的增多使他们更倾向于对政治社会现状持批判态度，对政府行为与能力更加挑剔，从而降低了对权威和集体主义价值观认同水平①。

表 6－6、表 6－7 和表 6－8 的统计结果也显示，尽管网络信源特征、网络政治参与均可一定程度地影响青年政治认同，网络政治传播是形塑青年政治认同的重要场域与渠道，是中国语境下政治社会化的重要组成部分，但个体的生活满意度才是影响青年政治认同生成的最为重要的现实心理基础。生活满意度在青年政治认同发展中起基础性作用，改善青年群体现实境遇，提升其生活满意度，才能切实有效增进青年制度自信的现实心理基础。表 6－19、表 6－22 和表 6－23 统计结果表明，生活满意度不仅可以直接影响青年政治认同的发展，还可以调节网络信源特征与青年政治认同之间的关系，生活满意度在正面信息与制度自信、负面信息与政府绩效评价之间的关系中起调节作用：作为青年政治认同的保护因素，一方面抑制或缓冲负面信息对青年政治认同系统的消解作用；另一方面与官方媒体关注、网络政治表达交互作用，增强其对政治兴趣、政治效能感的积极影响，从而提升青年政治认同水平。

① 薛可、余来辉、王宇澄：《媒介接触对新社会阶层政治态度的影响研究——基于政治社会化的视角》，《新闻大学》2019 年第 3 期。

第七章 网络政治传播场域中青年政治认同的生成逻辑与实践路径

第一节 引言

第六章的量化分析通过数据，从网络信源特征、网络参与互动和个体政治心理特征描述了网络政治传播场域中青年政治认同基本生成过程，证实了网络政治传播影响青年政治认同发展的作用机制——网络信息传播和网络参与互动。量化分析数据显示，在网络信息传播机制中，网络信息接触类型的正面信息和官方媒体关注均在青年政治认同培育中起积极的建构作用，负面信息和公众媒体关注对于青年政治认同发展而言，在一定程度上起着消解的作用；在网络参与互动机制中，研究发现验证了与自身利益无涉的网络政治互动行为对于青年政治认同生成的正向影响，与自身利益相关的网络政治表达行为和网络公共参与行为并不能直接增进青年政治认同，但可通过威权人格、政治兴趣、政治效能感等政治心理特征间接提升青年政治认同；与此同时，来自威权人格、生活满意度的保护性作用一定程度地缓冲和抑制了负面信息对青年政治认同的负向影响，公众媒体关注对政府绩效评价的负向影响也受到了文化程度的调节，其负向影响主要集中于接受过高等教育的青年群体；群体异质性检验也发现了学生身份、文化程度在网络信源特征（正面信息、负面信息、公众媒体关注）与青年政府绩效评价之间的调节作用，提示网络政治传播中在读学生和接受过高等教育青年群体政治认同的生成复杂情境性：正面信息接触频率增多可显著提升接受过高等教育的青年群体的政府绩效评价水平，与此同时，负面信息接触的增多会使他们更倾向于对政治社会现状持批判立场，对政府行为与能力更加挑剔，从而降低了对权威和集体主义价值观认同水平。那么，对于接受高等教育的在读学生青年群体而言，网络政治传播中他们究竟“因何认同”？本章将基于对第五章小组讨论的结果对网络政治传播中青年政治认同生成影响因素进行质性分析，解释其“因何认同”，阐释网络政治传播中青年政治认同的生成逻辑，明确网络政治传播促进青年政治认同生成的实践路径。

第二节　“因何认同”？——网络政治传播中青年政治认同生成的质性分析

一　媒体接触类型与媒体信任度

信任是媒体具备社会影响力的核心要素，媒介信源的信任程度直接影响受众对其新闻内容的接受程度，当人们不相信某一媒介时是很难对它所设置的话题产生兴趣的[①②]。对于中国语境下网络政治传播的“官方场域”和“公众场域”而言，其对青年政治认同的影响力需要通过青年对两个场域的信任来实现。

研究者问题：相较于以往，网络媒体使我们接触信息的渠道更加多样化，在新闻事件信息中，有些是比较官方的报道，如新华网、人民网等，有些来自比较民间的新浪微博、微信朋友圈，大家了解信息的偏好渠道都不太一样，那么你们认为这些媒体上的新闻可信吗？为什么？

1－1：嗯，我是一般都比较信的，就是《人民日报》、人民网这种公众号的，然后其他的都不太可信。

研究者：微博这些呢？

1－3：就是一半一半吧，因为这些都掺杂着个人的情感。

1－5：微博就是下面太多人评论了，但他不可能捏造一个造假的新闻。

1－3：可是也出现过这种情况。

① 张洪忠、何苑、马思源：《官方与个人社交媒体账号信任度对社会信心影响的中介效应比较研究》，《新闻大学》2018 年第 4 期。

② 张洪忠：《当前如何有效建设传媒公信力》，《中国记者》2013 年第 8 期。

1 -5：国家这种时事政治一般不会造假。

研究者：那在看那些评论等消息的时候，你们认为哪些方面是可信的呢？从那些发出来的消息里面，你们认为哪些方面是可信的？

1 -3：陈述事实这方面的可信，而评论啊什么的则带有个人的情感。

1 -4：然后还有就是我可能每次看新闻我会觉得因为他们是媒体嘛，他们就会有一种情绪的形象性，就是会把你带到那个方面去，这个我就是比较谨慎的吧。那种舆论会带一种倾向性，但是他陈述的那个事实应该是可靠的，就他说的这个事情本身。但他是怎么报道这个事情的，可能会带有的那种情感方面的那种。

1 -5：我相信的话就是《人民日报》和官方的比如刚才的新华网，但是新浪微博就不是很信任，因为大家称为渣浪，他其实报道了很多都不是真实的新闻。

研究者：那是否像微博新闻这些报道的声音越多，了解的真实性就越难？

1 -5：有一点，然后我会看下面的评论，如果评论多的我觉得可信度高，不然我觉得比较小的吧。就是看这个评论数量，因为我觉得评论数量决定了它的热度，它的热度不高的话，那肯定我觉得如果是造假的话，马上就会有人出来辟谣，如果它评论本来就少那肯定不可能就会造假，那你评论假如它都有十万的评论呢，是吧？还没有辟谣，都已经这么久了，我觉得应该还是存在的，真实性还是挺高的。

研究者：如果没有官方辟谣的话，可能还是比较真实？

1 -5：就本来已经这么多评论了，是吧？但这么多人在关注他，肯定可能也引起了很大的轰动。如果是真的是假新闻的话，肯定会马上出来辟谣。

8 -3：就要看他是什么媒体了？

8 -2：我比较相信官方。

8 -4：新闻联播、《人民日报》的。

8 -3：电视台、《人民日报》这种。但是至于那些微博啊。

8 -4：那些就是小道消息。

8 -5：而且我觉得编者的那个价值观可能也会影响这个事情，大家对这个事情的态度。他的文字的潜移默化表现出来。

8－4：1000 个的哈姆雷特？

8－6：1000 个人眼里有 1000 个哈姆雷特。

8－4：哦对。

8－2：而且也存在着那种拉热度，所谓的标题党嘛，这样写有更多的人看。

8－1：其实内容没有涉及多少。

8－5：就《人民日报》那些是比较官方的陈述这个事情就比较可靠一点。

8－6：我觉得《人民日报》的话，60% 可信。然后像新浪这些的话，他提供了更多可能是一种可能性吧，肯定也不能说是，就是去信任它，但是它可以就给我们带一些更多的一种可能性的思考。

研究者：嗯，你为什么会觉得那个像什么《人民日报》啊，只有 60% 的可信度？

8－4：我也想问为什么？

8－6：对我来说，超过 50% 都是已经是很高的，因为我觉得所有人，他在对一个事情来说，就像《人民日报》的话，他肯定是站在官方的这个角度去陈述这个事实的事情，有些东西我们为了去迎合公众的这个视角，避免他的一个异化，他可能会做一些处理，虽然我觉得这个可能也没有什么啊。

8－5：不要引起公众恐慌。

8－6：对。

8－6：就有些细节他可能不会去披露，但是 60% 已经是很高了，对于我来说是很高的。

8－3：我对《人民日报》挺信任的，我也没看。

8－2：其实大家都这样啊，都会觉得官方的媒体相对来说是最可靠的，最客观的。

8－4：就像问你爸爸妈妈和你亲戚哪个更可靠？

8－5：当然是爸爸妈妈，虽然他们也会骗人。

8－1：但是善意的谎言。

对参与讨论的 24 个小组讨论结果进行分析，结果表明，在对双重场域媒介信任度上，24 个小组较为一致地表达了相较于公众场域而言官方场域的高媒介信任度，“我相信的话就是《人民日报》和官方的比如刚才的新华网，但是新浪的微博就不是很信任，因为大家称为渣浪，他其实报道了很多都不是真实的新闻”。以往研究显示，网络空间中官方场域与公众场域媒介信任度差异主要是基于网民对官方账号权力维度的信任产生的[①]，本书研究小组讨论结果也表明，官方场域的媒介信任度高主要缘于青年对于政府等官方机构的权威身份认同，如官方场域中的政府权威媒介——《人民日报》、人民网，“只要带上了人民两个字就代表国家”的权威认同，从而对《人民日报》、人民网等国家权威媒体产生的发自内心的认可与信任——“就像问你爸爸妈妈和你亲戚哪个更可靠”。

对于官方场域中受政府监管的大众媒体如新浪网等主流媒体新闻网站的新闻可靠性，小组成员持一定的怀疑态度。也有被试表达新闻框架的使用也一定程度地影响其新闻信息可靠性评价，“述之以理”较之“动之以情”更能提升政治传播过程中信息的真实可靠性。“他们就会有一种情绪的形象性，就是会把你带到那个方面去……那种舆论会带一种倾向性。”

二 信息接触类型与青年政治认同

1. 正面信息与青年政治认同

研究者问题：当你们看到媒体上的一些正面的报道，比如说领导关心民生，国家一些什么重大的一些建设成就等会不会对我们国家更有信心，更加认同我们国家？

通过正面宣传培养青年政治认同是政治传播应有之义，量化研究结果也证实了网络政治传播中正面信息对于青年政治认同的积极影响，小组讨论结果在一定程度上支持和修正了正面信息在青年政治认同发展中的作用：正面信息内容的不同结构对于青年政治认同的影响存在一定的差异。

首先，24 个小组的讨论中不同侧面均提及国家科技进步、军事强大、经济建设取得重大成就、政府疫情及时处置等方面的相关报道彰显了中国特色社会主义制度的优越性，直接促进青年群体对党和国家的积极认

---

① 张洪忠、何苑、马思源：《官方与个人社交媒体账号信任度对社会信心影响的中介效应比较研究》，《新闻大学》2018 年第 4 期。

知，激发青年群体的民族自豪感，促进对国家和政府的积极评价和自信心。

5－2：必须滴。

5－4：感到无比自豪。

研究者：为什么?

5－3：肯定会有呀。

5－2：因为中国人中国魂。

5－3：因为中国在短短100年的时间之内就取得了这么多的成就，有很多方面都领先的全世界第一个，是吧?我觉得在100年这么短的时间之内取得这么多成就，这是一件让每个中国人都非常自豪的事情，对吧?毕竟从抗日战争过后，我们国家相对于其他国家的经济发展水平就非常的落后。经过一代人又一代人的努力才发展到了今天的成就，这是非常难能可贵的，我就听过中国在早期研发原子弹的时候，几位科学家告别妻儿隐居深山20多年，就是为了研究原子弹，是吧?为了增强我国的实力不受其他国家的欺负。我看到这种新闻，我就觉得身为中国人，非常的自豪。

5－2：中国人中国魂，六个字，完全概括了我的心境。我身为一个中国人，我很自豪。这真的就是我此时的真实想法了。

研究者：身为中国人让我们自豪?

5－2：嗯，因为我身为中国人。我觉得这是一种隐藏在血脉的力量，无法用言语说出来的。我相信每个中国人都是这样的。人家也许是一种爱国情怀，民族情怀。这个叫啥?民族魂。别人外国都说我们中国人没有信仰，其实是错的，我们中国人的信仰才是最可怕的，那就是爱国爱民族。

5－3：就很自豪。真的。如果在以前的话。根本就是其他国家科技碾压的存在。我们在短短时间之内就可以超越世界上这么多国家。就是非常good的。

5－1：其实近年疫情嘛，就可以从中看出，中国人就是挺爱自己国家的嘛，而且就是比较团结，大家就比较团结，就在几个月之内就能控制疫情。

5－3：对，相对美国之下。

5-1：官员、政府做出了努力，然后医护人员这些都是。

5-2：大众人员的配合，你说封村就封村，我们就封村。你像美国那些为了自由，为了 freedom 到处跑，结果现在死亡人口超过 500 万，我们总人数才七八万，这就是差距。

5-1：对啊，所以就是民众还是很相信政府，对吧？除非如果是像美国那种肯定控制不住疫情的。那么这种受伤害肯定是大众比较受伤害嘛，就是政府官员就是自己顾自己的嘛。那这个就没完没了了。所以还是很庆幸自己是中国人，对吧？

6-1、6-2、6-3、6-4、6-5、6-6：有啊。

研究者：能具体说说吗？

6-1：就比如说你看《感动中国十大人物》那个，每一次看那个节目，然后内心就会有一种就是那种情感啊，特别能够引起情感的共鸣，你知道吗？就是比如说他讲述到一些那个比较感人的故事的时候，自己的眼泪就会掉下来，就会内心的那种波动就特别明显，就感觉到世界好人好多呀。

6-4：因为咱们每个人都知道建立新中国的这些，咱们由弱到强，每一个重大进步，我相信每个中国人都是。

6-1：看在眼里，记在心里。

6-4：一种民族精神。

6-6：民族自豪感。

6-4：毕竟谁不希望自己的国家好呢？国家好自己的生活就好。

6-6：就是看见这种正面的新闻，就是感觉很自豪啊，像这种尤其是关于什么工程建设出来向世界展示了中国的一种……

6-1：形象。

6-6：对。

6-3：大国形象。

6-1：就之前那个七天建成那个医院，然后我真的感觉是奇迹，是吧，人家外国看到了我们这个建造出来了，多么不可思议啊。然后就是自己内心就很自豪啊。

6-2：就像我之前我看 2008 年的申奥，就是一种我国富强了的感觉。当你去了解我们国家从没有资格参加奥运会，到后面的有了资格，只让一个人参加，然后再后面的不断地努力，不断地去努力，然后成功地去申奥成功。再到奥运会的建设，然后再到它的开幕仪式的每一个环节的制作，你就会感觉这真的是一个国家在慢慢地富强，慢慢在对世界有了更大的影响力的一种感受。你真的会为国家的进步而感到自豪，感到骄傲。我当时看那个的时候，我真的是感触特别深。当时对中国最大的感受，相信她一定会越来越好的。就是这种心态。

6 -1：我再说一下嘛，我之前在暑假还是寒假的时候看了那个《国之重器》这个纪录片，就是比如说我们国家的一些机器，然后超过外国，比如说起重机啊，还有那个大型的装载机，还有（战斗机）。没有说到军事的，就是一些工业方面的。工业方面，因为我们近代是落后的，看到那里面，我们哪一项技术又超过了别人，有哪个国家他们又要向我们国家进口一些什么机器设备的时候，我就切切实实地感觉到中国在崛起，中国在强大。

6 -5：不是马上 10 月 1 日，又要那个阅军吗？还是阅兵？

6 -1：阅兵。

6 -5：对，阅兵。

6 -1：不是每年都有阅兵的，还要遇到重大的纪念日那种，才会举行那个。

6 -5：反正就去年看的那个阅兵嘛，就觉得我们中国真厉害，真牛，军队真强大。就很信赖中国可以保护好我们，抵御外国的入侵。

对在中国建设和发展中默默自我奉献的相关事件、人物或活动的相关报道也有助于激发青年参与热情，与青年形成情感共鸣。

21 -3：我觉得这个有那种认同感吧？看过《感动中国》，他们为什么感动中国，是因为他们奉献了自己，去填补了建设中的空缺和空白吧，让我觉得这个国家建设得很好，我会觉得这些人真伟大。就是有空缺的地方，他们牺牲了个人的利益去填上，比如说山区教育，现在配置得很不健全，他们就牺牲了自己的一生去支教。

21 -5：会觉得想向他们学习。一直都想去支教，真的。

21 -1：有三下乡呀！

21 -6：现在不是有那个大学生西部计划。

21 -5：如果我当时不考研，就会去那个西部计划。

其次，对于领导关心民生等正面宣传，小组讨论结果呈现了对“中央领导”和“地方层面相关领导”两种截然不同的看法，“中央领导”的相关正面宣传能增加他们的好感和信任，“地方层面相关领导”的正面宣传却容易招致其排斥和反感，被明确定位为作秀，这一结果与董毅①的研究结果较为一致：被测者内心已有的认知观念影响了他们对媒介内容的解读，如在实际生活中感受到的腐败与政府利益输出的不公平可能会让他们拒绝接受正面宣传的片面灌输，如量化研究结果所显示，提高青年的生活满意度才能夯实其政治认同的现实基础。

24－4：我觉得会嘛。比如说疫情期间，钟南山院士嘛。还有过年期间习总书记探访四川的彝族，凉山州那边，觉得在这种危机时刻，总有人出来挺着，就觉得很安心。偶尔对比一下国际和国外的疫情期间的措施，就觉得很自豪，中国真棒！会增加我们的自豪感。

24－5：我也是。疫情期间给我的印象比较深刻的是，雷神山和火神山的建成速度非常快，我觉得我们中国速度是可以算是世界上速度第一了。尤其是习总书记上台以来，我们国家的高铁基本上是通了，之前我们老师说在美国修高铁可能几年都修不好，因为他们的地都是个人的，所以并不愿意贡献出来修高铁，所以他们很难构建成四通八达的高铁。但是习总书记上台以来，我们国家的高铁真的是提供了非常大的便利，尤其是像我们现在出行，有人不太愿意坐飞机，会给自己造成不适或者压力，就选择高铁这种比较快一点的交通工具，所以我觉得非常的好，而且很多人也不愿意坐那种火车，像我也不愿意，因为火车上面环境不是特别好，味道有点大，像高铁这样呢，它很清洁，感觉服务也比较好，所以我觉得带来了很大的便利，非常好，非常震撼。我觉得我们是世界上唯一一个把高铁建得这么快，又这么广的国家吧。

24－1：我们国家做的那些事情，让我也是很相信我们国家的。像这次疫情，派了那种作战的战斗机去武汉。然后空军那边也是立刻紧急集合，立马到武汉去支援，我觉得我们国家在遇到困难时反应很快，就还挺相信我们国家的。

① 董毅：《基层民众的媒介接触与政治信任》，复旦大学博士学位论文，2011 年，第 173－175 页。

24－2：我也挺相信的。就袁隆平老爷爷呀，最近不是还在研制看能不能研究出一个杂交水稻嘛。非洲 13 亿人口，人口多却那么穷，粮食供应不足。中国就靠这么点儿地就让 13 亿人口都能吃上饭。

24－3：我是觉得，一个就是大家说的疫情嘛，因为今年疫情，虽然说最初还是有辟谣什么的，但最后的措施还是很迅速，包括我们封城，复工的措施都做得比较好。还有一个就是国际上的话语权，因为现在在美国贸易战，就会发现咱们国家发言相比以前更加硬气了，以前我们国家在国际上的话语权好像没有那么大。现在做到了，就会感受到国家确实是强大了。

24－6：我自己也是感受到现在国家发展得是非常的好，能看到很多实质性的成果吧，不管是在科技还是在交通经济各个方面，比如说 5G 是我们最新研发出来，这些事件会给我们一些正能量的影响，经常能看到报道。有的正向报道，我还是比较反感的，比如说很明显的摆拍。官员探访什么的，摆拍痕迹太明显。我是想看到有实质性的成果，科研成果，航天事业发展怎么样呀？有一个成果在那里，我会觉得哇。好直接呀，也能感受到我们国家发展到底是哪里好，好在哪儿。但是那种摆拍的我就会觉得我的天呐，有点腐败吧。

24－4：我刚刚也想说一下这个摆拍的事情，我觉得政府有些正面新闻。比如领导下乡视察，领导很久才去一次，摆拍之后放到网上去了。有的时候送的东西也不是人家所需要的。有个盲人，就理所当然地觉得他需要盲杖，所以带出了一个盲杖，给他之后，他就把盲杖扔到一边，说不需要这个东西，他自己有个竹竿，那个竹竿比盲杖长，而且他用着更加顺手，已经很习惯了，所以我当时就在想说，为什么不在来之前先去调查一下到底需要什么，真正需要的是什么，而不是自己理所当然地觉得他需要什么，去了之后拍了照就走了。就还是会比较反感这方面，但就这次疫情期间报道了很多小人物的事情，比如医生，穿着防护服很累，脸上勒出了勒痕，就和我们差不多一样大嘛，就觉得在我们这个年龄，我们还在这么舒适的环境中，他们已经为我们负重前行。已经去承担起他们应该承担的责任，看到这些报道我就会觉得很感动，觉得我们国家的未来是很有希望的。

24－3：说到摆拍，我就想补充一下。现在我们中央上面的政策想法是比较好的，但地方上面存在着执行不好的情况。我想到我们家那边，抽水马桶那个水箱，中央可以给我们免费换水箱，但是他的免费换不是去找那些厕所没有装的人去给他装，而是来找我们，我们家装了，他就非要找我们换，一定要让我们换，我说我们家没有坏，不用换，他就非让我们换，我们说让他们放着我们自己换行不行，他们又说不行，他们要拍照。我就在想，他们只是为了去完成这个任务而这样做，还是说其实是让他们给没安的人装还是怎么样的。

2. 负面信息与青年政治认同

对于负面信息与青年政治认同的关系，第六章量化研究结果显示负面信息对青年群体政治认同有直接影响，且对于在读学生而言，负面信息的消解作用更强。小组讨论结果显示了绝大多数青年群体能理性看待官员腐败等负面新闻，不会动辄将之归咎于国家和中央政府治理之过，部分参与被试认为官员腐败、社会不良事件可能会一定程度地影响其对地方政府的信任感和普通人际信任，但并不会显著降低对国家政府的信心及中国特色社会主义体制的认同感，部分被试认为官员腐败等新闻的爆出反而更加体现出党和政府惩治贪污腐败的勇气和决心。

研究者问题：平常你们看新闻的时候，会不会注意到一些关于“官员作风、贪污腐败、维权或社会伦理道德”之类的负面新闻，看了之后你们会有什么样的想法？会不会觉得社会风气更加不好，人与人之间更不值得信任，或者对我们国家和政府变得更没有信心？为什么？

16－1：我觉得还能报道出来就很好，说明国家，它也有在整改告知民众，它没有把这些事情给压下去。那这个情况让民众知道事情，然后加上民众的社会舆论嘛，然后可能也会给官员一些相应的处罚，我觉得很好，公开透明化，办公那种。

16－4：其实，我觉得报道太多，对政府信任的可能没有小时候那么强，因为真的我亲身经历我们村长，就是他贪了很多，然后就去坐牢。我真的觉得好不可以信任，然后就觉得官官相护。所以说，我对我们当地政府真的还是有一点不信任，那对国家和中央，我觉得还是100%信任的。

16－2：其实国家打击力度蛮大的。

16－4：对，就当时嘛，当时我们村都遭了的，都有两个去坐牢了，当时习近平主席发布了一系列查腐败官员之类的，很多官员都被逮捕，发生了很多贪污的事件。

研究者：打“老虎”对吧？

16-4：对，打击力度很大。然后这个我觉得还是很好。但现在这个官员贪不贪，我也不知道。我觉得真的可能信任度肯定会有减少，对不对。你爆出来你肯定会觉得这样很不好之类的，看着他应该是一个很正派的官员，其实他的背地里有多么的贪污腐败，你根本就不知道的，对不对。你怎么而且现在人与人亲热，本来就比原来少很多呀，你很难去信任一个人现在，你不知道这个人说的话是真的假的。我觉得是这样的。

16-1：但我觉得他有时候他就是报出来，没有后续了。然后民众声讨啊，也没有什么结果，就像武汉之前，有一个政府官员，他到红十字去拿口罩，然后当时车牌号还给标出来了吗，也是爆出来了，但爆出来就没有后续啊，国家也没有说给予相应的处分啦，调查之类的，这种我觉得可能会让人多少有些失望吧，它就爆出来，却没有后续结果之类的，没有澄清这是误会之类的，也没有说怎么样处置这个官员。

16-4：而且我不知道你们有没有这种想法，你就看到了，这样爆出来的是这样的，肯定还有很多没有爆出来的呀，你肯定会觉得爆出来的都有这么多的肯定还有很多没有爆出来了，然后就这样子，你心里肯定会想我觉得，我是这样想的。

研究者：那看到这些负面新闻，你们有没有对我们的国家或者政府变得更没有信心了？

16-1、16-2、16-3、16-4、16-5、16-6：没有（这个不会）。

16-5：再好的国家社会也是有蛀虫的，这个没办法。

16-2：这也不可能十全十美，还是会有一些存在的不足之处。

18-2：恨铁不成钢啊！

18-1：其实这种人是他个人的问题吧，哪里都有。为了当官而不择手段，他谋取金钱的话就接受贿赂啊，然后还有什么其他的。

18-6：但是我觉得这不是他个人的问题啊。

18-3：我觉得你看他们被爆出来之后好多都往美国跑。

18-6：我觉得这是一种那个就是完美的体系下的一些小问题，不是个小问题，就完美体制下的一些漏洞。很多那些官员我们不说政府，政府虽然是真的很不错，但是他那个官员人有问题啊，我觉得他的那个思想程度没有到达那么高。

18－2：美国是怎么选官的。

18－3：美国选官拿钱砸。

研究者：有时候这种事情的发生，会不会让我们觉得社会风气更加不好，人与人之间更不值得信任？为什么？

18－2：会啊，平常你头上当官、管理的，有更高的能力才能管理，如果你头顶上的人都是这样的，那你还敢信谁？

18－6：其实我觉得在我看来就是像那种官员腐败，他出现得越多，我就是越觉得我们的国家很不错，他没有隐藏下来，就是国家重视这个问题，一点点解决，我觉得不断地解决问题，就是解决问题嘛，城市发展的那种要求发现这个问题。

18－1：发现问题解决问题。

18－6：其实我觉得像这种贪污腐败，在每个国家都会出现的。只是我们不在美国那边，我们不了解美国它们那边的形势是怎样，它们的新闻是它们官方新闻，是我们了解新闻的话，只能是通过那种我们自己国家的新闻再加上一些自媒体和一些外围的东西。

三 网络参与互动与青年政治认同

青年政治认同的生成既是对社会文化认知、接受、认同进而内化的过程，也是参与实践活动、外化行为、实现自我的过程，是社会教化与个体内化的有机结合，网络参与互动既是青年主体性的重要体现，也是青年政治认同生成的重要途径。然而量化研究结果显示，并非所有的参与互动都能直接增进青年政治认同，网络政治互动行为有助于增进青年政治认同，网络政治表达和网络公共参与行为对青年政治认同并没有直接影响。小组讨论结果则显示出网络政治表达和网络公共参与行为可能会一定程度地消解青年的政治信任，当前中国语境下大多数网络政治表达和网络公共参与行为动机与青年自身利益密切相关，这种利益表达机制固然在一定程度上能舒缓青年受众的不满倾向，但对利益表达预期结果实现不能的现状却容易导致对政府的不信任和反感，而未能实现预期的通过政治沟通增进民众对政府的信任。

研究者问题：当我们就某一问题在网络发帖或给政府建议希望能够引起重视或解决问题时，实现的可能性大吗？

21－4：微乎其微呢。因为我觉得就拿一个小的方面来说啊，就比如说之前我身边的一个事儿，就是，你学校有一方面做得不好，他会给你收集意见，比如说什么什么问卷调查之类的。发给你，大家填，好，这件事做到了，但是收上去，具体的后面的一些改善措施我是没有看到的，我也没有看到在我生活中这些改善方面，所以说我觉得不怎么有用。

21－6：同意。

16－5：我上初中的时候，有一个老师，就是基本上学校的人都知道这个老师就是人品很不好那种，有一次我们班主任的课班主任他有事走了，然后他来帮忙代一下课，然后有一个女孩子玩手链，然后老师走上前，就是二话不说一巴掌扇上去，这个老师他在外面还给同学补课乱收费什么的，被大家告过好几次都不了了之，他一直还在我们学校活跃着。我觉得这种投诉没什么用吧。

16－2：我也觉得，就一两个人，可能真的不行啊，你是一个人去投诉就可能需要更多的力量吧，这样才有可能（16－5：受到重视那种），对对对。

16－1：是啊。

16－5：这之前就是不是在××那边有那种意见箱吗，我伸着脖子看了一下，里边都起蜘蛛网了，真的。

16－4：如果你只是个平民，你去投诉某一件事情，他们根本不会关心这个关注这个。除非这个事情能够引起很多很多人的共鸣，大家都觉得是这样（研究者：就比如上了热搜），对对对。

16－1：我觉得有些引起了热搜也没啥用啊。引起了共鸣也没啥用啊。

16－2：那是你没引起共鸣就没啥用啊。

16－4：如果你引起共鸣，很多人会找你和采访你的。

16－1：我感觉网上申诉很难，但是目前唯一比较好走一点的渠道，真的有那啥自己心里面有不满的事情的话，通过网络也是比较好表达的。有时候借助舆论，这也是挺有用的。

16－4：给他压力他才能处理，没有一点压力他就管都不想管。

研究者问题：如果暂时没有结果，你们是否会继续相信政府？还是继续努力？在参与与表达的过程中究竟是表达的过程重要，还是结果重要？

21－5：我觉得我参与就是为了有个结果。不然参与干吗。

21－6：相信呀，我一直相信政府，但是可能下一次就不会参加了，因为没用啊。

16－1、16－2、16－3、16－4、16－5、16－6：结果。肯定结果重要呀。

16－4：会相信，但是信任度肯定会下降。

16－6：有时候当地政府如果没有用的话，我看往上一级走，应该可以。

16－1：如果这个事情与我息息相关，我会。如果没啥关系，我可能会放弃。

16－4：就我现在我都还没经历过，就我现在想想，我觉得我应该不会继续努力。

16－1：如果有很大委屈，我肯定会去呀，与我有关的话。

四　分析与思考

理性主义和文化主义路径皆可解释网络政治传播与青年政治认同之间的关系：一是民众政治认同始于积极的政治认知，网络政治传播可通过信息传播机制为政治认同的建立提供必要的认知基础和情感体验；二是积极的政治认同产生于参与行为本身，网络政治传播中的互动参与可孕育积极的公民精神，在赋权参与中促进主动的建构性认同。

小组讨论结果显示，网络政治传播议题内容对青年政治认同影响各异：并非所有的正面信息都能直接增强青年政治认同，也并非所有的负面信息均会消解青年政治认同，其既有的认知观念（认知图式）影响着他们对媒介信息内容的具体解读，如国家建设重大成就、科技进步、疫情处置相关报道之所以能增进他们中国特色社会主义政治体系的积极认知，源于他们对党和国家改革开放以来建设成就的现实感知，而对地方政府作秀的反感与痛恨，也与其在日常生活中感受到的腐败与政府官僚作风有关，制度和绩效是促进中国青年政治认同萌生和增强的前提和基础。讨论结果也显示，政治传播中的政治话语方式对青年政治认同也存在一定的差异：政治传播框架不同，受众的认知和情感反应也不同，“诉诸逻辑”或“诉诸情感”均能一定程度地影响青年的政治认同，部分被试认为“诉诸逻辑”的理性表达更客观真实，部分被试则认为基于情感的表达更容易让人共鸣，难以简单论断孰优孰劣。此外对于媒体信任度的讨论结果显示，威权主义政治文化也是形塑青年政治认同的重要变量，官方场域之中受众的媒体信任度存在较大的分野，对国家和中央政府的威权认同延续到了网络空间，形成了对以人民网为代表的政府媒体的一致认同，这一结果提示威权人格是解读中国语境下网络政治传播与青年政治认同之间关系的重要心理变量，但官方场域中部分主流商业媒体如新浪网、手机新闻客户端青年受众的媒体信任度并不高，在承认其是一个较好的民众发声平台的同时，质疑其新闻报道的真实性、客观性：“手机新闻客户端推送的新闻消息就是一半一半吧，或真或假的那种，需要看他们的良心了，不太具有真实性”“新浪新闻这些的话，提供的更多是一种可能性，你不能肯定说是，去信任它，但可以带给我们一些更多的一种可能性的思考”。

小组讨论结果也显示，网络政治表达和网络公共参与大多既未能直接影响公共政治决策，实现公民利益，也未能通过网络参与过程中共同经验的见证与分享孕育积极的公民精神，在赋权参与中促进主动的建构性认同。究其原因主要有二：一是并非所有的参与均能促进青年积极的公共精神的养成。当前中国语境下网络政治传播过程中网络参与互动性质多指向私人事务，青年的网络政治表达意愿强烈，且其动机多与自身利益受损密切相关，未能使青年在参与互动过程中增进妥协、宽容与合作，学会将部分的和私人的利益转化为公共利益，创造公共目的，更好地认识和理解个体与国家、社会之间的关系和责任。二是当前青年网络公共事务参与过程中政府主体的开放性和透明性不足，政府的开放性和透明性是保障青年公共事务参与中知情和监督权利实现的重要前提，也是开放政府的基本原则，透明性意味着普通公民可以获取政府行动的相关和及时信息，开放性则意味着政府能够听取公民意见。政府主体的开放性和透明性不足，使得当前网络参与互动不能帮助青年通过公共事务参与增强自我效能感和对政府的信任感。

第三节 网络政治传播场域中青年政治认同的生成逻辑与实践路径①

政治传播古而有之，从其出现伊始就总是与人类政治生活紧密地联结在一起，通过唤醒民众某些观念和情感，增强民众对国家的支持。相较于线下政治传播，网络政治传播在信息流通和关系建构上有着独特优势：一方面，借助数字技术的发展，通过多元化的政治信息呈现方式，促进青年的积极认知和情感体验；另一方面，为青年网络诉求进行表达、沟通、交流和回应提供平台，重构国家、社会和青年民众关系，增强青年的主体参与意识，使国家意识形态、主流价值观、政治文化观念得以内化及强化，变成所认可的价值体系途径。因此网络政治传播在当代对于青年政治认同建构的价值更应被重视。

一 聚焦制度绩效，强化认知基础

习近平总书记指出，制度优势是一个国家的最大优势，制度竞争是国家间最根本的竞争。制度稳则国家稳②。制度优势要体现到治理绩效上，制度竞争主要是治理绩效的比较。一个国家治理绩效好，能够实现经济社会持续稳定发展，制度优势就能凸显出来③。通过政治传播形塑公众的积极政治态度是政治传播的基本功能，网络政治传播亦如是，聚焦中国特色社会主义制度优势，导引青年群体充分认识中国特色社会主义的本质特征和优越性，是促进中国青年政治认同萌生和增强的前提和基础。

量化研究和质性研究结果均显示，青年政治认同并非与生俱来，制

① 李想：《有效提升网络政治传播引导力，促进青年制度自信萌生和增强》，2021 年 5 月，四川在线—天府评论—理论创新（http：//comment. scol. com. cn/html/2021/05/011063 - 1744663. shtml）。

② 习近平：《坚持和完善中国特色社会主义制度推进国家治理体系和治理能力现代化》，2020 年 1 月，中华人民共和国中央人民政府（http：//www. gov. cn/xinwen/2020 - 01/01/content_5465721. htm）。

③ 马宏伟：《制度理论何以重要》，2019 年 12 月，人民网（http：//opinion. people. com. cn/n1/2019/1206/c1003 - 31492650. html）。

度和绩效是引致中国青年政治认同萌生的首要因素，网络政治信息传播结构性倾向显示，“制度绩效现实认知”和“与他国不同制度和不同发展模式相互比较中显示出来的制度优势”是青年政治认同生成的基本动力，是中国特色社会主义制度成功实践感知的重要心理反应。网络平台已成为我国主流意识形态传播的前沿阵地，在内容建设上必须坚持正能量，理直气壮唱响网上主旋律，形成积极向上的网络文化[①]，构建一个有助于青年政治认同形成的社会文化环境。2020 年疫情网络传播中，各大媒体自觉聚焦疫情防控中党和政府对此次疫情事件的有效应对与处置、全社会共同参与抗击“疫情”的实践，强化对现实生活关切的回应力，提升了政治传播对包括青年在内的公众的引导力，形成对共同体的命运担当和价值认同。2021 年 H&M 公然宣称拒绝使用“新疆棉花”，我国外交部、商务部相继发声，外交部发言人华春莹回答：新疆地区的棉花是世界上最好的棉花之一，不用是相关企业的损失。与此同时，各大主流媒体自觉肩负起引导舆论、凝聚共识的责任，“看看新疆棉花有多白”“我支持新疆棉花”“新疆棉花中国自己还不够用”等话题持续刷屏，占据各大社交平台的热搜，中国青年的民众自豪感和自信心空前高涨。

“中国特色社会主义制度本质特征和优越性”内涵诠释有助于青年制度自信的理性认知的形成。中华民族之所以能迎来从站起来、富起来到强起来的伟大飞跃，最根本的原因是党领导人民建立和完善了中国特色社会主义制度[②]。改革开放以来我国经济社会发展所取得的巨大成就和此次抗击新冠肺炎疫情的巨大成效都得益于中国特色社会主义制度能够集中力量办大事的制度优势，得益于中国共产党这一坚强有力的领导核心。网络政治传播中不仅要聚焦中国特色社会主义的现实优势，更要结合以习近平同志为核心的党中央所制定的一系列制度、方针和采取系列举措、行动，帮助中国青年充分认识到中国特色社会主义制度为什么能，为什么优，深刻理解党的领导是中国特色社会主义的最本质特征[③]，这是当代

① 中共中央宣传部：《习近平新时代中共特色社会主义思想三十讲》，学习出版社 2018 年版，第 220—221 页。

② 习近平：《习近平谈治国理政》第三卷，外文出版社 2020 年版，第 119 页。

③ 王宏舟：《中国特色社会主义制度自信教育：出场情势、话语建构及意义创生》，《思想理论教育》2020 年第 12 期。

中国青年政治认同形成的最重要来源。

二 善用传播话语，激发情感共鸣

习近平总书记多次强调：政治传播要积极创新话语体系、着力打造融通中外的新概念、新范畴、新表述，提升传播能力，面向海内外讲好中国制度的故事，不断增强我国国家制度和国家治理体系的说服力和感召力，将我国的发展优势转化为话语优势①。

情感因素在青年政治认同的形成中具有基础性作用，这是由政治认同的基本属性所规定的②，因此，网络政治传播不仅需要“传播信息”也需要“讲好故事”。一是要统筹处理好官方媒体和公众媒体的关系，形成资源集约、结构合理、差异发展、协同高效的全媒体传播体系，在强调官方媒介“举旗定向、制度导向、价值引导”作用的同时，有效发挥公众媒介“大众化、普及化、生活化”的功能，对中国特色社会主义制度的“现实优势”进行精准挖掘，潜在性地影响中国青年认知，促使其生成对于中国特色社会主义政治体系的积极情感。二是善用故事性传播，激发青年共鸣情感。故事性型文本真实具体、生动鲜活、情感充沛，具有较强的吸引力和感染力，作为“中国故事”的主讲人，习近平总书记在多个场合身体力行“讲故事”，推动了政治传播话语实践创新，“讲故事”应成为网络政治传播中增强传播力的重要方式③。三是通过交流互动，增强青年的情感体验。近年来，《人民日报》、新华社、中央电视台、光明网等诸多主流媒体试水360度全景新闻和虚拟现实新闻，中美贸易争端中《新闻联播》的相关新闻视频也在社交媒体上不断发酵，吸引了大量青年用户的观看、评论、剪辑和转发。相较于传统媒体，网络政治传播过程中不仅可以支持青年用户通过文字、图片等方式与好友展开互动，还能借助新媒介技术，通过视频、动画、虚拟现实等多媒体形式为青年提供独特的数字化传播环境，使用户身体缺场而情感在场，这种网络临场感有助于实现青年受众与传播内容之间的“共情与共振”，产生较高的

① 姜红、印心悦：《“讲故事”：一种政治传播的媒介化实践》，《现代传播》2019年第1期。

② 苏曦凌：《政治认同的生成机制分析——基于政治心理学的研究路径》，《学术论坛》2010年第2期。

③ 姜红、印心悦：《“讲故事”：一种政治传播的媒介化实践》，《现代传播》2019年第1期。

信任感[①②]。

三　尊重青年主体地位，坚定制度自信信念

习近平总书记指出，青年工作要坚持以青年为本，尊重青年的主体地位，调动广大青年参与的积极性和主动性，鼓励和支持青年参与社会实践和公益服务，年青一代积极投身于脱贫攻坚、抗击新冠肺炎疫情等具有许多新的历史特点的伟大斗争，不仅充分彰显了新时代中国青年的精神风貌，也证实了社会实践是中国青年成长成才、坚定制度自信的必由之路。

新媒体语境下，青年不仅是“政治传播”实践的重要对象，也是“传播政治”形态的重要实践主体[③]。一方面，要在网络政治传播话语体系中彰显青年主体性和时代特征，通过典型报道建构“担当”“责任”“奉献”的青年形象[④]，引导青年积极参与社会公共生活，加快青年社会融入，在为家庭谋幸福、为他人送温暖、为社会做贡献的实践中感受责任与担当，奠定社会参与感和社会责任感的意识基础；另一方面，要通过技术赋权，鼓励和支持参与网络政治传播实践。无论是新冠肺炎疫情政策宣传还是中美贸易冲突事件，青年不仅主动阅读、点击、分享，点燃了公众情绪话语，有效提升了网络政治传播的效力，而且通过短视频编辑转发、讨论等行为，积极参与网络传播实践，表达对政府、国家和民族的高度支持与认同，将自我选择和个性化的表达与公共意义体系相连接，强化积极自我信念，并在此基础上使个体逐渐感觉到与国家、社会的一种情感纽带，从而意识到自己的角色和责任，形成对国家的责任感和归属感，坚定对制度自信的崇高信仰和现实信心，促进青年支持政治共同体的自觉行为[⑤]。

---

① 战泓玮、魏宝涛：《从中美贸易争端看中国青年的民族主义话语表达——以B站“〈新闻联播〉关于中美贸易争端报道”的相关视频为考察视角》，《中国青年研究》2021年第2期。

② 周孟杰、吴玮：《三重勾连：技术文本、空间场景与主体行动——基于湖北乡村青年抗疫媒介实践的考察》，《中国青年研究》2021年第1期。

③ 谢进川：《新媒体语境中政治传播的实践形态与效力提升途径分析》，《现代传播》2019年第8期。

④ 钟宇慧：《零零后的“长大”：教化与内化互构的典型媒介形象呈现》，《中国青年研究》2021年第3期。

⑤ 吕催芳：《学生参与与积极公民养成：公民认知与情感的链式中介作用》，《教育学术月刊》2016年第4期。

第八章　总结

本书基于2017—2020年进行的网络政治传播与青年政治认同基线调查、实验调查、控制实验所获得的数据与资料，重点讨论了以下五个方面的问题：第一，当代中国青年群体网络媒介使用与政治认同现状如何?是否如既往研究所揭示的那样，网络媒介使用必定会降低青年政治认同?第二，中国网络政治传播场域中信息内容如何生产?信息传播过程中媒体框架偏好又将如何影响青年政治认同?第三，态度的改变是接收者主动参与、积极思考的“理性”过程，中国语境下个体的参与与互动是否影响青年政治认同?第四，网络政治传播中的网络信源特征、网络参与互动类型、个体政治心理特征如何影响青年政治认同?在青年政治认同培育中，哪些因素更重要?在网络政治传播影响青年政治认同过程中，个体政治心理特征、个体结构性资源特征如何与网络信源特征、网络参与互动共同影响青年政治认同的最终发展结果?第五，网络政治传播如何促进青年政治认同的发展?本章将围绕上述五个方面对第三章至第七章的研究分析结果进行概括，然后对研究的主要发现作进一步分析，总结本书的主要经验发现、理论与现实思考、研究存在的局限及未来研究可以进一步深入探讨的方向。

第一节　经验发现

本书基于传播效果发生的逻辑顺序通过调查实验和控制实验初步考察网络政治传播如何通过信息传播/参与互动影响青年政治认同，基于生态发展模型通过基线调查数据从网络信源特征、网络参与互动、个体政治心理特征厘清网络政治传播场域中青年政治认同的主要来源及形成机制，呈现网络政治传播场域中青年政治认同的动态生成过程，构建“网络政治传播—个体政治心理特征—政治认同”的完整因果机制，研究发现如下。

第一，中国青年政治认同水平总体高，网络媒介使用动机和信息渠道较为多元化，网络媒介使用并不必然降低青年政治认同水平。总体而言，中国青年政治认同水平较高，2020 年新冠肺炎疫情后，青年的政府绩效评价、集体主义倾向和制度自信水平较疫情前均有较大的提升。当代青年网络使用动机呈多元化状况，既有明确的社交情感需求，也有强烈的认知需求和政治需求；在新闻资讯获取渠道上，中央电视台的新闻或评论/新华社、《人民日报》及其网站的政治新闻/新浪新闻已成为青年获取政治新闻和时事评论的主要渠道，微博作为一种社交应用，也已成为青年获取新闻资讯的重要渠道。网络媒介使用与青年政治认同关系表明，网络媒介使用并不必然降低青年政治认同，甚至在一定程度上会增强青年政治认同；网络媒介使用的确是影响青年政治认同的重要变量，但并非所有网络媒介对青年政治认同各因子（政府绩效评价、集体主义倾向和制度自信）都有显著影响。

第二，中国语境下网络政治传播双重场域中政治信息生产和传播存在明显的框架偏好和框架效应。中国语境下网络政治传播存在两个明显独立但又交错的“双重场域”：官方场域和公众话语场域，在政治传播中信息生产特征呈现明显的框架差异：官方场域遵循专业新闻生产的新闻观念和价值观念，倾向于通过主题框架呈现新闻内容，并以积极的形象和主流的价值观引导社会心理和舆论；而公众场域则倾向于通过情境框架呈现新闻内容，文本结构非严谨性成分清晰可见，在不确定较高的国内社会事件议题类型上，积极框架、中性框架和消极框架共存，体现了多元传播主体政治传播意图的多样性。中国语境下网络政治信息传播中存在一定的框架效应，不同类型的媒介框架对青年政治认同不同维度的影响存在一定的差异。具体体现在：主题框架和积极框架对青年政府绩效评价和集体主义倾向有积极的建构作用，其中，相较于情境框架，主题框架下的政治传播更有助于青年集体主义价值观的形成，相较于消极框架，积极框架更有助于增加个体对政府的积极评价；对于青年的制度自信而言，媒体框架中的话语风格和情感属性均未显示出直接的框架效应。这一结论显示，在网络政治传播信息内容和主体日益多元化的情境下，积极的形象和主流的价值观引导对于青年政治认同生成的重要意义。

政治信息传播机制中受众信息加工路径的选择并不必然受个体政治关注度的制约，但受众对议题感兴趣程度和认知、情感卷入度能有效提升精细加工的可能性，会消解个体政治关注度对加工路径的影响。这一结果显示，网络政治传播过程中不同场域的互动性可能是影响青年政治认同生成的重要因素。网络传播中的互动性能增强受众的临场感，提升受众的政治兴趣，提高受众的信息卷入度，进而通过信息加工路径影响其政治认同。

第三，政治讨论与青年政治认同之间具有较强的关联，政治讨论过程中信息影响和规范影响共同影响青年的态度改变。政治讨论不仅能有效激活青年政治兴趣和政治效能感，也能一定程度直接促进青年受众对集体主义价值观的认同。政治讨论过程中信息影响和规范影响共同影响个体的态度改变：从信息影响来看，信息传播中信息内容性质一定程度影响青年政治认同，参与国际事务类议题讨论会增强青年制度自信水平，参与社会类议题的讨论会降低青年的制度自信水平。从规范影响来看，信息传播中受众个性也会影响青年政治认同的最终结果，如文化程度和威权人格特征高的个体往往较为自信，一致性和坚持性较高，在群体讨论中可能存在一定程度的认知固化，其政治认知和评价在长期政治社会化过程中逐渐定型，信息影响和规范影响均难以通过一次政治讨论发生变化，威权人格特征、文化程度在一定程度上影响和制约着网络政治传播中青年政治认同的生成。

第四，信源特征、参与互动、个体政治心理、结构性资源、生活满意度共同影响和制约着网络政治传播场域中青年政治认同的发展。

就网络政治传播场域中青年政治认同形成的来源而言，信源特征、参与互动、个体政治心理、结构性资源、生活满意度都是潜在的重要解释变量，但其影响性质存在较大的差异，其中正面信息、官方媒体关注、网络政治互动、网络政治表达、网络公共参与、威权人格、政治兴趣、政治效能感、生活满意度对青年政治认同的生成均有积极的促进作用，而负面信息和公众媒体关注则对青年政治认同的生成有一定的抑制作用。以政府网站、主流媒体新闻网站、官方背景商业网站、社会媒体为基本形态的官方场域，始终坚持传播先进思想文化、加强网上正面宣传，旗帜鲜明地坚持正确政治方向、舆论导向、价值取向，构筑了促进青年政治认同发展的重要基石。

信源特征、参与互动、个体政治心理、结构性资源、生活满意度共同构成了影响青年政治认同发展的环境系统和个体系统，但其作用方式也存在差异：威权人格、政治效能感和个体生活满意度等个体系统对青年政治认同的发展均有直接的影响；信源特征、参与互动等环境系统因素中，部分因素可以直接影响青年政治认同的发展，部分因素只能通过个体系统间接作用于青年政治认同的发展。

值得注意的是，网络政治传播场域中环境系统、个体系统之间相互影响，共同作用于青年政治认同的发展。威权价值观是中国语境下个体政治态度形成的重要文化基础，对个体政治信任、政治认同有明显的促进作用，威权人格和个体生活满意度作为网络政治传播场域中青年政治认同发展的保护效应在本书中也得到了证实，具体而言，威权人格和个体生活满意度可以直接促进青年政治认同的发展，也可以在一定程度上与正面信息、官方媒体关注、网络政治互动、网络政治表达等因素形成合力，增强其对政治兴趣、政治效能感的积极影响，提升青年政治认同水平；更为重要的是，威权人格和生活满意度还可以有效缓解负面信息对青年政治认同的消解作用，是抵御生态多元化网络政治传播系统中负面信息侵袭青年政治认同的重要防火墙。

此外，结构性资源职业身份、文化程度也在一定程度上影响着网络信源特征与青年政治认同的关系。就职业身份而言，负面信息接触频率增多并不必然导致非学生身份群体的政府绩效评价水平的降低，却会显著降低学生身份青年群体的政府绩效评价水平，质性研究结果也显示负面信息可能会在一定程度上降低学生的政治信任，这意味着，网络时代高等学校政治社会化任务更为复杂繁重，作为直接接触学生的一线群体，不仅需要重视、积极回应学生的网络政治表达、建议，保持和提升其负责任的高校形象，也需要及时回应各种网络上的关于政府及其工作人员的负面、虚假信息高度重视负面信息，加强与学生的沟通和对话，增进学生群体对政府的信任和评价，提升学生政治认同水平。就文化程度而言，正面信息接触频率增多并不必然提升没有接受过高等教育的青年群体的政府绩效评价水平，但可以显著提升接受过高等教育的青年群体的政府绩效评价水平；公众媒体关注增多并不必然提升接受过高等教育的青年群体的集体主义倾向水平，但可以显著提升未接受过高等教育的青年群体的集体主义倾向水平。官方媒体、公众媒体均可以成为网络政治传播中促进青年政治认同生成的积极力量，网络政治传播中可以充分发挥其各自的信息传播优势，对青年群体进行有针对性的政治信息传播，提升青年群体的政治认同水平。

第五，“绩效优势认知引导、政治情感共鸣激发、互动参与行动内化”指向网络政治传播推进政治认同生成的基本逻辑与进路。认同形塑于行为体的互动过程中，并通过符号生产、记忆塑造、意义重构和表达行动等机制发生作用①。网络政治传播一方面借助数字技术的发展，通过主题、符号、仪式等多元化的方式，增进青年对中国特色社会主义绩效优势的认知和感受，激活民族情感、家国情怀，夯实政治认同的认知和情感基础；另一方面为青年网络诉求进行表达、沟通、交流和回应提供平台，重构国家、社会和青年民众关系，增强青年的主体参与意识，使国家意识形态、主流价值观、政治文化观念得以内化及强化，变成所认可的价值体系途径。

第二节 理论与现实思考

上述经验发现对于网络政治传播与青年政治认同关系的理论认识及网络政治传播如何进一步推进青年政治认同的现实有怎样的意义？

第一，网络新媒体的兴起改变了政治传播的方式，但并不必然降低青年政治认同。本书发现，网络政治传播与青年政治认同的关系错综复杂，网络政治传播场域的异质性、多样性决定了其对青年政治认同影响的差异，就信源特征而言，官方媒体和正面信息对青年政治认同有积极的正向影响，公众媒体和负面信息则对青年认同有一定的负向影响，就参与互动方式而言，网络政治互动有助于直接提升青年政治认同，而网络政治表达、网络公共参与并不能直接影响青年政治认同，因此对网络

① 马润凡：《论网络空间政治认同的变化》，《国际观察》2018 年第 3 期。

政治传播与青年政治认同关系的解读不能一概而论，从网络信源特征、网络参与互动等特性进行分别解读更为准确。

第二，网络政治传播场域中青年政治认同的生成受到场域内外多种因素的影响，场域内外环境系统与青年个体本身构成了一个整体的、动态的系统，个体政治认同的发展受到场域内外环境因素的影响，也受到个体本身政治心理特征的影响，对网络政治传播中网络信源特征、网络参与互动与青年政治认同关系的解读需要采用综合性的解读视角，尤其是政治心理特征和生活满意度等个体特征的影响。比如，负面信息、公众媒体关注与青年政治认同之间确实存在一定的负向关联，但考虑到个体威权人格价值观和生活满意度的保护性作用，负面信息、公众媒体关注的接触并不必然导致青年政治认同水平的降低。对于部分网络参与互动而言，单一视角中可能无法确认其对个体政治认同的直接影响，但综合视角中却可以发现通过政治兴趣、政治效能感和威权人格等个体特征对青年政治认同的间接影响。

第三，政治认同的多维性与系统性。政府绩效评价、集体主义倾向和制度自信作为政治系统不同层次的政治认同，其形成过程和变化方式均有不同，三者中制度自信是对政体的一种牢固情感依恋，是在长期的政治社会化环境中形成的，一旦形成就会趋于稳定，变化缓慢；而政府绩效评价是在相对较短时间中形成的，一般是对某一具体政策和政治当局政绩的本能反应的结果，相对而言不太稳定，容易变化；集体主义倾向是中国公民对现行政体所倡导的基本机制的支持态度，其稳定性应当介于政治绩效评价和制度自信之间，但三者共存于同一政治认同体系之中，三者之间存在一定程度的相关，一个维度的变化可能诱发另一维度的变化，从而引致政治认同系统的变化。

因此，在网络政治传播与青年政治认同的关系中，对青年政治认同进行分维度的考察可以更为清楚准确地呈现中国语境下网络政治传播场域中青年政治认同的发展变化过程：网络信源特征、网络参与互动首先影响的可能是青年政府绩效评价和集体主义倾向的表现，继而通过政府绩效评价和集体主义倾向的变化逐渐转化为制度自信，从而导致青年政治认同系统的变化。

第四，政治信息现实需求：从“信息自由”到“公开透明”。按照网络政治传播中的关系属性，网络政治传播场域可大致分为官方场域和公众场域，前者由政治权力所掌控的一系列传播关系构成，基本形态为政府网站、主流媒体新闻网站、官方背景商业网站、社会媒体等，后者由网民及网络群体体系构成，基本形态为微博、社交网站、即时通讯、论坛等。对这两者进行区分，有助于更准确地把握不同属性媒介对青年政治认同的具体影响。

相较于公众场域，官方场域在信息内容和情感属性上更侧重于使用积极语气进行正面政治宣传，尽管量化证实了正面信息内容对青年政治认同的积极建构以及负面信息对青年政治认同的消极解构，但小组讨论质性研究结果也显示网络政治传播中信源特征与青年政治认同关系的复杂性：其一，在对官方媒体信任度的讨论中，呈现了对政府网站和非政府的商业网站信任度的两极化表现，对政治权威的权力认同延续至网络空间出现了对政府网站的新闻内容真实性绝对信任，但与此同时也存在对政府网站新闻内容的事实是否全面透明性的猜疑，“政府网站发布的新闻都是经过筛选的，偏向于正面的，或者是积极的，然后有一些深层次的不那么积极的东西可能就不会展现出来，可能不会把所有的信息都披露出来”，对于非政府的商业网站新闻真实性非常存疑，但也认为提供了“思考和理解的可能性”；其二，在信息内容结构性上，正面信息并不必然促进青年政治认同的生成，只有与青年日常生活经历认知较为一致的制度和绩效宣传才能增进青年对中国特色社会主义政治体系的积极认知与情感，如果与以往认知出现偏差的，则会导致排斥和反感，因此官方媒体中的信息内容结构才是决定其影响的关键要素。此外，青年群体能较为理性辩证地看待网络媒体新闻自由，不盲从、不轻信，他们认为新闻自由是有底线的自由，新闻自由的权利与责任、义务是一致的，网络新闻传播应该体现传播主体的媒体素养与责任，从而能看到更多真实的新闻。

第五，网络空间无序参与主导和政府主体回应性不足，阻碍了青年政治认同的发展。当前中国语境下的网络政治表达和网络公共参与行为大多未能直接影响公共政治决策，实现公民利益，质性研究结果也显示青年未能通过网络参与过程中共同经验的见证与分享孕育积极的公民精神，在赋权参与中促进主动的建构性认同。事实上，网络空间无序参与主导和政府主体回应性不足，在一定程度上阻碍了青年政治认同的发展，无序参与主导，不仅无助于增进青年对公共事务现象认知和理解能力，还会在一定程度上消解青年对于国家和政府的情感认同，政府主体回应性不足不仅会直接降低青年对于政府绩效的积极评价，也会通过影响政治兴趣、政治效能感阻碍青年政治认同的发展。

第三节　结语

本书通过量化研究和质性研究，基于经验事实，梳理了网络政治传播中青年政治认同的主要来源及形成机制，研究结果可以为了解中国语境下网络政治传播与青年政治认同关系提供一定的参考，也能为相关的网络政治传播政策决策提供理论和经验支持。

（1）基于网络政治传播影响青年政治认同的两条基本路径，从网络信源特征、网络参与互动、个体政治心理特征对网络政治传播中青年政治认同的主要来源进行了梳理，厘清了中国语境下网络政治传播场域中影响青年政治认同发展的主要因素。

（2）基于生态发展理论，较为清晰地呈现网络政治传播场域中青年政治认同的动态生成过程，构建了“网络政治传播—个体政治心理特征—政治认同”的完整因果机制，清楚解构了网络政治传播场域内外环境要素、个体特征对青年政治认同的具体影响及作用路径，丰富和深化了中国语境下网络政治传播与青年政治认同之间关系的学理认识。

（3）有关结构性资源和个体生活满意度的作用分析更有助于全面深入地认识中国语境下网络政治传播与青年政治认同的关系。厘清了职业身份、文化程度、个体生活满意度在网络政治传播场域中对青年政治认同发展的具体作用，为未来网络政治传播政策应该做出怎样的调整提供翔实的经验信息指导。

从理论意义上来看，研究对中国语境下网络政治传播影响青年政治认同的作用路径、主要影响因素及作用机制作为较为详尽的梳理，呈现了网络政治传播场域中青年政治认同生成发展的动态过程，为今后的网络政治传播与青年政治认同相关研究提供了一个较为清晰的理论脉络和理论参考，从现实意义来看，研究结果也为未来网络政治传播促进青年政治认同发展的实践路径提供了参考。

应当指出的是，在调查抽样过程中，由于时间、经费和样本的可获得性的限制，研究在尽量考虑样本的代表性的同时采用便利随机抽样方法获取样本，五大区域之间的样本比例并不均衡，部分地区样本相对较少，一定程度影响了样本的代表性。在控制实验参与方式的选取上，由于议题敏感性的限制，采用线下小组讨论的形式代替线上小组讨论，现实语境下的网络参与互动行为实践可能无法在研究结果中得以准确体现和解读。在研究方法的选择上，主要是采取横断面的资料截取方式，一定程度地影响了研究深度。对于网络媒体框架效应、政治讨论影响的持续时间等方面的研究都无法深入，需要依靠较长时期的纵向研究数据来予以支持。

数字传播技术的迅速发展使网络政治传播呈现方式更为多样，也深刻改变了受众的感知系统和行为系统，在网络政治传播与政治认同关系的解读中，还需要通过更为严密、规范的实验设计评估数字传播技术对青年政治认同的特定影响。笔者未来将通过更为规范的实验操作和一定的纵贯研究的积累，不断修正、完善本书的相关结论。

附　　录

研究报告附录一：《青年网络媒介使用与价值观调查》（线下版）

您好！我们正在进行一项关于“青年网络媒介使用与价值观调查”的调研，感谢您能在百忙之中参与我们的问卷调查。请根据您的实际情况或尽您所能回答下列问题，在每题最后的空格中填写相应的字母代号或在横线上直接填写答案。请认真阅读本问卷，凭您的第一印象独立完成，不要琢磨，也不要和他人交流。本问卷不记名，不会对您造成任何消极影响。请勿漏填信息，您的完整、真实回答对调查结果的准确性十分重要。谢谢您的帮助与支持！

问卷一：基本信息（在横线相应信息上画√或直接填写答案）

性别：男________女________　　　　年龄：________岁

家庭平均年收入：________万元

政治面貌：党员________　非党员________

现居住地：________省________市

文化程度：A 小学及以下________　　B 初中________

C 高中或中专________　　D 专科及本科________

E 硕士及以上________

职业：A 农、林、牧、渔等类似行业工作者________

B 企业/公司/工厂职员________

C 党、政、事业机关领导干部________

D 国企中、高层管理者________

E 党、政、司法机关职员________

F 军人________

G 个体户/自营________

H 私企老板、中高层管理者________

I 自由职业________

J 在校读书________

K 医疗工作者/教师/研究人员________

L 新闻媒体工作者________

M 律师及相关行业________

N 文化演艺类________

O 非政府组织（NGO）工作________

P 工、青、妇、团等群众组织部门________

Q 失业________

R 其他________

问卷二：下面有一些关于上网习惯与价值观的问题，请根据您的实际情况，凭您的第一印象回答，有些可做多项选择。没有特别说明的问题，一般是单选题。

1. 您使用网络主要是因为（可多选，最多可选五个）（　　）。

A 和朋友互动，增进和朋友之间的感情

B 及时了解新闻热点

C 关注感兴趣的内容

D 获取生活/工作有用的知识和帮助

E 分享生活/工作中有用的知识

F 认识更多新朋友，获得情感支持

G 发表对新闻热点事件的评论

H 发现潜在客户/机会

I 找到归属感

J 其他（请注明________）

2. 当您需要获取新闻资讯时，您经常从下面这些渠道获得政治新闻、时事评论等消息吗？

	几乎没有	偶尔有	经常如此	几乎天天如此	每天超过 1 小时
中央电视台的新闻或评论节目					
新华社、《人民日报》及其网站的政治新闻					
新浪等网站的政治新闻					
微博或网络社区的政治新闻					
微信发布的政治类新闻					
小道消息或朋友聊天					
海外媒体的政治新闻					

3. 对下列各种观点，请用“非常同意”“比较同意”“中立”“反对”“强烈反对”来表明自己的态度。

	非常同意	比较同意	中立	反对	强烈反对
当前政府的民主和运作良好，重大决策能够在全国全面执行					
我对我们国家的经济发展充满信心					
如果政策符合大部分人利益，即使违背自己利益也应当支持					
当个人利益和国家利益冲突时，个人利益必须无条件服从国家利益					
中国改革开放以来的发展，充分体现了中国社会主义制度优越性					
我很自豪生活在我国现行政治制度下					
我有义务支持我国现行政治制度					

答题结束，感谢您的支持！

研究报告附录二：《青年网络媒介使用与价值观调查》（线上版）

您好，这是一项学术性调查，调查主题为“青年网络媒介使用与价值观调查”。请您按照您的实际情况和真实想法作答。调查不记录您的姓名，调查中涉及您的个人信息将严格保密，绝不会泄露给其他组织。您的合作对科学研究和公共决策都有重要意义，感谢您的贡献！

1. 本问卷调查预计花费时间 5 分钟，答题时间低于 3 分钟将视为废卷予以剔除，请确认您是否要继续答题。

○ 现在有时间，继续答题　○ 现在比较忙，放弃答题

2. 问卷的质量是我们最关心的，您是否愿意承诺将如实填答问卷？

○ 我会按自己的情况如实填答问卷　○ 无法保证如实填答问卷

3. 请问您的性别是：○ 男　○ 女

4. 您的年龄：________岁

5. 您的政治面貌：○ 中共党员　○ 非中共党员

6. 如果把所有收入都算上，您家庭平均年收入大概是多少？

○ 5000 元及以下　○ 5001 元—1 万元　○ 1.1 万—2 万元
○ 2.1 万—4 万元　○ 4.1 万—6 万元　○ 6.1 万—10 万元
○ 10.1 万—20 万元　○ 20.1 万—50 万元
○ 50.1 万—100 万元　○ 100 万元以上

7. 您主要从事的职业：

○ 农、林、牧、渔等类似行业劳动者
○ 工人、工厂（或企业）打工　○ 党、政、事业机关领导干部
○ 国企中、高层管理者　○ 党、政、司法机关职员
○ 军人　○ 企业、公司职员
○ 个体户或自营　○ 私企老板、中高层管理者
○ 自由职业　○ 在校读书
○ 医疗工作者　○ 教师（幼、中、小学）
○ 大学教师、学者、研究人员　○ 新闻媒体工作者

○ 律师及相关行业　○ 文化演艺类
○ 非政府组织（NGO）工作
○ 工、青、妇、团等群众组织部门　○ 无业
○ 其他________

8. 您所在的省、市属于：
○ 北京市　○ 天津市　○ 上海市　○ 重庆市　○ 河北省
○ 山西省　○ 辽宁省　○ 吉林省　○ 河南省　○ 江苏省
○ 浙江省　○ 安徽省　○ 福建省　○ 江西省　○ 山东省
○ 黑龙江省　○ 湖南省　○ 湖北省　○ 广东省　○ 海南省
○ 四川省　○ 贵州省　○ 云南省　○ 陕西省　○ 甘肃省
○ 青海省　○ 西藏自治区　○ 内蒙古自治区
○ 广西壮族自治区　○ 宁夏回族自治区　○ 新疆维吾尔自治区

9. 您目前的学历或受教育程度：
○ 小学以下　○ 小学　○ 初中　○ 高中
○ 大专　○ 本科　○ 硕士　○ 博士

10. 您使用网络主要是因为下列哪些原因？（多选题，最多可选 5 个）
○和朋友互动，增进和朋友之间的感情
○及时了解新闻热点
○关注感兴趣的内容
○获取对生活/工作有用的知识和帮助
○分享生活/工作中有用的知识
○找到归属感
○发表对新闻热点事件的评论
○ 认识更多新朋友，获得情感支持

11. 您经常从下面这些渠道获得政治新闻、时事评论等消息吗？

	几乎没有	偶尔有	经常如此	几乎天天如此	每天超过 1 小时
中央电视台的新闻或评论节目	○	○	○	○	○
新华社、《人民日报》及其网站的政治新闻	○	○	○	○	○
新浪等网站的政治新闻	○	○	○	○	○

续表

	几乎没有	偶尔有	经常如此	几乎天天如此	每天超过 1 小时
微博或网络社区的政治新闻	○	○	○	○	○
微信发布的政治类新闻	○	○	○	○	○
小道消息或朋友聊天	○	○	○	○	○
海外媒体的政治新闻	○	○	○	○	○

12. 对下列各种观点，请用“非常同意”“比较同意”“中立”“反对”“强烈反对”来表明自己的态度。

	非常同意	比较同意	中立	反对	强烈反对
此次疫情处置我们的国家虽有问题但总体上还是秩序井然，欣欣向荣	○	○	○	○	○
我对我们国家的经济发展充满信心	○	○	○	○	○
如果政策符合大部分人利益，即使违背自己利益也应当支持	○	○	○	○	○
当个人利益和国家利益冲突时，个人利益必须无条件服从国家利益	○	○	○	○	○
中国改革开放以来的发展，充分体现了中国社会主义制度优越性	○	○	○	○	○
我很自豪生活在我国现行政治制度下	○	○	○	○	○
我有义务支持我国现行政治制度	○	○	○	○	○

答题结束，感谢您的支持！

研究报告附录三：编码文本示例

文本 55：与虎谋皮，退无可退[①]

面对强盗行径，是步步退让、寻求妥协，还是步步为营、坚决斗争，

① 志刚：《人民网三评“TikTok”交易之三：与虎谋皮，退无可退》，2020 年 9 月，人民网（http：//opinion. people. com. cn/n1/2020/0926/c223228 - 31875839. html）。

这是一个立足当下的原则问题，也是一个着眼长远的战略问题。“TikTok交易”就面临这样一种抉择。

美国为了一己私利，背信弃义，欺行霸市，已经被越来越多的事实验证。从法国的阿尔斯通事件、日本的东芝事件，到如今中国的中兴、华为事件，美国对他国企业的霸凌一次次上演。从中不难看出这样一种霸权逻辑：美国领先，那就“你们跟着我混吧”，做我的马仔；美国领先遭遇威胁，那就“你们还想不想混”，就展开霸凌。

回到“TikTok交易”事件。美国政府来势汹汹，似乎不达目的就会关闭TikTok。但这无法掩盖美国政府的外强中干。暂且不论关闭依据什么法律法规？由谁来执行，怎么执行？就说关闭之后，美国几千个本土员工失去工作，怎么办？几十万名活跃在TikTok上的播主们失去工作，失去收入来源，怎么办？这是美国政客承担不起的后果。

美国之所以还要一意孤行，道理很简单，美国就是为了能在源头上垄断市场，形成美国企业一家独大的局面，建立全球市场美国化生态，从而达到控制对手命脉、压榨他国企业、获取超额垄断利益的目的。

美国虎视眈眈，世人岂可与虎谋皮。当退无可退之时，用顽强斗争来维护自己的正当权益，这是一条底线，也是唯一的原则和办法。

美国对TikTok的围猎以及对华为的全球追杀，实质是要泯灭世界各国高科技公司拥有全球一流技术并且独立发展的希望。如果TikTok受美方控制的重组成为一个模板，将意味着世界上那些拥有自己核心竞争力的成功企业，一旦去了美国发展，就如同羊入虎口。美方会无所不用其极展开绞杀，进而把它们变成受美方控制的公司，再顺势把那些公司在全球打开的市场转变为美国的利益。“TikTok交易”看上去正在按着这套剧本演进。

如果这样的霸道逻辑畅行无阻，美国将可以永享全球科技霸权，而且将这一霸权彻底规则化，从此坐享其成。由此受到戕害的，显然绝不会只有中国企业。

面对如此的霸权主义毒瘤，唯有说不！中国决不退让，这不仅是坚决维护中国企业的合法利益，更是坚定践行人类公平交易的商业伦理。必须要让美国知道，任性妄为必然会付出代价。中国不会在自己的核心利益受损时忍气吞声，中国企业也绝不是美方可以肆意宰割的羔羊。

以斗争求和平则和平存，用妥协求和平则和平亡。70 年前，中国人民志愿军在朝鲜战场战胜了不可一世的美军，为中国赢得了长期的和平建设环境。今天，我们仍然要敢于胜利，而且仍会赢得胜利。

“打得一拳开，免得百拳来。”面对霸权主义的层层进逼，我们就是要敢于亮剑，为对方立一个规矩，否则只会迎来得寸进尺、变本加厉。这就是我们对“TikTok 交易”的鲜明态度。

文本 93：再见方舱医院 愿再也不见①

2020 年 3 月 10 日，位于武汉市的洪山体育馆武昌方舱医院举行休舱仪式。在武汉的所有方舱医院中，武昌方舱医院是最后休舱的。当日，这个方舱医院里的最后一批患者将全部出舱。至此，武汉方舱医院全部休舱。从 2 月 5 日收治首批患者以来，武汉 16 家方舱医院共收治新冠肺炎轻症患者 12000 多人。

在网友“祝早日关门”的念叨声中，武汉方舱医院终于全部休舱。作为艰难时刻的应急之举，方舱医院自诞生伊始便备受关注。其短暂而闪耀的存在，注定会成为这场抗疫大战的厚重注脚。作为“应收尽收，应治尽治”策略的重要实施载体，方舱医院一方面给轻症患者提供了安全的避风港湾，另一方面也从前端有效切断了传染源。运转一个多月的方舱医院，成功完成了自身的历史使命。但，方舱模式、方舱经验、方舱精神，必会永存。

回溯不算长的“方舱史”，可谓五味杂陈。所谓“方舱医院”尽管早已有之，但是在武汉战疫中启动，还是经历了一番曲折。应该说，“武汉方舱”，本身就是试错和纠偏之后的产物，是我们对新冠肺炎认识加深之后的紧急补救。想必所有人都还记得，最初武汉采取的做法是，“轻症患者回家观察，自我隔离”，其结果是惨痛的，很多轻症拖成重症、一人传染一家。痛定思痛，方舱医院被提上案头，随后几天数十家方舱医院建成投用，为武汉决胜做出了关键贡献。

突发传染病的应对千头万绪，其至关重要的一点，就是如何解决

① 然玉：《再见方舱医院 愿再也不见》，2020 年 3 月，人民网（http：//health. people. com. cn/n1/2020/0311/c14739 -31626694. html）。

“暴涨的就诊量”以及衍生的“床位挤兑”现象。之于此，方舱模式可以说是立竿见影。当床位数的增长速度超越了确诊人数的新增速度，当“人等床”变成了“床等人”，这场疫情防控大战便迎来了曙光。方舱医院所提供的，不仅是专业的医学看护，更是一份心理安抚。我们看到，方舱内不少患者以乐观对抗病毒，自我开解、相互慰藉；我们看到，和谐的医患关系，在其中再次闪耀出人性的光亮。

是“轻症患者集中生活的社区”也是专业医院，是抗疫最前线也是“网红方舱”。如果说，强力的动员力量、高效的资源调拨以及奇迹般的建设速度，成全了方舱的最初架构，那么，苦难之下所激发的共济互助，医者仁心所支撑的人道情怀，则赋予了方舱以灵魂……记住我们曾经的恐惧和慌乱，记住我们付出的努力与抗争，记住方舱医院，记住一种纾解危机、治病救人的办法，记住一段特殊的相遇缘分与相处经历。

再见，武汉方舱医院！记忆将永恒，只愿再也不见！

文本 183：贵州安顺公交车坠湖事件：司机 23 年驾龄，出此事故令人倍感蹊跷[①]

贵州安顺 2 路公交车意外坠湖事件目前已经造成 21 人死亡、16 人受伤。对于这次死伤严重的公交车事故原因，目前仍在调查中。

但是，令人倍感蹊跷的是，这辆公交车的司机张某钢驾驶安顺 2 路公交车已经 23 年，也就是说他的驾龄至少 23 年，对 2 路公交车沿途的路况更应该是了如指掌，为什么会突然发生这样的事故呢?

事发现场的视频监控显示，事故公交车是在避开一辆小车后突然转弯驶向湖中。据了解，路边路灯立柱间距只有四米左右，如果不是特别巧合或者驾驶员以较高的驾驶技术刻意瞄准，公交车很难穿过路灯立柱之间的距离。

此前曾有网友怀疑公交车司机是否属于醉驾或者接打手机导致事故发生。但是，据生还者回忆事发前的情况，说未发现司机有异常。这就

① 爱笑的贾小嘎：《贵州安顺公交车坠湖事件：司机 23 年驾龄，出此事故令人倍感蹊跷》，2020 年 7 月，新浪微博（https://weibo.com.cn/ttarticle/p/show? id=2309404524481539342432#_loginlayer_1676370897464）。

可以排除酒驾和接打手机导致事故的可能了。因为如果司机饮酒，乘客可以明显闻到酒味，另外对于一个驾龄20多年的老司机来说，开车不喝酒是最基本的常识。

排除酒驾和接打手机的理由还有一个，那就是事发前公交车能够避开一辆小车，而且突然垂直转弯，这样的操作不可能由一个醉汉或者接打手机心不在焉的司机来完成。

如果事发前司机神志清楚，驾驶过程中却突然调转车头冲入湖中，想起来就非常恐怖了。因为这样推理，有可能是司机张某钢故意制造的这起交通事故。

如果真的是张某钢故意制造事故，那么他的动机是什么？目前有消息称，张某钢的女儿去年参加高考失败，后来投湖自尽。这个消息目前尚未被官方核实，如果这个消息确定的话，张某钢故意制造事故的可能性就会更大。因为昨天事故发生时正是全国高考的第一天，如果张某钢的女儿去年确实因高考失利投湖自尽，那么他很有可能“触景生情”产生极端的想法。

据报道，司机张某钢目前已被确认在事故中死亡。对于事故原因仍在进一步调查中，至于实际原因究竟是什么，还有待于官方公布结果。

研究报告附录四：《网络使用与价值观》调查问卷

您好，这是一项学术性调查，调查主题为“网络使用与价值观调查”。请您按照您的实际情况和真实想法作答。调查不记录您的姓名，调查中涉及您的个人信息将严格保密，绝不会泄露给其他组织。您的合作对科学研究和公共决策都有重要意义，感谢您的贡献！

1. 本问卷调查较长，预计花费时间20分钟，答题时间低于10分钟将视为废卷予以剔除，请确认您是否要继续答题。（单选题 * 必答）

○ 现在有时间，继续答题　　○ 现在比较忙，放弃答题

2. 问卷的质量是我们最关心的，您是否愿意承诺将如实填答问卷？（单选题 * 必答）

○ 我会按自己的情况如实填答问卷　○ 无法保证如实填答问卷

3. 请问您的性别是（单选题＊必答）：○ 男　○ 女

4. 您的年龄（只能填写阿拉伯数字）（填空题＊必答）________

5. 您的政治面貌（单选题＊必答）：○ 中共党员　○ 非中共党员

6. 如果把所有收入都算上，您一年的收入大概是多少？（单选题＊必答）

○ 5000 元及以下　○ 5001 元—1 万元　○ 1. 1 万—2 万元
○ 2. 1 万—4 万元　○ 4. 1 万—6 万元　○ 6. 1 万—10 万元
○ 10. 1 万—20 万元　○ 20. 1 万—50 万元
○ 50. 1 万—100 万元　○ 100 万元以上

7. 您主要从事的职业（单选题＊必答）

○ 农、林、牧、渔等类似行业劳动者
○ 工人、工厂（或企业）打工　○ 党、政、事业机关领导干部
○ 国企中、高层管理者　○ 党、政、司法机关职员
○ 军人　○ 企业、公司职员
○ 个体户或自营　○ 私企老板、中高层管理者
○ 自由职业　○ 在校读书
○ 医疗工作者　○ 教师（幼、中、小学）
○ 大学教师、学者、研究人员　○ 新闻媒体工作者
○ 律师及相关行业　○ 文化演艺类
○ 非政府组织（NGO）工作
○ 工、青、妇、团等群众组织部门　○ 无业
○ 其他________

8. 您所在的地区属于：（单选题＊必答）

○ 大城市　○ 中等城市　○ 小城市　○ 镇
○ 农村　○ 海外或境外（此选项不再继续答题）

9. 您所在的省、市属于：（单选题＊必答）

○ 北京市　○ 天津市　○ 上海市　○ 重庆市　○ 河北省
○ 山西省　○ 辽宁省　○ 吉林省　○ 河南省　○ 江苏省
○ 浙江省　○ 安徽省　○ 福建省　○ 江西省　○ 山东省
○ 黑龙江省　○ 湖南省　○ 湖北省　○ 广东省　○ 海南省
○ 四川省　○ 贵州省　○ 云南省　○ 陕西省　○ 甘肃省
○ 青海省　○ 西藏自治区　○ 内蒙古自治区

○ 广西壮族自治区 ○ 宁夏回族自治区 ○ 新疆维吾尔自治区

○ 台湾省 ○ 香港特别行政区 ○ 澳门特别行政区

○ 其他国家（中国港澳台地区及其他国家选项不再继续答题）

10. 您目前的学历或教育程度（单选题＊必答）

○ 小学以下 ○ 小学 ○ 初中 ○ 高中

○ 大专 ○ 本科 ○ 硕士 ○ 博士

11. 总体而言，您觉得您现在幸福吗？（单选题＊必答）

○ 非常幸福 ○ 比较幸福 ○ 一般 ○ 不太幸福

○ 很不幸福

12. 与5年前相比，您目前的家庭经济状况如何？（单选题＊必答）

○ 非常差 ○ 差一点 ○ 过得去 ○ 好一点

○ 非常好

13. 您经常和别人谈论国际国内政治经济社会问题吗？（单选题＊必答）

○ 经常 ○ 有时候 ○ 基本不讨论 ○ 从来不讨论

14. 请问您经常收看、收听、阅读电视、电台、报纸或网站上的新闻或时事评论吗？（单选题＊必答）

○ 几乎每天都看 ○ 经常看（一周看几次）

○ 偶尔看看（一个月看几次） ○ 几乎不看

15. 请在下列水果里任选一个，然后继续答题。（单选题＊必答）

○ 桔子 ○ 苹果

（选不同的水果，答题者进入问题后看到不同的信息，从16题至17题）。

16. 请阅读下列一则来自网易新闻的评论，然后回答问题：

中国版恐怖邮轮事件：生死竞速24小时，让各国看看，什么是满分操作！

前几日，日本“钻石公主号”牵动着所有人的心。很多人都听说了这艘“恐怖邮轮”的惨烈。

在没有外来传染因素的情况下，新型冠状病毒竟在船中持续传染了621人，感染率达到令人恐怖的16%！疫情扩散为什么如此迅猛？这一切都离不开日本的“神助攻”。

船上虽然划分了病毒危险区和安全区，但管理一片混乱，形同虚设。排查速度太慢，3700 多人需要半个月来检查，使隔离期变成感染期。日本完全没有隔离的安排，“让下船游客在横滨站直接乘公共交通回家”。

就这样，像一颗毒瘤一样，“钻石公主号”给日本疫情的传播带来巨大隐患。日本现在已经确诊 869 人，死亡 4 人，感染人数位列世界第三。

“歌诗达赛琳娜号”：生死竞速 24 小时

其实我们中国，早已在“恐怖邮轮”事件发生前，就悄无声息地递给了世界一份满分试卷。

这艘船名叫“歌诗达赛琳娜号”，停靠在天津港。和“钻石公主”号一样，是一艘国际邮轮，牵扯多国责任，且多以救援国乘客居多。

1 月 20 日，“歌诗达赛琳娜号”满载 3706 名游客和 1100 名船员，从天津国际邮轮母港出发，赴日本进行 6 天 5 晚往返航程。可是突变发生！游客中 15 人出现发热症状，其中包括 2 名儿童和 10 位外籍船员！船上还有 140 多位湖北籍游客！全船 4806 人的安全健康告急！

24 日，除夕之夜。天津市新型冠状病毒感染的肺炎疫情防控工作指挥部接到“歌诗达赛琳娜号”的告急报告。面对这一情况天津立即迎战！市委、市政府当机立断决策部署，全力以赴应急处置，把各种可能都做预案，缩短病毒在邮轮上可能的扩散时间，少一秒耽搁就多一份健康。

1 月 25 日凌晨 1 点：天津战区发出作战指令：按照有关管理规定，“歌诗达赛琳娜号”邮轮停驻锚地暂不进港。并在第一时间组织疫情专家和医务人员登船采样、开展流调，掌握现场情况。

凌晨 3 点：岸上的工作人员集结完毕，整装待发。同时，天津政府紧急调度的 54 辆大巴也已经到了指定地点，做好救援准备。

凌晨 5 点半：在天津国际邮轮母港码头，18 名全副武装的医务人员登上“歌诗达赛琳娜号”，分两组开始对 4806 位游客和船员逐一测量体温。经排查，146 名湖北籍游客均未出现发热症状，最终确认了 17 位发热游客、船员。

早晨 7 点：工作人员对 17 名发热游客、船员逐一采样，并耐心细致地向每位游客和船员进行心理疏导。由于“锚地距港口码头十五六海里，如果用接驳船来运送取样标本，前后要耽误 3 个小时”，为了节约时间，天津政府直接调用了直升飞机运送样本。

上午10点半：放置了17份检测样本的黄色标本箱，从船上以悬吊方式缓缓升空、进入机舱，完成空中接力！

中午12点：检测样本送达天津市疾控中心，经过3个多小时紧张检测，所幸的是，17份样本检测结果均为阴性！警报解除了！但岗位工作人员不敢有一丝松懈。天津海事局“海巡0204”轮，一直在邮轮锚泊水域值守应急，并防止水域污染。还有更多海巡船在待命中。

晚上8点半：游客开始陆续下船，工作人员再次拍照和测温，确保无感染人员。

截至1月26日，零时15分，天津官方宣布，“歌诗达赛琳娜号”邮轮应急处置工作全部结束，此时距第一道命令发出整整24小时！

生死竞速24小时，从准备到排查，巡逻到二次检查，上至天津政府的当机立断，下至工作人员的积极应战，让我们又一次看到，什么叫中国速度。

世界欠中国一个热搜：简直不要太优秀

作为第一疫区国，我们已经为世界交出许多份满分试卷：

一方有难，八方支援，面对疫情，无数医护人员积极主动，义无反顾奔赴战场，支援武汉。

封城当天，火神山拔地而起，总建筑面积3.39万平方米，十天后，顺利交付使用，设计病床数为1000个！

床位不够，3天13座方舱医院陆续改造完成并马上投入使用，提供救治床位13348张。

“在这场没有硝烟的战‘疫’中，我们用中国速度为世界防疫争取宝贵时间，用中国力量筑牢控制疫情蔓延的防线，用中国实践为世界防疫树立了新的标杆。”

2月24日联合国秘书长古特雷斯在瑞士日内瓦表示，中国人民为尽量减轻新冠肺炎疫情造成的负面影响，实施严格的防控措施，以牺牲正常生活的方式为全人类做出了贡献。

中国制度下的抗“疫”行动模式，令世界惊羡和钦佩，在疫情在全世界蔓延的当下，中国用牺牲和努力，给了全世界一张抗击疫情的满分试卷！

17. 请阅读下列来自人民网的报道，然后回答问题：

天津多部门启动应急预案，有序处理游客发热事件——3700 位邮轮乘客的 24 小时

24 日晚，一条消息引起天津新型冠状病毒感染的肺炎疫情防控工作指挥部的高度重视：“歌诗达赛琳娜号”邮轮海上行驶中发现 15 人发热，其中包括 2 名儿童。船上旅客 3706 人、船员 1100 人，将于 25 日返回天津东疆港。天津市委、市政府立即启动应急机制。

25 日 1 时：指挥部要求该轮停驻锚地暂不进港，滨海新区卫健委和海关检验检疫局立即准备登船排查检测；邮轮母港全部邮轮航线即日起停航。

25 日 5 时：卫健委、海关工作人员登上邮轮，逐一筛查全体乘客，发现 17 例发热病例，立即取样由直升机送回，再由警车、标本车转运至天津市疾控中心。经 3 个多小时检测，17 人均排除新型冠状病毒感染的肺炎。

25 日 20 时 30 分：滨海新区组织乘客下船，海关对乘客逐一测温。同时，设立湖北籍返回人员接待处，统计住宿需求，为他们提供帮助。滨海新区卫健委、公安局、交通运输局等部门通力合作，将 35 名有住宿需求的湖北籍旅客安置到酒店。同时，约 1800 名旅客分别集中转运至轻轨东海路站、铁路天津站、天津滨海国际机场等地，部分需留观的旅客集中转运至指定酒店。

26 日零时 15 分：“歌诗达赛琳娜号”邮轮应急处置结束，全部转运和疏散平稳有序。

18. 您所阅读的新闻是来自以下哪一家媒体？（单选题＊必答）

○ 人民网　○ 新华网　○ 凤凰网　○ 新浪微博

○ 网易新闻　○ 搜狐新闻

19. 你以前听说或者阅读过“歌诗达赛琳娜号”邮轮疫情处置这一新闻报道吗？（单选题＊必答）

○ 没听说过　○ 听说过，但不了解详情

○ 看过新闻报道，比较了解情况

○ 相关的新闻都经常看，并且了解详细的情况

20. 疫情期间，当你阅读关于一线医护人员的感人故事时，下列哪些做法你可能会发生？（多选题 * 必答）

○ 点赞　○ 评论　○ 转发　○ 讨论

○ 质疑

21. 对下列各种观点，请用“非常同意”“比较同意”“中立”“反对”“强烈反对”来表明自己的态度。（矩阵单选题 * 必答）

	非常同意	比较同意	中立	反对	强烈反对
即使父母的要求不合理，子女也应该照办	○	○	○	○	○
服从自己的上司或地位比自己高的人是理所当然的	○	○	○	○	○
服从和尊重权威是孩子们应该学习的最重要的美德	○	○	○	○	○

22. 请在下列水果里任选一个，然后继续答题。（单选题 * 必答）

○ 葡萄　○ 香蕉　○ 橙子

（选不同的水果，答题者进入问题后看到不同的信息，从 23 题至 24 题）。

23. 请阅读下列一则关于疫情后经济发展的评论，然后回答问题：

疫情难阻中国经济发展大势

（张辉　北京大学经济学院副院长、教授）

新冠肺炎疫情的发生虽然短期对中国经济增长造成一定冲击，从长期来看，只要这次疫情在第一季度能够得到有效控制，中国完全有能力抵御疫情冲击，中国经济长期向好的基本趋势不会改变。

第一，中国经济的抗风险能力显著增强。在过去，我们平稳度过了 1997 年的东亚金融危机、2003 年的“非典”疫情、2008 年的全球金融危机。相比过去，如今中国已是 GDP 总量高达 100 万亿的超大型经济体，应对社会经济冲击的相关机制不断健全，抵抗风险能力不可同日而语。

第二，疫情引发生产延误，雄厚工业基础保障平稳增长。防控疫情导致工人返城与复工延迟，工贸一体化企业的生产进度受阻，履约不确定性增大。然而，我国早已形成了独立完整的现代化工业体系，是世界上唯一拥有联合国产业分类中全部工业门类的国家。截至 2018 年，我国工业增加值占全球份额达到28%以上，数百种工业品产量位居全球首位。中国积蓄的雄厚的工业基础，重大工业资源存量充足，能够有效支撑短暂生产延误后的经济恢复，持续推动中国经济高质量发展。

第三，疫情导致防控物资短缺，强大制造能力维系发展势头。疫情的逐步发展使得 N95 口罩、医用防护服等物资一直处于供不应求的状态，随着纺织服装、化工企业的陆续复工，中国强大的制造能力得以释放与恢复，物资生产速度加快，供需矛盾得到缓解，疫情对经济的负面影响进一步降低，疫情的影响周期不断压缩。中国出色制造能力的适时发挥提高了中国应对经济风险的能力，坚定了中国经济发展方向。

第四，疫情降低产品出口效率，卓越贸易优势固守全球地位。由于对外开放水平的不断提高，中国已经形成了全面开放的基本格局，2015 年至 2018 年，中国年均显示性比较优势指数（RCA）大于 1 的产品共有 102 个，其中，RCA 指数大于 1.5 的产品为 65 个，RCA 指数全球排名前 20 的产品为 14 个，反映出中国出口贸易优势较为突出，短期贸易受限难以撼动已经形成的国际供需格局，因此，短期出口运输效率的降低尚不足以影响中国全球贸易地位。

第五，疫情收缩服务业发展渠道，庞大消费内需提供增长动力。受疫情影响，旅游业、交通运输业、餐饮、购物、电影、健身等行业的发展受到一定冲击。然而，由于经济稳步持续增长，中国人均收入水平不断提高，个人消费市场规模日益扩大，2015 年至 2018 年中国个人消费支出从 42710.65 亿美元增长至 51735.37 亿美元，是相同人均 GDP 时期美国和英国的两倍，因此，中国庞大的内需市场能够消弭短期政策性波动带来的旅游业国际市场受挫、生活型服务消费缩减的困境，并维护服务业高质量发展势头不变。

虽然疫情给中国经济增长短期带来一定压力，但也为中国经济转型升级提供了契机。受疫情影响严重的行业多数为工业化特征凸显的行业，人员空间集中度较高，而疫情的发展引发社会劳动力的再分配，加快产业新陈代谢速度，将生产要素从传统工业向智能化、信息化、数字化的新兴产业转移，由此，中小企业应抓好机遇，强化技术创新能力，推动企业发展模式的转变。

您所阅读的新闻评论中相关专家对我国疫情之后经济发展的判断怎

样？（单选题＊必答）

○ 积极　　　　　　　　○ 消极

24. 请阅读下列一则关于疫情后经济发展的评论，然后回答问题：

路透社采访的经济学家表示，因受新冠肺炎疫情的影响，中国经济本季度增速将降至金融危机以来的最低水平。

在2月7日至13日，路透社对中国大陆、中国香港、新加坡以及欧洲和美国的40位经济学家进行的调查显示，2020年第一季度中国经济年增长率可能将从上一季度的6.0%下滑至4.5%。这种情况可能会造成2020年全年的经济增长率从2019年的6.1%下降至5.5%，这至少是自1990年有可比记录以来的最低水平。

不过，经济学家们乐观地认为，中国经济最早将在第二季度出现反弹，届时经济增长率预计将回升至5.7%左右。几位中国内地经济学家的乐观预测推高了这一数字。总体而言，经济学家预测的增长速度在2.9%—6.5%。

新冠病毒首先在武汉被发现，而武汉则处于全球供应链核心位置，人口接近1100万。到目前为止，已经造成中国1300多人死亡。这一数字超过了2002年至2003年SARS暴发时的死亡人数，当时全球共有774人死于SARS。

"没有人知道中国的防疫措施会对经济增长造成多大程度的损害。我们估计，实际GDP增长率将从2019年第四季度的4.0%降至2020年第一季度的2%以下，而2019年第四季度的官方数据已经远低于6.0%。"

经济运行的强制刹车始于农历新年期间，这通常是大多数服务企业最繁忙的时候。大多数经济学家表示，这将使本就低迷的经济雪上加霜。

当被问及如果中国当局不能阻止病毒的迅速蔓延，中国经济会怎样时，一些大陆经济学家不愿回应。而其他15位经济学家的预测数据在0到6.5%之间，中值为3.5%，中银国际驻北京的高级宏观经济分析师叶丙楠表示："到明年4月，新冠肺炎疫情将得到控制。然而，在最坏的情况下，经济增长可能在第一季度降至2%—3%，在2020年全年降至5%。"

他的预测与之前15位经济学家的预测中值相符，与中国政府对2020年全年经济增长率的预测一致，即下降幅度最高可达1个百分点。

荷兰国际集团驻香港的大中华区经济学家彭虹表示："我们预计，即使没有新的确诊病例（虽然这不太可能），经济不会迅速复苏。在新型冠状病毒得到控制后，可能还需要4个季度才能看到中国经济的全面复苏。与2003年的非典相比，这次对经济造成的伤害要大得多。”

三菱日联金融集团（MUFG）外汇策略师李·哈德曼（Lee Hardman）指出：“随着新冠肺炎疫情数据的涌入，在2月里每一天都是最后的期限。”三菱日联金融集团是2019年亚洲货币最准确的预测机构。“对人民币来说，整体贬值的情况仍在继续。”

您所阅读的新闻评论中相关专家对我国疫情之后经济发展的判断怎样？（单选题＊必答）

○ 积极　　○ 消极

25. 对下列各种观点，请用“非常同意”“比较同意”“中立”“反对”“强烈反对”来表明自己的态度。（矩阵单选题＊必答）

	非常同意	比较同意	中立	反对	强烈反对
我经常阅读关于中国经济发展的信息	○	○	○	○	○
此次疫情处置我们的国家虽有问题但总体上还是秩序井然，欣欣向荣	○	○	○	○	○
我对我们国家的经济发展充满信心	○	○	○	○	○
如果政策符合大部分人利益，即使违背自己利益也应当支持	○	○	○	○	○
当个人利益和国家利益冲突时，个人利益必须无条件服从国家利益	○	○	○	○	○
中国改革开放以来的发展，充分体现了中国社会主义制度优越性	○	○	○	○	○
我很自豪生活在我国现行政治制度下	○	○	○	○	○
我有义务支持我国现行政治制度	○	○	○	○	○

答题结束，感谢您的支持！

研究报告附录五：《青年政治态度》调查问卷

（一）《青年政治态度》调查问卷（前测）

您好，这是一项学术性调查，调查主题为“网络使用与价值观调查”。请您按照您的实际情况和真实想法作答。调查中涉及您的个人信息将严格保密，绝不会泄露给其他组织。您的合作对科学研究和公共决策都有重要意义，感谢您的贡献！

1. 本问卷调查较长，预计花费时间 8 分钟，答题时间低于 4 分钟将视为废卷予以剔除，请确认您是否要继续答题。（单选题 * 必答）

○ 现在有时间，继续答题　○ 现在比较忙，放弃答题

2. 问卷的质量是我们最关心的，您是否愿意承诺将如实填答问卷？（单选题 * 必答）

○ 我会按自己的情况如实填答问卷　○ 无法保证如实填答问卷

3. 请问您的性别是（单选题 * 必答）：○ 男　○ 女

4. 您的年龄（只能填写阿拉伯数字）（填空题 * 必答）（取样年龄 18—35 岁）：________

5. 您的政治面貌（单选题 * 必答）：○ 中共党员　○ 非中共党员

6. 如果把所有收入都算上，您一年的收入大概是多少？（单选题 * 必答）

○ 5000 元及以下　○ 5001 元—1 万元　○ 1.1 万—2 万元
○ 2.1 万—4 万元　○ 4.1 万—6 万元　○ 6.1 万—10 万元
○ 10.1 万—20 万元　○ 20.1 万—50 万元
○ 50.1 万—100 万元　○ 100 万元以上

7. 您目前的学历或受教育程度（单选题 * 必答）

○ 小学以下　○ 小学　○ 初中　○ 高中
○ 大专　○ 本科　○ 硕士　○ 博士

8. 我对在政府部门发生的事情很有兴趣（　　）（单选题 * 必答）（第 8—12 题共 5 题，连续 3 题选择“不确定”为无效问卷，停止答题）

○完全不同意　○不同意　○不确定　○同意
○完全同意

9. 我对社会上所发生的公共事务很有兴趣（　　）（单选题＊必答）

○完全不同意　○不同意　○不确定　○同意

○完全同意

10. 我觉得自己有足够的能力去理解政治事务（　　）（单选题＊必答）

○完全不同意　○不同意　○不确定　○同意

○完全同意

11. 对于社会上所发生的公共事务我能发表自己的看法（　　）（单选题＊必答）

○完全不同意　○不同意　○不确定　○同意

○完全同意

12. 我觉得自己有能力参与社会公共事务（　　）（单选题＊必答）

○完全不同意　○不同意　○不确定　○同意

○完全同意

13. 总体来看，你觉得下列渠道发布的政治新闻、时事评论等消息在多大程度上可靠？（矩阵单选题＊必答）

	非常可靠	基本可靠	一半一半	不太可靠	很不可靠
中央电视台	○	○	○	○	○
新华社、《人民日报》及其网站	○	○	○	○	○
新浪等新闻网站	○	○	○	○	○
微博或网络社区	○	○	○	○	○
微信	○	○	○	○	○
小道消息、朋友间传播的消息	○	○	○	○	○
海外境外媒体	○	○	○	○	○

14. 对下列各种观点，请用“非常同意”“比较同意”“中立”“反对”“强烈反对”来表明自己的态度。（矩阵单选题＊必答）（此模块共7题，连续4题选择“中立”为无效问卷，停止答题）

	非常同意	比较同意	中立	反对	强烈反对
此次疫情处置我们的国家虽有问题但总体上还是秩序井然，欣欣向荣	○	○	○	○	○
我对我们国家的经济发展充满信心	○	○	○	○	○
如果政策符合大部分人利益，即使违背自己利益也应当支持	○	○	○	○	○
当个人利益和国家利益冲突时，个人利益必须无条件服从国家利益	○	○	○	○	○
中国改革开放以来的发展，充分体现了中国社会主义制度优越性	○	○	○	○	○
我很自豪生活在我国现行政治制度下	○	○	○	○	○
我有义务支持我国现行政治制度	○	○	○	○	○

15. 请问您在多大程度上如实填答了问卷？（打分题 请填 1—10 数字打分 * 必答）（低于 7 分视为无效问卷）

是否如实回答？________________________________

16. 感谢您通过我们的测试，请留下您的 Email 或手机号码方便我们联系您进行后续课题讨论！谢谢！（填空题 * 必答）

姓名：__________

Email 或手机号码：________________

（二）《青年政治态度》调查问卷（后测）

您好，非常感谢您参加“网络使用与青年价值观”课题座谈后续调查，请您按照您的实际情况和真实想法作答。调查中涉及您的个人信息将严格保密，绝不会泄露给其他组织。您的合作对科学研究和公共决策都有重要意义，感谢您的贡献！

1. 本问卷预计花费时间 5 分钟左右，请确认您是否要继续答题。（单选题 * 必答）

○ 现在有时间，继续答题　　○ 现在比较忙，放弃答题

2. 问卷的质量是我们最关心的，您是否愿意承诺将如实填答问卷？（单选题 * 必答）

○ 我会按自己的情况如实填答问卷　○ 无法保证如实填答问卷

3. 我对在政府部门发生的事情很有兴趣（　　）（单选题＊必答）（第3—7题共5题，连续3题选择“不确定”为无效问卷，停止答题）

○完全不同意　○不同意　○不确定　○同意

○完全同意

4. 我对社会上所发生的公共事务很有兴趣（　　）（单选题＊必答）

○完全不同意　○不同意　○不确定　○同意

○完全同意

5. 我觉得自己有足够的能力去理解政治事务（　　）（单选题＊必答）

○完全不同意　○不同意　○不确定　○同意

○完全同意

6. 对于社会上所发生的公共事务我能发表自己的看法（　　）（单选题＊必答）

○完全不同意　○不同意　○不确定　○同意

○完全同意

7. 我觉得自己有能力参与社会公共事务（　　）（单选题＊必答）

○完全不同意　○不同意　○不确定　○同意

○完全同意

8. 总体来看，你觉得下列渠道发布的政治新闻、时事评论等消息在多大程度上可靠？（矩阵单选题＊必答）

	非常可靠	基本可靠	一半一半	不太可靠	很不可靠
中央电视台	○	○	○	○	○
新华社、《人民日报》及其网站	○	○	○	○	○
新浪等新闻网站	○	○	○	○	○
微博或网络社区	○	○	○	○	○
微信	○	○	○	○	○
小道消息、朋友间传播的消息	○	○	○	○	○
海外境外媒体	○	○	○	○	○

9. 对下列各种观点，请用“非常同意”“比较同意”“中立”“反对”“强烈反对”来表明自己的态度。（矩阵单选题＊必答）（此模块共7题，连续4题选择“中立”为无效问卷，停止答题）

	非常同意	比较同意	中立	反对	强烈反对
此次疫情处置我们的国家虽有问题但总体上还是秩序井然，欣欣向荣	○	○	○	○	○
我对我们国家的经济发展充满信心	○	○	○	○	○
如果政策符合大部分人利益，即使违背自己利益也应当支持	○	○	○	○	○
当个人利益和国家利益冲突时，个人利益必须无条件服从国家利益	○	○	○	○	○
中国改革开放以来的发展，充分体现了中国社会主义制度优越性	○	○	○	○	○
我很自豪生活在我国现行政治制度下	○	○	○	○	○
我有义务支持我国现行政治制度	○	○	○	○	○

10. 请问您在多大程度上如实填答了问卷？（打分题 请填1—10数字打分＊必答）（低于7分视为无效问卷）

是否如实回答？ ________________________________

11. 非常感谢您对课题的支持和贡献，请留下您的Email或手机号码方便我们告知您课题最终统计结果！谢谢！（填空题＊必答）

姓名：____________

Email或手机号码：____________________

研究报告附录六：小组讨论操作大纲

注意：主持人仅作为协调者和提问者，不得介入实验对象的讨论中，讨论进行中尽量不介入，但需要围绕参与者对议题的基本态度和形成原因，或者某一特别观点展开必要追问和进一步讨论，切忌对参与者的具体态度做任何价值性评价。

实验全程约为80分钟，含具体问卷后测时间（约5分钟）

1. 议题讨论（35—45分钟）

首先感谢大家接受课题组的邀请，来参与公共新闻事件的座谈会，我们想了解您对这些公共新闻事件和相关媒体的一些看法和建议，全程预计时长80分钟左右，其间为大家准备了一些茶点，可自由取用。讨论结束后请大家完成一道5分钟左右的问卷，课题组也准备了一份小礼物感谢大家的支持！你们从媒体上了解过……吗？了解程度如何？（必答）（5分钟左右）

对于所了解的……，希望能够畅所欲言谈一下自己的看法。（自由发言，30—35分钟）

2. 感谢大家就……议题发表的看法，我们的讨论暂时先告一段落，恳请大家先完成一份5分钟的纸质问卷，然后进入下一议题的讨论。（问卷测量5分钟）

3. 网络政治传播追问环节（35—50分钟）

我们发现大家对……的了解渠道是多样性的，有……，有……，也有通过……，相较于以往，网络媒体使我们接触信息的渠道更加多样化，在新闻事件信息中，有些是比较官方的报道，如新华网、人民网等，有些来自比较民间的网易微博、微信朋友圈，大家了解的渠道都不太一样，那你们认为这些媒体上的新闻可信吗？为什么？（自由发言，5—7分钟）

如果国家允许媒体报道更自由，你们觉得能看到更多真实的报道？负面新闻会不会太多，会不会感觉更混乱？（自由发言，5—7分钟）

平常你们看新闻的时候，会不会注意到一些关于“官员作风、贪污腐败、维权或社会伦理道德”之类的负面新闻，看了之后你们会有什么样的想法？会不会觉得社会风气更加不好，人与人之间更不值得信任？或者对我们国家和政府变得更没有信心？为什么？（自由发言，5—7分钟）

当你们看到媒体上的一些正面报道，例如领导关心民生或国家重大建设成就等，会不会觉得让我们对国家和政府更有信心，更认同我们的国家？为什么？（自由发言，5—7 分钟）

如果国家允许我们个体在网上更自由表达和讨论对某一公共事件的看法，你们觉得网络信息会不会更混乱，更加辨认不出真实的信息？（部分被试回答即可，5—7 分钟）

当我们就某一问题在网络发帖或给政府希望能够引起重视或解决问题时，实现的可能性大吗？（自由发言，5—7 分钟）

如果没有暂时结果，你们是否会继续相信政府？还会继续努力吗？在参与表达的过程中究竟是表达的过程重要，还是结果重要？（部分被试回答即可，5—7 分钟）

4. 结束致谢

谢谢你们的参与，使我们了解大家对……的看法，座谈到此结束。如果想进一步了解课题组最后的统计结果，可在问卷下方留下您的联系方式，其后课题完成后我们会将讨论统计结果发至您的邮箱。再次感谢！

研究报告附录七：《网络使用与价值观调查》最终版

您好，这是一项学术性调查，调查主题为“网络使用与价值观调查”。请您按照您的实际情况和真实想法作答。调查中涉及您的个人信息将严格保密，绝不会泄露给其他组织。您的合作对科学研究和公共决策都有重要意义，感谢您的贡献！

1. 本问卷调查较长，预计花费时间 10 分钟，答题时间低于 6 分钟将视为废卷予以剔除，请确认您是否要继续答题。(单选题 * 必答)

○ 现在有时间，继续答题　　○ 现在比较忙，放弃答题

2. 问卷的质量是我们最关心的，您是否愿意承诺将如实填答问卷？(单选题 * 必答)

○ 我会按自己的情况如实填答问卷　○ 无法保证如实填答问卷

3. 请问您的性别是（单选题 * 必答）：○ 男　○ 女

4. 您的年龄（只能填写阿拉伯数字）(填空题 * 必答)：________

5. 您的政治面貌（单选题 * 必答）：○ 中共党员　○ 非中共党员

6. 如果把所有收入都算上，您一年的收入大概是多少？(单选题 * 必答)

○ 5000 元及以下　○ 5001 元—1 万元　○ 1.1 万—2 万元
○ 2.1 万—4 万元　○ 4.1 万—6 万元　○ 6.1 万—10 万元
○ 10.1 万—20 万元　○ 20.1 万—50 万元
○ 50.1 万—100 万元　○ 100 万元以上

7. 您主要从事的职业（单选题 * 必答）

○ 农、林、牧、渔等类似行业劳动者
○ 工人、工厂（或企业）打工　○ 党、政、事业机关领导干部
○ 国企中、高层管理者　○ 党、政、司法机关职员
○ 军人　○ 企业、公司职员
○ 个体户或自营　○ 私企老板、中高层管理者
○ 自由职业　○ 在校读书
○ 医疗工作者　○ 教师（幼、中、小学）
○ 大学教师、学者、研究人员　○ 新闻媒体工作者
○ 律师及相关行业　○ 文化演艺类

○ 非政府组织（NGO）工作

○ 工、青、妇、团等群众组织部门 ○ 无业

○ 其他________

8. 您所在的地区属于：（单选题＊必答）

○ 大城市 ○ 中等城市 ○ 小城市 ○ 镇

○ 农村 ○ 海外或境外（此选项不再继续答题）

9. 您所在的省、市属于：（单选题＊必答）

○ 北京市 ○ 天津市 ○ 上海市 ○ 重庆市 ○ 河北省

○ 山西省 ○ 辽宁省 ○ 吉林省 ○ 河南省 ○ 江苏省

○ 浙江省 ○ 安徽省 ○ 福建省 ○ 江西省 ○ 山东省

○ 黑龙江省 ○ 湖南省 ○ 湖北省 ○ 广东省 ○ 海南省

○ 四川省 ○ 贵州省 ○ 云南省 ○ 陕西省 ○ 甘肃省

○ 青海省 ○ 西藏自治区 ○ 内蒙古自治区

○ 广西壮族自治区 ○ 宁夏回族自治区 ○ 新疆维吾尔自治区

○ 台湾省 ○ 香港特别行政区 ○ 澳门特别行政区

○ 其他国家（中国港澳台地区及其他国家选项不再继续答题）

10. 您目前的学历或受教育程度（单选题＊必答）

○ 小学以下 ○ 小学 ○ 初中 ○ 高中

○ 大专 ○ 本科 ○ 硕士 ○ 博士

11. 您上网时主要关注下列哪些内容？（多选题，最多可选 5 个）（多选题＊必答）

○对于“两会”、中央党政机关与工作人员的相关报道

○社会伦理道德社会纠纷

○强调社会和谐稳定、拥护党和政府的各种报道

○娱乐、体育新闻报道

○党政机关腐败和违法乱纪的各种报道

○与自身利益密切相关的各种问题的事件报道

12. 我对在政府部门发生的事情很有兴趣（ ）（单选题＊必答）

○完全不同意 ○不同意 ○不确定 ○同意

○完全同意

13. 我对社会上所发生的公共事务很有兴趣（ ）（单选题＊必答）

○完全不同意　○不同意　○不确定　○同意
○完全同意

14. 我觉得自己有足够的能力去理解政治事务（　　）（单选题＊必答）

○完全不同意　○不同意　○不确定　○同意
○完全同意

15. 对于社会上所发生的公共事务我能发表自己的看法（　　）（单选题＊必答）

○完全不同意　○不同意　○不确定　○同意
○完全同意

16. 我觉得自己有能力参与社会公共事务（　　）（单选题＊必答）

○完全不同意　○不同意　○不确定　○同意
○完全同意

17. 下面列出的一些行为，请您参照自己情况进行评价。（矩阵单选题＊必答）

	从不	很少	一般	比较多	非常多
浏览朋友推荐的新闻链接					
浏览网友推荐的新闻链接					
给朋友推荐自己感兴趣的新闻链接					
给好友群推荐自己感兴趣的新闻链接					
在 QQ 群、微信群、博客、个人空间、朋友圈发表对某一时事或新闻的评论					
在 QQ 群、微信群、博客、个人空间、朋友圈转发自己感兴趣的新闻链接					
去相关论坛发帖或跟帖表达自己对某一时事或新闻的看法					
点击同意或不同意参与对某新闻的投票					
在相关论坛参与时事热点的讨论					

续表

	从不	很少	一般	比较多	非常多
在网上曝光政府部门或官员的不良作为					
就某一时事发起网络投票					
在网上参与政府相关部门的调研					
与政策相关人士进行网络对话					
就某一政策或事件在政府相关门户网站表达意见，提出建议					

18. 总体而言，您觉得您现在幸福吗？（单选题＊必答）

○ 非常幸福　○ 比较幸福　○ 一般　○ 不太幸福

○ 很不幸福

19. 请问您经常收看、收听、阅读电视、电台、报纸或网站上的新闻或时事评论吗？（单选题＊必答）

○ 几乎每天都看　○ 经常看（一周看几次）

○ 偶尔看看（一个月看几次）　○ 几乎不看

20. 如果更具体一点，那么您经常从下面这些渠道获得政治新闻、时事评论等消息吗？（矩阵单选题＊必答）

	几乎没有	偶尔有	经常如此	几乎天天如此	每天超过1小时
中央电视台的新闻或评论节目	○	○	○	○	○
新华社、《人民日报》及其网站的政治新闻	○	○	○	○	○
新浪等网站的政治新闻	○	○	○	○	○
微博或网络社区的政治新闻	○	○	○	○	○
微信发布的政治类新闻	○	○	○	○	○
小道消息或朋友聊天	○	○	○	○	○
海外媒体的政治新闻	○	○	○	○	○

21. 与5年前相比，您目前的家庭经济状况如何？（单选题＊必答）

○ 非常差　○ 差一点　○ 过得去　○ 好一点

○ 非常好

22. 对下列各种观点，请用“非常同意”“比较同意”“中立”“反对”“强烈反对”来表明自己的态度。（矩阵单选题＊必答）

	非常同意	比较同意	中立	反对	强烈反对
此次疫情处置我们的国家虽有问题但总体上还是秩序井然，欣欣向荣	○	○	○	○	○
如果政策符合大部分人利益，即使违背自己利益也应当支持	○	○	○	○	○
当个人利益和国家利益冲突时，个人利益必须无条件服从国家利益	○	○	○	○	○
即使父母的要求不合理，子女也应该照办	○	○	○	○	○
服从自己的上司或地位比自己高的人是理所当然的	○	○	○	○	○
我对我们国家的经济发展充满信心	○	○	○	○	○
中国改革开放以来的发展，充分体现了中国社会主义制度优越性	○	○	○	○	○
我很自豪生活在我国现行政治制度下	○	○	○	○	○
我有义务支持我国现行政治制度	○	○	○	○	○

答题结束，感谢您的支持！

参考文献

（一）中文论著

车文博：《西方心理学史》，浙江教育出版社 1998 年版。

段京肃：《大众传播学：媒介与人和社会的关系》，北京大学出版社 2011 年版。

段鹏：《政治传播：历史、发展与外延》，中国传媒大学出版社 2011 年版。

郭庆光：《传播学教程》，中国人民大学出版社 2011 年版。

荆学民：《当代中国政治传播研究巡检》，中国社会科学出版社 2014 年版。

刘海龙：《大众传播理论：范式与流派》，中国人民大学出版社 2016 年版。

刘华蓉：《大众传媒与政治》，北京大学出版社 2001 年版。

刘小燕：《政治传播中的政府与公众间距离研究》，中国社会科学出版社 2016 年版。

卢春龙、严挺：《中国农民政治信任的来源：文化、制度与传播》，社会科学文献出版社 2016 年版。

马敏：《政治象征》，中央编译出版社 2012 年版。

马振清：《中国公民政治社会化问题研究》，黑龙江人民出版社 2001 年版。

申继亮：《处境不利儿童的心理发展现状与教育对策研究》，经济科学出版社 2009 年版。

史卫民、周庆智、郑建君、田华等：《政治认同与危机压力》，中国社会科学出版社 2014 年版。

史卫民、周庆智、郑建君等：《政治认同与危机压力》，中国社会科学出版社 2014 年版。

苏颖：《作为国家与社会沟通方式的政治传播》，中国社会科学出版社 2016 年版。

孙龙：《公民参与：北京城市居民态度与行为实证研究》，中国社会科学出版社 2011 年版。

王惠岩：《当代政治学基本理论》，高等教育出版社 2001 年版。

王浦劬：《政治学基础》，北京大学出版社 2006 年版。

习近平：《习近平谈治国理政》第三卷，外文出版社 2020 年版。

肖伟：《新闻框架论——传播主体的架构与被架构》，中国人民大学出版社 2016 年版。

杨光斌：《政治学导论》，中国人民大学出版社 2002 年版。

中共中央宣传部：《习近平新时代中共特色社会主义思想三十讲》，学习出版社 2018 年版。

周红云：《社会资本与民主》，社会科学文献出版社 2011 年版。

邹宇春：《中国城镇居民的社会资本与信任》，社会科学文献出版社 2015 年版。

（二）中文译著

［英］安德鲁·查德威克：《互联网政治学：国家、公民与新传播技术》，任孟山译，华夏出版社 2010 年版。

［美］本杰明·巴伯：《强势民主》，彭斌、吴润洲译，吉林人民出版社 2011 年版。

［英］布赖恩·麦克奈尔：《政治传播学引论》，殷祺译，新华出版社 2005 年版。

［美］陈捷：《中国民众政治支持测量与分析》，安佳译，中山大学出版社 2011 年版。

［英］丹尼斯·麦奎尔：《麦奎尔大众传播理论》，徐佳、董璐译，清华大学出版社 2019 年版。

［美］戴维·迈尔斯：《社会心理学》，侯玉波、乐国安、张智勇等译，人民邮电出版社 2006 年版。

［美］戴维·P. 霍顿：《政治心理学：情境、个人与案例》，尹继武、林

民旺译，中央编译出版社 2013 年版。

［美］菲利普·津巴多、［美］迈克尔·利佩、［美］津巴多等：《态度改变与社会影响》，邓羽、肖莉、唐小艳译，人民邮电出版社 2007 年版。

［美］格兰·G. 斯帕克斯：《媒介效果研究概论》，何朝阳、王希华译，中国人民大学出版社 2013 年版。

［美］加布里埃尔·A. 阿尔蒙德、［美］西德尼·维巴：《公民文化——五个国家的政治态度和民主制》，徐湘林等译，东方出版社 2008 年版。

［美］克鲁杰 R. A. 、［美］凯西 M. A. ：《焦点团体：应用研究实践指南》，林小英译，重庆大学出版社 2007 年版。

［丹麦］克劳斯·布鲁恩·延森：《媒介融合：网络传播、大众传播和人际传播的三重维度》，刘君译，复旦大学出版社 2019 年版。

［美］卡罗尔·佩特曼：《参与和民主理论》，陈尧译，上海世纪出版集团 2006 年版。

［美］卡尔·霍夫兰、［美］欧文·贾尼斯、［美］哈罗德·凯利：《传播与劝服：关于态度转变的心理学研究》，张建中、李雪晴、曾苑等译，中国人民大学出版社 2015 年版。

［美］理查德·A. 克鲁杰、［美］玛丽·安妮·凯西：《焦点团体：应用研究实践指南》，林小英译，重庆大学出版社 2007 年版。

［美］罗伯特·D. 帕特南：《使民主运转起来：现代意大利的公民传统》，王列、赖海榕译，中国人民大学出版社 2015 年版。

［美］罗德尼·本森、［法］艾瑞克·内维尔：《布尔迪厄与新闻场域》，张斌译，浙江大学出版社 2017 年版。

［澳］迈克尔·A. 豪格、［英］多米尼克·阿布拉姆斯：《社会认同过程》，高明华译，中国人民大学出版社 2011 年版。

［英］尼克·史蒂文森：《认识媒介文化：社会理论与大众传播》，王文斌译，商务印书馆 2018 年版。

［法］皮埃尔·布迪厄、［美］华康德：《实践与反思——反思社会学导引》，李猛、李康译，中央编译出版社 2004 年版。

［美］史蒂文·凯尔士：《媒体与青少年：发展的视角》，王福兴、谢员、温芳芳译，世界图书出版公司 2014 年版。

［德］托马斯·海贝勒：《从群众到公民——中国的政治参与》，张文红

译，中央编译出版社 2009 年版。
[美] 詹姆斯·罗尔：《媒介、传播、文化——一个全球性的途径》，董洪川译，商务印书馆 2012 年版。

（三）中文期刊

陈刚、魏文秀：《从参与到认同：网络问政的政治逻辑与现实意义》，《媒体时代》2013 年第 3 期。
陈虹、李明哲、郑广嘉等：《政府新媒体平台信任度影响因素研究——基于上海市 9 所高校的调查分析》，《新闻与传播研究》2015 年第 4 期。
陈晶晶、余明阳、薛可：《网络群体传播效果实证研究述评与整合模型初探》，《当代传播》2019 年第 1 期。
陈霞：《转型期中国公民政治认同困境的演变逻辑——以合法性理论为视角》，《黑龙江社会科学》2015 年第 2 期。
陈阳：《框架分析：一个亟待澄清的理论概念》，《国际新闻界》2007 年第 4 期。
陈勇、杜佳：《社会化媒体的政治传播功能与影响研究》，《学术论坛》2016 年第 8 期。
董焕敏：《试论政治沟通是实现政治合法性的重要途径》，《求实》2006 年第 1 期。
丁志刚、董洪乐：《政治认同的层次分析》，《学习与探索》2010 年第 5 期。
段锦云、曹忠良、娄玮瑜：《框架效应及其认知机制的研究进展》，《应用心理学》2008 年第 4 期。
段锦云、王重鸣：《框架效应认知加工的脑半球定位研究》，《心理科学》2010 年第 1 期。
樊淑琴：《网络热点事件中反转新闻的负效应及对策》，《新闻爱好者》2017 年第 5 期。
范晓屏、韩洪叶、孙佳琦：《网站生动性和互动性对消费者产品态度的影响——认知需求的调节效应研究》，《管理工程学报》2013 年第 3 期。
顾超：《突发公共卫生事件中科学传播政治化的比较研究》，《新闻与传播评论》2021 年第 3 期。
桂勇、施文捷：《城市基层政治参与对政治效能感的影响：一项实证研究》，《复旦政治学评论》2009 年第 1 期。

郭凤林、严洁：《网络议程设置与政治参与：基于一项调查实验》，《清华大学学报》（哲学社会科学版）2016 年第 4 期。

郭敬文、孙秀林：《不公正体验、媒介使用与政府信任》，《社会科学文摘》2019 年第 3 期。

韩素梅：《国家话语、国家认同及媒介空间——以〈人民日报〉玉树地震报道为例》，《国际新闻界》2011 年第 1 期。

韩玉昌、张健、杨文兵：《认知风格影响框架效应的 ERP 研究》，《心理科学》2014 年第 3 期。

侯光辉、陈通、傅安国等：《框架、情感与归责：焦点事件在政治话语中的意义建构》，《公共管理学报》2019 年第 3 期。

胡荣、庄思薇：《媒介使用对中国城乡居民政府信任的影响》，《东南学术》2017 年第 1 期。

黄勇平、林炜双、金凤：《新媒体环境下青年学生的传播框架策略——以中山大学为例》，《东南传播》2016 年第 4 期。

黄钰钦：《负面新闻信息的正面报道研究——兼论媒介对大学生的政府信任程度影响》，《新闻研究导刊》2014 年第 12 期。

贾哲敏：《网络政治传播的界定与发展路径探析》，《西南民族大学学报》（人文社会科学版）2016 年第 3 期。

贾哲敏：《网络政治传播中的议题建构与互动——基于 4 个时政型事件的框架分析》，《北京理工大学学报》（社会科学版）2014 年第 6 期。

贾哲敏：《我国网络政治传播发展历程与基本架构》，《编辑之友》2015 年第 12 期。

姜红、印心悦：《“讲故事”：一种政治传播的媒介化实践》，《现代传播》2019 年第 1 期。

姜永志、白晓丽、刘勇：《青少年移动社交网络使用动机调查》，《中国青年社会科学》2017 年第 1 期。

蒋荣、戴钧：《政治认同结构的实证研究——基于结构方程建模法（SEM）的分析》，《社会主义研究》2013 年第 3 期。

金恒江、聂静虹：《媒介使用对中国女性政治信任的影响研究——以中国网民为对象的实证研究》，《武汉大学学报》（人文科学版）2017 年第

2 期。

金佳、张武科：《框架效应影响因素及其认知机制研究综述》，《西安电子科技大学学报》（社会科学版）2015 年第 2 期。

金炜玲：《亚洲青年国家认同的影响因素分析——基于 2003 年亚洲大学生价值观调查数据》，《中国青年研究》2018 年第 3 期。

荆学民、施惠玲：《政治与传播的视界融合：政治传播研究五个基本理论问题辨析》，《现代传播（中国传媒大学学报）》2009 年第 4 期。

孔德永：《政治认同的逻辑》，《山东大学学报》（哲学社会科学版）2007 年第 1 期。

来向武、任玉琛：《中国互联网使用对社会资本影响的元分析》，《新闻与传播研究》2020 年第 6 期。

李春明：《政治输入与当代中国的政治认同建设》，《当代世界社会主义问题》2008 年第 2 期。

李佳桧：《新媒体时代下媒介接触、社会信任与政府质量感知的中介效应分析——基于“网民社会意识调查”的实证分析》，《北京邮电大学学报》（社会科学版）2017 年第 5 期。

李静、姬雁楠、谢耘耕：《中国大学生在社交媒体上的公共事件传播行为研究——基于全国 103 所高校的实证调查分析》，《新闻界》2018 年第 4 期。

李路路、钟智锋：《“分化的后权威主义”——转型期中国社会的政治价值观及其变迁分析》，《开放时代》2015 年第 1 期。

李素华：《政治认同的辨析》，《当代亚太》2005 年第 12 期。

李腾凯：《“后真相”时代青年政治认同的困境及其应对》，《中国青年研究》2019 年第 10 期。

李天龙、李明德、张志坚：《媒介接触对农村青年线下公共事务参与行为影响的实证研究——基于西北四省县（区）农村的调查》，《新闻与传播研究》2015 年第 9 期。

李元书、杨海龙：《论政治社会化的一般过程》，《政治学研究》1997 年第 2 期。

刘杰、孟会敏：《关于布郎芬布伦纳发展心理学生态系统理论》，《中国健康心理学杂志》2009 年第 2 期。

刘丽群、谢精忠：《结构、风格与内容：社交媒体用户转发的信息特征——基于媒体新冠肺炎疫情报道的考察》，《新闻界》2020 年第 11 期。
刘洋、王超群：《反转新闻的叙事框架及其负面效应》，《青年记者》2018 年第 18 期。
刘元贺、肖唐镖、孟威：《媒介接触如何影响民众地方治理评价？——基于民众政府观的中介效应分析》，《新闻界》2020 年第 9 期。
刘远亮：《网络政治传播对当代中国政治发展的影响》，《天津行政学院学报》2013 年第 4 期。
刘志雄：《社会转型时期政治权威合法性认同的流失与控制》，《中共福建省委党校学报》2001 年第 3 期。
柳士顺、凌文辁：《多重中介模型及其应用》，《心理科学》2009 年第 2 期。
龙强：《互联网政治信息获取与政治认同的关系再考察》，《绍兴文理学院学报》2016 年第 4 期。
卢春龙、严挺：《政治传播与政治信任的关系——以中国农民的政治信任为考察对象》，《学习与探索》2015 年第 12 期。
卢春龙：《媒介多元化时代的政治传播效应研究——以当代大学生为例》，《学习与探索》2020 年第 8 期。
卢春天、权小娟：《媒介使用对政府信任的影响——基于 CGSS 2010 数据的实证研究》，《国际新闻界》2015 年第 5 期。
卢家银、段莉：《互联网对中国青年政治态度的影响研究》，《中国青年研究》2015 年第 3 期。
卢家银：《传统媒体与网络媒体：媒介新闻使用对青年政治表达的影响及政治效能的中介作用》，《新闻大学》2017 年第 3 期。
卢家银：《社交媒体与青少年的政治社会化：以微博自荐参选事件为例》，《中国青年研究》2012 年第 8 期。
路鹃、亢恺：《中美大学生社交网络使用动机分析——基于使用与满足理论》，《现代传播》2013 年第 3 期。
罗坤瑾：《网络使用与大学生政治素养的实证研究——以贵州六所高校为调研对象》，《新闻界》2012 年第 13 期。
吕催芳：《教育认知抑或情感说服——参与经历如何影响学生政治效能

感》,《中国人民大学教育学刊》2020 年第 2 期。
吕催芳:《学生参与与积极公民养成:公民认知与情感的链式中介作用》,《教育学术月刊》2016 年第 4 期。
马超:《“男女有别”:媒介接触、媒介信任与媒介素养的性别差异——来自四川省域居民的实证调查》,《山东女子学院学报》2019 年第 6 期。
马得勇、兰晓航:《精英框架对大学生有影响吗——以实验为基础的实证分析》,《清华大学学报》(哲学社会科学版)2016 年第 3 期。
马得勇、陆屹洲:《复杂舆论议题中的媒体框架效应——以中美贸易争端为案例的实验研究》,《国际新闻界》2020 年第 5 期。
马得勇、陆屹洲:《信息接触、威权人格、意识形态与网络民族主义——中国网民政治态度形成机制分析》,《清华大学学报》(哲学社会科学版)2019 年第 3 期。
马得勇、王丽娜:《中国网民的意识形态立场及其形成——一个实证的分析》,《社会》2015 年第 5 期。
马得勇:《“匹配效应”——政治谣言的心理及意识形态根源》,《政治学研究》2018 年第 5 期。
马得勇:《威权人格的起源与演变——一个社会演化论的解释》,《清华大学学报》(哲学社会科学版)2022 年第 2 期。
马得勇:《政治传播中的框架效应——国外研究现状及其对中国的启示》,《政治学研究》2016 年第 4 期。
马亮、杨媛:《公众参与如何影响公众满意度?——面向中国地级市政府绩效评估的实证研究》,《行政论坛》2019 年第 2 期。
马润凡:《论网络空间政治认同的变化》,《国际观察》2018 年第 3 期。
孟天广、郭凤林:《大数据政治学:新信息时代的政治现象及其探析路径》,《国外理论动态》2015 年第 1 期。
孟天广、李锋:《网络空间的政治互动:公民诉求与政府回应性——基于全国性网络问政平台的大数据分析》,《清华大学学报》(哲学社会科学版)2015 年第 3 期。
孟天广、郑思尧:《信息、传播与影响:网络治理中的政府新媒体——结合大数据与小数据分析的探索》,《公共行政评论》2017 年第 1 期。
孟天广:《从因果效应到因果机制:实验政治学的中国路径》,《探索》

2017 年第 5 期。
苗红娜:《国内政治社会化研究三十年述论》,《教学与研究》2014 年第 12 期。
闵晨、陈强、王国华:《线下政治讨论如何激发青年群体的线上政治表达:一个有调节的中介模型》,《国际新闻界》2018 年第 10 期。
倪星、孙宗锋:《政府反腐败力度与公众清廉感知:差异及解释——基于 G 省的实证分析》,《政治学研究》2015 年第 1 期。
聂静虹:《论政治传播中的议题设置、启动效果和框架效果》,《政治学研究》2012 年第 5 期。
欧阳宏生、朱婧雯:《论认知传播学科的学理建构》,《现代传播(中国传媒大学学报)》2015 年第 2 期。
潘霁:《媒介技术、信源网络与框架构建——纸媒、新闻网站与博客的信源选择如何塑造了上海形象》,《新闻记者》2019 年第 12 期。
彭芸:《我国大学生的媒介使用、社会资本与政治信任对象之关联性研究》,《新闻学研究》2003 年第 79 期。
彭正德:《论政治认同的内涵、结构与功能》,《湖南师范大学社会科学学报》2014 年第 5 期。
綦天哲、李拓、金恒江等:《政治新闻使用对中国青年女性国家认同的影响研究》,《兰州大学学报》(社会科学版)2020 年第 4 期。
桑玉成、梁海森:《政治认同是如何形成的》,《复旦学报》(社会科学版)2017 年第 4 期。
邵春霞、彭勃:《经济地位、参与程度和主观能力——中国网民政治认同影响因素分析》,《经济社会体制比较》2015 年第 5 期。
邵梓捷、季程远:《政治传播中的认知框架效应分析——基于中国的一项调查实验》,《上海行政学院学报》2018 年第 1 期。
沈远新:《论转型期的政治认同危机与危机性认同及对策》,《理论与现代化》2000 年第 3 期。
施惠玲、杜欣:《政治传播内容中政治信息与政治话语的区分及其意义》,《南京社会科学》2016 年第 3 期。
帅满、罗家德、郭孟伦:《媒介使用对地方政府信任的作用机制研究》,《国际新闻界》2021 年第 2 期。

宋德孝：《中美对抗语境下看中国青年政治认知的结构性变迁》，《中国青年研究》2021 年第 2 期。

宋欢迎、张旭阳：《多媒体时代中国大学生媒介信任研究——基于全国 103 所高校的实证调查分析》，《新闻记者》2016 年第 6 期。

宋玉波、陈仲：《改革开放以来增强政治认同的路径分析》，《政治学研究》2014 年第 1 期。

苏曦凌：《政治认同的生成机制分析——基于政治心理学的研究路径》，《学术论坛》2010 年第 2 期。

孙彩芹：《框架理论发展 35 年文献综述——兼述内地框架理论发展 11 年的问题和建议》，《国际新闻界》2010 年第 9 期。

孙源南、吴玥、钱兵：《反转中的社会信任——基于新闻接触与受众特性的实证研究》，《新闻记者》2019 年第 12 期。

唐嘉仪：《场景与对话：微信群讨论如何影响态度？——基于对比实验的微观解释框架》，《新闻记者》2019 年第 11 期。

王德胜、王悦：《框架、情感与影响力：主流舆论场对公共事件的舆论引导作用——以哈尔滨“天价鱼”事件为例》，《中国出版》2018 年第 20 期。

王冬梅、崔保锋：《习近平总书记关于青年工作重要思想的时代特征》，《党建》2019 年第 5 期。

王法硕、丁海恩：《官方媒体使用如何影响制度自信？——爱国主义的中介作用与政治知识的调节作用》，《东北大学学报》（社会科学版）2020 年第 3 期。

王国华、闵晨、钟声扬等：《微博的政治性使用对政治态度影响的实证研究——以武汉地区大学生为例》，《情报杂志》2015 年第 8 期。

王衡：《国家认同、民主观念与政治信任》，《经济社会体制比较》2015 年第 3 期。

王宏舟：《中国特色社会主义制度自信教育：出场情势、话语建构及意义创生》，《思想理论教育》2020 年第 12 期。

王慧：《网络空间主流意识形态建设应强化五个思维》，《党建》2017 年第 3 期。

王菁：《媒介使用如何影响我国大学生微博政治参与》，《新闻与传播研究》2017 年第 7 期。

王丽娜、马得勇:《新媒体时代媒体的可信度分析——以中国网民为对象的实证研究》,《武汉大学学报》(人文科学版)2016 年第 1 期。

王敏:《“场域—惯习”框架下的新闻生产:一个研究范式的学术史考察》,《新闻界》2018 年第 3 期。

王群:《情感激发与意象表达:新媒体事件图像传播的受众视觉框架研究》,《国际新闻界》2019 年第 10 期。

王如一:《腐败感知何以影响政治信任——国家认同的中介作用和威权人格的调节作用》,《天水行政学院学报》2020 年第 3 期。

王晓庄、安晓镜、骆皓爽等:《锚定效应助推国民身心健康:两个现场实验》,《心理学报》2018 年第 8 期。

王艳、常婧:《公民政治沟通认知与政治认同关系研究——基于“中国公民政治文化”调查问卷的分析》,《福建行政学院学报》2018 年第 2 期。

王永杰、曹静:《文化与制度因素对政府质量感知的影响研究——基于中国大陆与中国台湾地区的比较》,《公共管理学报》2015 年第 3 期。

王喆:《社会政治议题网络讨论之认知失调与选择性修正》,《国际新闻界》2016 年第 2 期。

温忠麟、叶宝娟:《中介效应分析:方法和模型发展》,《心理科学进展》2014 年第 5 期。

文桂婵、徐富明、于会会等:《特征框架效应的心理机制与影响因素》,《心理科学进展》2011 年第 12 期。

吴建南、张萌、黄加伟:《公众参与、绩效评价与公众信任——基于某市政府官员的实证分析》,《武汉大学学报》(哲学社会科学版)2007 年第 2 期。

武秀霞:《国家认同教育:意蕴与实践——基于关系视角的探讨》,《南京社会科学》2020 年第 1 期。

肖滨:《公民认同国家的逻辑进路与现实图景——兼答对“匹配论”的若干质疑》,《中山大学学报》(社会科学版)2011 年第 5 期。

肖伟:《道德唤起与共识建构——“小悦悦事件”新闻报道的框架透视》,《新闻界》2012 年第 2 期。

谢海军：《中国政治认同困境产生的多元路径及其分类治理》，《前沿》2011 年第 7 期。
谢和均、李雅琳、李艳华：《经济福利、社会保障与国家认同——少数民族聚居地区社会保障的实证分析》，《云南师范大学学报》（哲学社会科学版）2012 年第 4 期。
谢进川：《新媒体语境中政治传播的实践形态与效力提升途径分析》，《现代传播》2019 年第 8 期。
徐彪、陆湾湾、刘晓蓉等：《公共危机事件后公众对政府责任感知的形成机制研究》，《公共行政评论》2016 年第 6 期。
徐彪：《负面事件后政府信任危机的形成机制研究：一个准实验研究》，《学海》2019 年第 2 期。
徐彪：《公共危机事件后政府信任受损及修复机理——基于归因理论的分析和情景实验》，《公共管理学报》2014 年第 2 期。
徐家林：《网络政治舆论的极端情绪化与民众的政治认同》，《马克思主义与现实》2011 年第 3 期。
薛洁：《政治认同：现代国家观念的心理基础》，《社会科学战线》2017 年第 11 期。
薛可、孟筱筱、宋锋森：《差异与互补：官方与民间社交媒体的新闻生产对比研究》，《新闻记者》2019 年第 5 期。
薛可、余来辉、王宇澄：《媒介接触对新社会阶层政治态度的影响研究——基于政治社会化的视角》，《新闻大学》2019 年第 3 期。
薛可、余来辉、余明阳：《媒介接触对政府信任的影响：基于中国网民群体的检验》，《现代传播》2017 年第 4 期。
薛可、余来辉、余明阳：《社交媒体政治新闻使用的性别和代际差异——基于中国网民调查的实证分析》，《新闻记者》2018 年第 7 期。
薛中国：《国外政治认同心理机制理论评述》，《社会科学战线》2009 年第 9 期。
杨建科、李慧：《从“失语者”到“屏民老铁”——边缘青年群体基于快手平台的文化公民身份构建》，《中国青年研究》2021 年第 2 期。
杨晓强、廖俊清：《社交媒体背景下青少年政治社会化的范式转换与策略选择》，《西南民族大学学报》（人文社会科学版）2019 年第 4 期。

叶杰:《非官方媒体使用对制度自信的影响机制——以网民为分析对象的实证研究》,《经济社会体制比较》2019 年第 1 期。

俞可平:《政治传播、政治沟通与民主治理》,《现代传播(中国传媒大学学报)》2015 年第 9 期。

袁光锋:《感受他人的“痛苦”:“底层”痛苦、公共表达与“同情”的政治》,《传播与社会学刊》2017 年第 40 期。

袁光锋:《公共舆论中的“情感”政治:一个分析框架》,《南京社会科学》2018 年第 2 期。

臧雷振、劳昕、孟天广:《互联网使用与政治行为——研究观点、分析路径及中国实证》,《政治学研究》2013 年第 2 期。

战泓玮、魏宝涛:《从中美贸易争端看中国青年的民族主义话语表达——以 B 站“〈新闻联播〉关于中美贸易争端报道”的相关视频为考察视角》,《中国青年研究》2021 年第 2 期。

张桂芳:《新媒体环境下媒体政治传播的变革——基于政治认同的视角》,《青年记者》2017 年第 26 期。

张海良、许伟:《人际信任、社会公平与政府信任的关系研究——基于数据 CGSS 2010 的实证分析》,《理论与改革》2015 年第 1 期。

张洪忠、何苑、马思源:《官方与个人社交媒体账号信任度对社会信心影响的中介效应比较研究》,《新闻大学》2018 年第 4 期。

张洪忠:《当前如何有效建设传媒公信力》,《中国记者》2013 年第 8 期。

张菁燕:《新媒体对大学生政治社会化的影响及对策》,《中国青年研究》2010 年第 11 期。

张莉、蒋淑君、宋晶:《新闻框架如何影响:“一带一路”传播效果》,《新闻记者》2019 年第 6 期。

张凌:《公共信息接触如何影响不同类型的政治参与——政治讨论的中介效应》,《国际新闻界》2018 年第 10 期。

张梦雅、王秀红:《精细加工可能性模型研究现状及应用领域分析》,《图书情报研究》2018 年第 4 期。

张明新:《后 SARS 时代中国大陆艾滋病议题的媒体呈现:框架理论的观点》,《开放时代》2009 年第 2 期。

张涛甫:《在新一代大学生中传播马克思主义新闻观——基于政治社会化

的视角》,《当代传播》2016 年第 6 期。

张晓峰、荆学民:《现代西方政治传播研究述评》,《教学与研究》2009 年第 7 期。

张志安:《上海市民使用网络媒体的特征、动机及评价》,《新闻大学》2010 年第 2 期。

张志安:《新闻场域的历史建构及其生产惯习——以〈南方都市报〉为个案的研究》,《新闻大学》2010 年第 4 期。

章昌平、钱杨杨、黄欣卓等:《公共危机信息传播中的政务新媒体回应能力影响因素研究——基于 2013 年以来 90 个公共危机事件的分析》,《现代情报》2020 年第 7 期。

章秀英、戴春林:《公民国家认同感发展现状及影响因素——基于 10 省市问卷跟踪调查(2011—2014)》,《马克思主义与现实》2017 年第 4 期。

赵联飞:《网络对青年大学生的政治态度影响:以微博为例——基于全国 12 所高校调查数据的实证分析》,《社会科学战线》2014 年第 6 期。

郑建君:《青年政治认同与国家稳定的关系:政治参与和政治沟通的作用——基于 3323 份有效数据的实证分析》,《华中师范大学学报》(人文社会科学版)2017 年第 5 期。

郑婉卿:《香港青年的生活满意度、政治倾向与身份认同》,《青年探索》2019 年第 1 期。

钟宇慧:《零零后的“长大”:教化与内化互构的典型媒介形象呈现》,《中国青年研究》2021 年第 3 期。

周钧毅、叶一舵:《学生生活满意度及其影响因素——多水平分析研究》,《中小学心理健康教育》2012 年第 15 期。

周孟杰、吴玮:《三重勾连:技术文本、空间场景与主体行动——基于湖北乡村青年抗疫媒介实践的考察》,《中国青年研究》2021 年第 1 期。

周小李、刘琪:《大学生网络政治参与对其政治认同影响的实证研究》,《高教探索》2018 年第 12 期。

周岩:《“7·23 动车事故”报道的意识形态差异——以媒介框架理论为分析角度》,《当代传播》2012 年第 4 期。

周勇、倪乐融、李潇潇:《“沉浸式新闻”传播效果的实证研究——基于信息认知、情感感知与态度意向的实验》,《现代传播》2018 年第 5 期。

朱博文、许伟:《媒介使用、媒介评价与青年政府信任——基于 CGSS 2013 的数据分析》,《江汉论坛》2019 年第 12 期。

祝哲、程佳旭、彭宗超:《新媒体、民众对基层政府的人际信任与民族和谐感知——来自 X 地区的证据》,《经济社会体制比较》2018 年第 4 期。

（四）学位论文与中文网站

董毅:《基层民众的媒介接触与政治信任》,复旦大学博士学位论文,2011 年。

李想:《有效提升网络政治传播引导力,促进青年制度自信萌生和增强》,2021 年 5 月,四川在线—天府评论—理论创新（http://comment.scol.com.cn/html/2021/05/011063－1744663.shtml）。

刘忠勋:《从疫情防控看我国制度优势和治理效能》,2020 年 3 月,中国社会科学网（http://news.cnr.cn/native/gd/20200313/t20200313_525015258.shtml）。

马宏伟:《制度理论何以重要》,2019 年 12 月,人民网（http://opinion.people.com.cn/n1/2019/1206/c1003－31492650.html）。

中国互联网络信息中心:《2015 年中国社交应用用户行为研究报告》,2016 年 4 月（http://www.cac.gov.cn/files/pdf/cnnic/2015shejiao.pdf）。

（五）外文期刊

Agustin Echebarría Echabe and Jose Luis Gonzalez Castro, "Group Discussions and Changes in Attitudes and Social Representations", *The Journal of Social Psychology*, Vol. 139, No. 1, 1999.

Bertram Scheufele, "Framing-effects Approach: A Theoretical and Methodological Critique", *Communications*, Vol. 29, No. 4, December 2004.

Brian D. Christens, N. Andrew Peterson and Paul Speer, "Community Participation and Psychological Empowerment: Testing Reciprocal Causality Using a Cross-Lagged Panel Design and Latent Constructs", *Health Education & Behavior*, Vol. 38, No. 4, April 2011.

Cacioppo J. T. and Petty R. E., " The Elaboration Likelihood Model of Persuasion", *Advances in Consumer Research*, Vol. 11, No. 1, 1984.

Carol M. Werner and Dorothy Adams, "Changing Homeowners' Behaviors Involving Toxic Household Chemicals: A Psychological, Multilevel Approach", *Analyses of Social Issues and Public Policy*, Vol. 1, No. 1, December 2001.

Carol M. Werner, Carol Sansone, Barbara B. Brown, "Guided Group Discussion and Attitude Change: The Roles of Normative and Informational Influence", *Journal of Environmental Psychology*, Vol. 28, No. 1, March 2008.

Ceron A., "Internet, News, and Political Trust: The Difference Between Social Media and Online Media Outlets", *Journal of Computer-mediated Communication*, Vol. 20, No. 5, 2015.

Claes de Vreese, "News Framing: Theory and Typology", *Information Design Journal*, Vol. 13, No. 1, 2005.

David H. Weaver, "Thoughts on Agenda Setting, Framing, and Priming", *Journal of Communication*, Vol. 57, No. 1, March 2007.

Dennis Chong and James N. Druckman, "A Theory of Framing and Opinion Formation in Competitive Elite Environments", *Journal of Communication*, Vol. 57, No. 1, 2007.

Dietram A. Scheufele, "Agenda-Setting, Priming, and Framing Revisited: Another Look at Cognitive Effects of Political Communication", *Mass Communication & Society*, Vol. 3, No. 2 – 3, 2000.

Drury J. and Reicher S., "Collective Action and Psychological Change: The Emergence of New Social Identities", *British Journal of Social Psychology*, Vol. 39, No. 4, 2011.

Hillary Shulman and Gwen Wittenbaum, "Group Discussion that Promotes Positive Political Experiences", *Human Communication*, Vol. 16, No. 3, 2013.

Hong Nga Nguyen Vu and Volker Gehrau, "Agenda Diffusion: An Integrated Model of Agenda Setting and Interpersonal Communication", *Journalism & Mass Communication Quarterly*, Vol. 87, No. 1, March 2010.

Huang Haifeng, Yeh Yao-Yuan, "Information from Abroad: Foreign Media, Selective Exposure, and Political Support in China", *British Journal of Political Science*, Vol. 49, No. 2, 2016.

Im T. , Cho W. , Porumbescu G. , et al. , “Internet, Trust in Government, and Citizen Compliance”, *Journal of Public Adminstration Research and Theory*, Vol. 24, No. 3, 2014.

John T. Cacioppo and Richard E. Petty, “The Elaboration Likelihood Model of Persuasion”, *Advances in Experimental Social Psychology*, Vol. 11, No. 1, December 1986.

Lene Aarøe, “Investigating Frame Strength: The Case of Episodic and Thematic Frames”, *Political Communication*, Vol. 28, No. 2, April 2011.

Michael E. Morrell, “Deliberation, Democratic Decision-making and Internal Political Efficacy”, *Political Behavior*, Vol. 27, No. 1, 2005.

Nelson T. E. and Oxley C. Z. M. , “Media Framing of a Civil Liberties Conflict and Its Effect on Tolerance”, *American Political Science Review*, Vol. 91, No. 3, 1997.

Philip J. Kitchen, Gayle Kerr, Don E. Schultz, et al. , “The Elaboration Likelihood Model: Review, Critique and Research Agenda”, *European Journal of Marketing*, Vol. 48, No. 11, November 2014.

Philip M. Podsakoff, Scott B. MacKenzie, Jeong-Yeon Lee et al. , “Common Method Biases in Behavioral Research: A Critical Review of the Literature and Recommended Remedies”, *Journal of Applied Psychology*, Vol. 88, No. 5, Octember 2003.

Philip Solomon Hart, “One or Many ? The Influence of Episodic and Thematic Climate Change Frames on Policy Preferences and Individual Behavior Change”, *Science Communication*, Vol. 33, No. 1, March 2011.

Richard E. Petty, John T. Cacioppo and Rachel Goldman, “Personal Involvement as a Determinant of Argument-based Persuasion”, *Journal of Personality and Social Psychology*, Vol. 41, No. 5, 1981.

Sophie K. Lecheler, Andreas Schuck, Hubert I. M. Claes, “Dealing with Feelings: Positive and Negative Discrete Emotions as Mediators of News Framing Effects”, *Communications*, Vol. 38, No. 2, May 2013.

Tamir Sheafer, “How to Evaluate It: The Role of Story-Evaluative Tone in Agenda Setting and Priming”, *Journal of Communication*, Vol. 57, No. 1,

2007.

Thomas A. Birkland and Lawrence Regina, "Media Framing and Policy Change after Columbine", *American Behavioral Scientist*, Vol. 52, No. 10, April 2009.

Tufekci Z., "Can You See Me Now? Audience and Disclosure Regulation in Online Social Network Sites", *Bulletin of Science Technology & Society*, Vol. 28, No. 1, 2008.

William J. R., Shah D. V., Kwak N., "Assessing Causality in the Cognitive Mediation Model: A Panel Study of Motivations, Information Processing, and Learning During Campaign 2000", *Communication Research*, Vol. 30, No. 4, 2003.

Zhongdang Pan and Gerald M. Kosicki, "Framing Analysis: an Approach to News Discourse", *Political Communication*, Vol. 10, No. 1, 1993.

后　　记

对政治社会学的关注和兴趣始于我的博士学习，当时的博士学位论文主要聚焦中国大学政治社会化功能，2012 年博士学位论文取样期间恰逢“保钓运动”，众多人士通过微博等渠道表达自己的爱国情感与诉求，并对青年学生的政治态度产生了巨大的影响，民族意识表现强烈，调查结果显示这一期间青年学生在“国家认同与支持”这一维度上的得分，较之“保钓运动”前测量有了巨大的提升，此后开始关注网络政治传播对青年群体政治态度的影响，也有了这一本书的写作机缘。

作为一本以实证调查资料为基础的著作，研究得到了诸多师长与朋友的关心、帮助与支持，在此谨向他们表示衷心的感谢！

博士导师周光礼教授，带领我开启了政治社会学这一领域的学习和研究，毕业后在相关的研究工作中，无论遇到了怎样的困惑，总是习惯性继续求教于老师，感谢老师为我解惑，指明学术上的前进方向，让我在政治社会学相关研究的这条路上坚持下来。

感谢在我研究过程中默默提供支持的家人们，要特别感谢我的丈夫周永红博士，多年的研究工作使我们成为了彼此研究领域中的最佳搭档。感谢为研究工作提供无私帮助与支持的师姐吴越博士，在调查遇到困难时，动员其就读新闻传播专业的家人和研究生直接参与调查取样。也要感谢我的那些可爱的学生们，你们大量的基础性工作为研究工作提供了翔实的资料基础。

感谢所有参与调查和实验的青年朋友，令我特别感动的是，在部分乡镇对留守青年进行实地问卷调查时，我们原本选择的取样对象是 18—39 岁的青年，结果好几位“超龄”的老年朋友们在得知我们调查的内容时，非常认真地跟我们的调查人员说，我们的国家真的好，我们也想参与调查，可以让我们也填写一下问卷吗？老人们的愿望让我们无法拒绝，因为问卷部分条目内容与老人们的现实情境存在一定的差距，我们通过一对一的口述收集了几位老人的相关信息，尽管这部分数据未能在本书中得以显示，但他们因何对政治体制始终有坚定不移的信心和信仰？他们的故事值得进一步关注。

在本书即将出版之际，还应当特别感谢中国社会科学出版社的刘艳编辑，以及出版社领导和相关部门的工作人员，你们认真负责的工作，使本书得以顺利出版！

吕催芳

2022 年 9 月于重庆